国家社科基金重大项目"中国社会质量基础数据库建设"（项目号：16ZDA079）、

中国社会科学院"登峰计划重点学科发展社会学建设"、

中国社会科学院"社会发展指标综合集成实验室"、

中国社会科学院"2019年中国社会状况综合调查及全国社会质量状况研究"、

中国社会科学院创新工程重大项目"全面建成小康社会和'后小康社会'

重大问题研究"（项目号：2019ZDGH004）资助

仗卷走天涯

全国大型社会调查之督导笔记
（第二辑）

SOCIAL SURVEY SPREADING THROUGH CHINA

Reflection of
Chinese Large Social Survey
(Volume 2)

邹宇春　崔　岩　任莉颖　主　编

林　红　田志鹏　李　炜　副主编

社会科学文献出版社
SOCIAL SCIENCES ACADEMIC PRESS (CHINA)

序言：调查如斯

本书是"仗卷走天涯"系列的第二辑。作者们都是参加过全国大型社会调查的督导，他们把调查的经历和体会化成一篇篇文章。字里行间展示着，他们如何把课堂上学到的入户调查知识点转化为具体的实践行动和专业思考，并用这个时代青年特有的笔法，夹叙夹议地把调查期间见到的人间百态呈于纸上。字字珠玑，句句深情。没有精心的修饰，没有夸张的煽情，没有教科书式的布局，每篇文章都是特别鲜活的社会调查案例。从他们的笔下，我们可以看到专业知识与社会实践的距离，更可以感受到大好山河下动人的市井生活。

一 "中国社会状况综合调查"（CSS）：公益性的全国抽样入户调查

本书督导们共同参加的全国大型社会调查，

名为"中国社会状况综合调查"（Chinese Social Survey，简称 CSS）。它是中国社会科学院社会学研究所于 2005 年发起的一项全国范围的大型连续性抽样调查，具有如下四个特点。

其一，以推动社会发展为己任的公益性调查。CSS 的目的是通过对全国公众的家庭情况、劳动就业、社会生活和社会态度等方面的长期持续性调查，来获取转型时期中国社会变迁的数据资料，从而为社会科学研究和政府决策提供翔实而科学的基础信息。自第一期调查启动至今，CSS 已完成了 7 期全国调查，所有数据可通过"中国社会质量基础数据库"平台[①]（http://csqr.cass.cn/）、"中国社会状况综合调查"网站（css.cssn.cn）或微信公众号"社科院 CSS 大调查"申请获得。政策决策者、学术研究者乃至社会大众，只要是非营利性目的，均可申请无偿使用 CSS 数据。

其二，以调查问卷采集丰富的社会信息。CSS 以问卷为媒介，调查内容十分广泛。15 年来，CSS 已有教育、就业、社保、个人及家庭经济收支、媒介与消费、生活压力、工作满意度、幸福感、公平感、政府评价、社会问题、社会政治参与、社会包容、廉政评价、志愿服务等 25 个模块主题，涉及社会学、经济学、教育学、政治学、廉政学、社会心理学、传播学等多学科内容。累计变量 7400 余个，数据近 7000 万项。

其三，以严格的概率抽样保证数据资料的代表性。CSS 采用多阶段混合抽样方式，抽取了全国 31 个省 / 自治区 / 直辖市，涵盖 151 个区 / 市 / 县，604 个村 / 居委会，样本规模在 10000~11000，主要人口变量的估计值误差不超 3%。CSS 在村 / 居内采用地图地址抽样方法以覆盖容易缺漏的流动人口，每村 / 居抽取 17~20 名受访住户；户内成员抽样采用简单随机抽样方法，选取 1 位 18~69 周岁的受访人。样本可以分别推断全国、东中西部、六大行政区的 18~69 周岁城乡居民总体。

其四，以规范的现场调查管理和科技手段保障数据品质。CSS 通过问卷数据统计、录音审听、电话回访、督导回访、回执信回寄、GPS 辅助数据等

---

① 中国社会质量基础数据库平台既可浏览和申请下载相应数据，亦可实现数据的在线分析、可视化展示等。

多种方式进行访问质量核查，历年调查的问卷合格率在 99% 以上。

二 调查的实地执行流程

一般来说，问卷调查的研究设计流程大致可分为：第一步，查阅文献，提出研究问题、形成研究思路；第二步，概念建构、设计问卷、设计问卷访问流程，同时设计抽样方案、构建抽样框；第三步，如果使用电脑辅助调查系统，则把第二步的所有设计操作化为系统程序；第四步，招募督导和访员并开展培训；第五步，现场执行抽样、入户访问以收集数据，同步质控并修订数据；第六步，清理数据；第七步，运用调查数据，撰写学术文章或调查报告。

其中，第五步是调查的实地执行环节。CSS 的实地执行具体流程包括：绘图抽样抽取受访住户→找到受访住户→户内抽样入户访问→问卷自查并上传→现场与远程质控并进→补访、追访或重访。

此流程由 CSS 项目组团队，抽样巡视督导和调查巡视督导，以及地方调查队伍共同完成。其中，CSS 项目组团队由中国社会科学院社会学研究所的研究人员组成，负责完成整个流程的设计、规则制定和专业培训，同时把控调查的整体进度，控制调查质量。抽样和调查巡视督导，主要由社会学、社会工作专业的 40~50 名硕士研究生或博士研究生担任，在接受项目组设计团队提供的为期 15~20 天的培训后，与项目组老师一起，奔赴各地提供调查流程各环节的专业培训、技术支持和实地指导。同时，CSS 项目组与全国各地 40 余所高校和省级社科院合作，组成一支包含 100 余名地方督导和 800 余名访员的地方调查队伍，负责完成实地抽样和入户访问。

为使巡视督导、地方督导和访员们更快、更准确地掌握整个实地调查流程，CSS 项目组编撰了 8 万余字的调查规程。就 2019 年 CSS 而言，培训课程大致可分为四部分内容：第一部分是 CSS 的整体情况介绍，包括调查的由来和意义、执行方式、整体流程等，形成对 CSS 的意义认同和结构性认知；第二部分是 CSS 流程的专业知识介绍，包括绘图抽样知识、寻址和户内抽样知识、问卷设计要点、户内访问知识、问卷自查要点、数据上传技术、质量控制和反馈要点等内容，形成对 CSS 各项规则的专业性认知和技术要点的掌握；第三部分是 CSS 现场执行的模拟培训，主要是对第二部分的内容进行模拟教学，并对完成这些任务需要使用的各项系统进行实操性的技术讲解，通过体验式培训加深对各项要点和现场应对技巧的掌握度；第四部分是对调查现场需要用到的各项外围知识进行介绍，比如人际关系处理、团队建设、紧急情况应对等。

随着现代调查技术的演进，CSS 项目组也在不断完善调查现场的抽样和访问系统。一是为更好地完成实地绘图抽样任务，研发了中国社会科学院计算机辅助住宅抽样系统（CASS Computer-Assisted Residential Sampling System，简称 CASS-CARS）；二是为更好地完成实地入户调查和质量控制，研发了中国社会科学院计算机辅助面访系统（CASS Computer-Assisted Personal Interview System，简称 CASS-CAPI）。这两大系统的开发和应用，为 CSS 流程各环节的实现提供了相对便捷、智能的技术支持。[①] 这两大系统的操作讲解主要包含在第三部分的培训内容中。

总的来说，CSS 的现场执行过程包含了丰富的调查专业知识和技术要点，对现场执行人员而言是一项巨大的挑战。尤其是抽样巡视督导和调查巡视督导是联结项目组与地方调查队伍的桥梁，项目组对他们有着更为严格的专业和技术要求。项目组对他们的课堂培训，不仅仅是从实地入户调查的实务操作角度展开，更从调查方法的原理入手去帮助他们理解这些实务内容设置的理论来源和依据，以便于他们在实地能为访员提供更专业的解答和支持。相较而言，地方调查队伍的督导、访员的培训主要以调查的实务操作为主，培训时间至少 4 天。其中，抽样培训至少 1 天，入户调查培训至少 3 天。当然，这种调查培训课程的设置并非 CSS 的独创。每项全国性的、大型的社会调查要想顺利开展，都必会对实地执行的各个环节进行严格周密的设计和培训。

三　规则与实践之间

在本书的各个篇章里，读者不难发现，这些培训内容已内化为督导们在

[①]　当然，作为新研发的系统，它们还有很多技术升级的空间，在实际操作中存在不少有待完善的环节。此点有不少督导在书中也谈到过。

调查实地的专业坚守和行动指南，但同时亦能察觉，无论 CSS 项目组团队如何尽力设计一个相对完善、专业化的实地调查流程，无论绘图抽样系统和入户面访系统提供了多大的执行便利，无论巡视督导、地方督导们和访员们在实地多么努力和敬业，理想与现实之间总是存在一段似短实长的距离，流程设计与实务操作之间也是张力不断。这段距离、这股张力，在 CSS 的整个实地执行过程中时时闪现，不断考验着督导们的执着、坚忍和专业智慧。

其一，督导们需尽快掌握各项调查规则。CSS 的调查规程内容丰富、设置专业，这极度考验督导们的专业理解力和实践转化力。若没有平时的专业积累，没有对调查的极大热忱和责任担当，督导们难以在半个月的课堂培训和模拟实践中熟练掌握这些调查规则，更难以适应进入实地后的角色转换并应对各种突发情况。在本书中，很多督导都不约而同地谈到进入实地前的忐忑不安和紧张准备，以及在面对一些与调查规则不符的情况时的无助和不退缩的担当。

其二，督导们需理性处理各类调查关系。在 CSS 的调查执行中，督导们需面对地方调查队伍的负责人、地方督导、地方访员，需面对调查点的各级干部、社区精英、小区物业、受访住户，甚至还需面对居民拒访报警后的警察盘问。在与这些对象的关系互动中，督导们能否平衡好自己的专业角色和人际角色是调查能否如期推进的关键。许多督导在文中提到，不同地区会有不同特质的互动对象，感受并理解这些特质，在坚持调查基本要求的基础上尊重对方、理解对方、悦纳对方，是实地调查的难点但更是其魅力所在，这是关于调查更是关于成长的实践。

其三，督导们需保有坚定的社会学想象力。CSS 覆盖了 31 个省 / 自治区 / 直辖市、600 多个村 / 居，1 万余户家庭，督导每到一处，都会面临"你是谁""你从哪里来""你来做什么""这个调查对我有何用"等拷问。督导们需在一次次审视问卷、审视调查、审视社会的内观中，把 CSS 的调查旨趣与调查过程中见到的各异社会风貌，听到的多样社会声音，触到的不同社会脉动联系起来，更好地坚守 CSS 的各项专业规则，收集一份份真实的、有温度的、有力量的数据，完成社会调查与社会发展的意义关联。

四 仗卷天涯

从熟人社会走向半熟人社会再到陌生人社会的现代化进程中，每个人的社交半径都在逐步扩大，社交圈里的陌生人占比越来越高，每天的社会交往中面临着越来越多的信任博弈，这或许已成为现代人的一种生活内涵。对入户调查而言，随之而来的是入户难度加大，拒访次数增多，现场挫折感加深，但同时也带给督导们更多完成挑战后的喜悦，更强的专业历练，更多直面社会的勇气。恰如督导们说到的，"调查中遇到再大的困难，也不只有一条路可走，只要你坚持"，并且调查中遇到的不仅仅是困难，还有更多温暖，更多感动，更多思想上的升华。督导与访员们一起，手仗问卷走过陆地、渔岛、高楼、城中村、大山深处，把 CSS 写在了祖国大地的各个角落。督导们事无巨细甚至有时候流水账式的描述，都是一种真实、一份坚持、一种信念的见证。山高路远，柳暗花明。凡是经历过调查的读者，在阅读本书的过程中，想必都会时有共鸣，心有戚戚焉。

从抽出受访户，到找到受访者，再到完成访问，督导们常常遇到"进不去社区怎么办""村 / 居委会干部没时间配合怎么办""受访者拒访怎么办"等困扰，甚至有时候还会遇到"调查点没有可供住宿的旅馆怎么办""调查点没有饭店可以吃饭怎么办"等难题。读者们在读本书的时候，不妨带着这些疑问去看看 CSS 的督导们如何安排实地调查，遇到了什么困难，又是如何从技术上和心理上攻克这些困难的。督导们的文章，就像一个个调查案例，在给读者播放调查流程各环节的实地影像，把课堂上很多抽样的概念和设置通过他们的经历非常具象地表达出来，供读者去琢磨、去体验、去评估。与课堂上的问卷调查专业书籍不同，这本书实际上是一本关于入户调查的辅助读物，为读者们提供了一个个更形象、更直观、更生动的调查现场，帮助读者身临其境地体验完成一项大型社会调查所需经历的跌宕起伏。

不忘初心，方得始终。尽管全国大型入户调查的执行难度越来越大，但在很多重要数据的收集上，在很多全国性社会议题的研究上，尚未有哪种数据收集方法能够完全有效地取代入户调查。CSS 项目组的老师和巡视督导们，与全国地方合作团队的老师督导们、访员们一起，以共同的经历组成了 CSS

这个大集体（简称 CSSer），各司其职、相互促进，有时候会在工作群里因为某个调查设计吵翻了天，但最终在争吵中达成共识，在合作中找到共鸣，一起克服调查中的困难，探讨调查中的发现，共同商议调查可以改进的空间，潜移默化地推动了社会调查学术共同体的构建。知难而上，在传承中创新，通过调查实验逐步摸索更加智能的调查方式，坚持做好连贯性的全国性入户调查，为整个社会的变迁发展提供真实有效的调查数据支持，是 CSSer 乃至所有社会调查人的一种学术坚守。毕竟，这是一个坚守比改变更难的时代。

五　致谢

感谢中国社会科学院各位领导及相关部门对 CSS 项目的大力支持。尤其感谢谢伏瞻院长、感谢高培勇副院长、感谢创立 CSS 项目的李培林前副院长，感谢中国社会科学院科研局、财计局、图书馆、办公厅信管办等部门。感谢社会学研究所诸位领导和同事们对 CSS 项目的支持，尤其是陈光金所长和穆林霞书记，他们多次在 CSS 的关键时刻给予了坚定支持和中肯建议。最后，感谢各个调查点的受访者、基层干部和热心居民，他们的每份接纳，都化成 CSS 前进路上的无穷动力。感谢 CSS 2019 合作机构的老师和同学们，他们所在的学校或科研院所的名字如下（按首字母拼音排序，排名不分先后）。

安徽师范大学历史与社会学院

重庆大学公共管理学院

广东海洋大学社会学系

广东金融学院劳动经济与人力资源管理系

广西大学公共管理学院

贵州民族大学研究生院

海南师范大学马克思主义学院

河北农业大学人文学院

河北省社会科学院社会学研究所

河南财经政法大学社会学院

黑龙江省社科院社会学研究所

湖北经济学院社会学系

吉林大学社会学系

济南大学社会学系

江南大学社会学系

江西省社会科学院社会调查事务所

兰州大学社会科学调查与数据分析中心

南昌大学公共管理学院

内蒙古医科大学卫生管理学院

宁夏大学社会学系

黔南民族师范学院历史与民族学院

青海师范大学政法学院社会工作系

山西大学政治与公共管理学院

上海大学数据科学与都市研究中心

首都医科大学卫生管理学院

天津理工大学法学院应用社会学系

西南民族大学社会学与心理学学院

西藏大学经济与管理学院

厦门大学嘉庚学院

云南大学公共管理学院

浙江大学社会调查研究中心

中国海洋大学国际事务与公共管理学院

中国社会科学院大学社会工作教育中心

中南大学社会学系

"年岁一挥过，且唱曲三叠。愿为民安乐，策马再力竭。"

是为序！

邹宇春

中国社会科学院社会学研究所

目录
C O N T E N T S

237 第五部分 有成

第一部分

有　视

导语：社会调查的过程意义

崔　岩　中国社会科学院社会学研究所

社会调查是社会科学研究的重要基础，对社会科学实证研究有着重要的意义。涉及社会调查的著作，大多会从学术研究的视角对研究问题设计、检验研究假设、研究资料分析等问题进行讨论。不同于其他学术著作，此部分文章更多是从感性的视角，为读者介绍社会调查从访员、被访者的角度来看意味着什么。

从严谨的学术定义来看，社会调查是依据科学的原则，按照科学的研究方法，通过问卷等方式对某一社会现象的相关资料进行采集，并结合调查资料对所研究的社会现象进行描述解释、假设检验和研究推论的过程。在具体的社会调查执行层面，则需要调查研究者真正走出书斋，深入社会，与被访者、研究对象面对面地沟通。这一过程不可能简单地从学校学到，也不可能通过书本学到。从某种意义而言，社会调查的过程其实更是一个调查者与被访者互动的过程，只有高质量的访问，才有可能取得科学可靠的研究资料。

读者从阅读中可以发现，这些文章的作者，也就是 CSS 项目的访员、督导，在切实参与社会调查的过程中，可以从一个全新的视角去审视社会。例如，有作者通过参与社会调查，接触到了更广泛的社会公众，更深刻地了解了社会，更全面地认识了我国的实际国情。有作者提到，通过参与社会调查接触到不同的社会群体，了解了普通人的喜怒哀乐，更通过社会调查看到了社会的进步、国家的发展。正如有作者所述，在调研的路上，同学们"用脚丈量土地，看到了最真实的生活，听到了很多故事，感受到了热气腾腾的生活"。虽然每个被访者都有着不同的故事，但亦有共同之处：怀着热切的期望努力生活，努力奋斗。社会调查让每位参与其中的同学更为热爱社会调查，更为热爱这个社会，也更为热爱这个国家。

同时，通过阅读这些文章也可以发现，社会调查的过程，不是课本上呈现的调查抽样和系统分析。社会调查是一种社会互动，从被访者层面来看，与其认为是在参与一项科学研究，不如将其视为一种社会参与。从作者们的描述中可以看出，很多被访者非常珍视以被访者的身份参与社会调查的机会。在访问过程中，被访者畅谈其对社会问题的看法，对政府部门的建议，对国家发展前景的期许。虽然调查问卷是有限的，但是每个访问过程都生动地呈现了被访者的方方面面。

综观全篇，从访员来看，通过参与社会调查，他们深刻认识到了社会调查的重要性和必要性，更了解了国家、社会的发展变化。正如有作者所述，通过参与社会调查了解了什么是城乡二元对立，什么是社会公平，什么是公众对地方政府的评价。从被访者来看，通过参与社会调查，他们切实感到其境遇和观点得到了社会真正的关切，并能够真诚地向国家、向政府建言献策。

"夫学术者，天下之公器也。"在社会科学研究中，调查数据是学术研究的基础。高质量的调查数据可以帮助研究者揭示社会发展规律，探索合理对策。当然，从各位作者的视角来看，社会调查并没有那么"高大上"。借用其中一位作者的话："参加 CSS 对每位同学来说是一个挑战，更是一笔宝贵的财富。"在调研的路上，他们眼里有风景，心里有感悟，其中有困难，也有成长。相信通过参与社会调查，每位同学都会变得更加成熟，参与 CSS 的经历必然会一直伴随其未来的成长，使其更好地认识到自己身上的社会责任以回应国家的重托。相信每位读者通过阅读这些文章，都能从访问现场的视角了解什么是社会调查，更能够通过阅读文字，感受到真切的社会现实，对其开展相关调查研究，也一定会有所裨益。

一路前行

2019 年暑假，我参加了中国社会科学院社会学研究所组织的"中国社会状况综合调查"（Chinese Social Survey，简称 CSS），担任巡视督导。通过参加本次调研活动，我不仅掌握了科学严谨的调研方法，更在实践中充分锻炼了自己，开阔了视野。CSS 2019 逐渐落下帷幕，过去近 1 个月的调研就像发生在昨天一样，这一路走来的点点滴滴时不时闪现在我的脑海。参加 CSS 对我来说，是一个挑战，但这段经历也是人生中最宝贵的财富。在调研的路上，我眼里有风景，心里有感悟。这一路有困难，也有成长。回望来路时，虽有风雨兼程，但也有雨后的阳光；有满地荆棘，也伴随着一路花开。因此，我要感激我遇到的每一个人，感激我遇到的每一件事。

一　调研经历

在本次调研中，我去的第一个调研地是山西省。作为山西省督导组组长，在出发前，我负责的主要工作是整理、邮寄调研和培训所需物资；根据老师及同学的特长，安排培训流程表；建立当地督导及访员的账号，方便培训和调研时使用；和带队老师做好沟通，整理培训所需的课件；提前联系宾馆，安排好老师和同学的住宿。由于前期准备充分，所以到达山西大学后，培训和调研工作得以顺利开展。3 天紧张有序的培训之后，大家分为 4 个小组，每组包括 1 名带队老师和 10 名同学，有序进入调研地点，开展调研活动。我跟随地方督导王帅老师来到山西省长治市上党区。农村信任度高，入户容易，配合度高，但对问卷题目的理解度可能不高，需要访员耐心解释。城市入户比较困难，大部分居民持怀疑态度，但对问卷的理解程度较高。因此，在城市社区调研时，要解决的首要问题是"入户难"。在山西，我们主要采用村委会带领入户的方式。我们探索出的另一个有效的方式是，让已经接受过访问的人充当带路人的角色，以消除新受访者对访员的不信任。事实证明，这一办法行之有效，可以帮助我们成功入户。山西省的地方督导老师认真负责，会一遍一遍打电话询问问卷的细节问题，当天及时核查问卷，安排好同学们的食宿，时刻挂念同学们的安全，这种认真的态度让我受益匪浅。山西的调研持续了 10 天左右，最终顺利完成。分别之际，我心中不禁百感交集，有一起并肩作战的喜悦，有不舍，有感谢，还有期待。

离开山西之后，我直接去了山东济南，这是 CSS 之旅的第二站。山西省的经验让我在接下来的调研工作中更加游刃有余。在济南大学培训了两天之后，大家带着老师的嘱托分组到达了不同的调研点。山东组的同学们在实地绘图和访问阶段效率非常高，常常一天就可以完成一个 SSU 的调研，组长当天晚上还会细心审核完当天的问卷。这样高效和高质量地完成调研，背后离不开小组的团结和努力。天气炎热和交通不便阻挡不了大家的努力，大家头顶大太阳入户，耐心访问，才有了访员每天高质量地完成至少3份问卷的成绩。老师和组长会提前联系村委会或居委会主任，请相关人员带路入户，让受访者更加信任，这大大提高了调查效率。老师和村主任或居委会主任保持长期的联系，有些村主任已经认识了小组组长，这更有利于调研的开展。受访者耐心地配合访问，让我感受到了温暖。山东的调研短暂而充实，我感受到了山东热情、淳朴的民风。

CSS之旅的最后一站是湖北省黄冈市。在这里，我们遇到的最大问题还是"入户难"，城市社区常常几天才可以完成一份问卷。在这样困难的情况下，访员没有退缩，而是迎难而上，努力探索入户的方式。最终我们联系了社区居委会的负责人，由他们带领访员入户，终于顺利完成了任务。虽然经历了很多艰难，遇到了很多居民的不信任，经历过很多次拒访，但这也锻炼了我们的心理承受能力，使我们最终努力战胜了困难，这种历练恐怕在别处很难碰到。我清楚地记得，有一次当我们从受访者家中出来的时候，已经是晚上12点多了，虽然时间已经很晚了，我们也很累，但还是感觉如释重负，因为完成了来之不易的一份问卷。CSS每一份问卷的完成都离不开我们的坚持和努力。有时候走上整整几天，才能完成一份问卷；有时候访问进行到一半，受访者找理由要出去，打电话却再也联系不上；有时候刚进小区门口，就被质疑是骗子，被赶出来，连拿出证件也无济于事；还有时候明明可以听到屋子里有人说话，但任凭我们怎么敲都敲不开门。面对种种拒访，我们没有气馁，湖北的高温天气也不能阻止我们前进的脚步，大家相互鼓励，从失败中吸取教训，最终完成了调研。

二 个人体会

CSS的调研经历对我们每个人来说既是一次挑战，又是一次战胜自我的机遇，是宝贵的人生财富。从每周末参加培训到试访，再到实地调研，这一路酸甜苦辣，这一路遇到的人和事，这一路发生的点点滴滴都已成为这个夏天最美好的回忆。

团队的通力合作会创造出无限大的力量。实地调研中，我们一般都是以小组的形式进行工作的。组员之间相互鼓励、加油，最难的日子也可以熬过去。不管在何处调研，只要融入当地团队，都可以感受到团队带来的欢乐与力量。凌晨，我们一起出发；白天，我们不惧骄阳，克服困难，完成一份份问卷；晚上，我们带着一天的成就感，嬉戏打闹，伴着星光，回到宾馆。当一个访员在晚上完成最后一份问卷时，其他访员在楼前昏暗的灯光下等待，这一刻的场景让我相信团队的美好，感受到团队中的信任。在相处不多的日子里，我们在一起经历了很多：乡间的小路上，我们共同洒下汗水；小卖部里，我们中午一起吃泡面；路边上，我们分吃西瓜；星光灿烂的晚上，我们排成一排说说笑笑，交流访问中遇到的故事；绘图时，我们磨破了脚也不轻言放弃。小伙伴们每天饱含一腔热血拼命工作，互相鼓励、互相扶持。此外，地方督导老师在整个过程中尽心尽力、认真负责的精神令人动容。在培训阶段，老师提前准备好点心，让大家在课间补充能量。在出发的前一天晚上，老师细心地准备调研物品清单，细致到防晒霜、驱虫剂。老师跟着我们一起下实地，安排好大家的食宿，照顾到每个同学的情绪，不断鼓励大家，尽力陪访，带给访员信心。为了一个共同的目标而奋斗，这样的感情最值得珍惜。

拒访是我们在调研过程中经常遇到的。居民往往出于对我们的不信任，担心个人信息泄露而拒访。针对我们在访问中遇到的拒访情况，我总结了一些应对措施。

第一，耐心向受访者说明调研意义。受访者有时不理解做调查的目的，会抱怨说"做这个调查有什么用，又不会有什么改变"。当受访者有这样想法时，恰恰证明他对调研是有期待的，但现实可能不尽如人意，所以就需要我们跟受访者耐心解释。政策的改变不是一蹴而就的，调研结果会为政策制定提供依据和第一手资料，从而慢慢推动整个社会发展。社会进步是一点一滴积累而来的，是用坚持和毅力换来的，那些看似无用的坚持和努力正是社会进步的基础。

第二，不能轻易放弃。调研时，被开门的受访者用怀疑的目光审视对访员来说已是家常便饭，更有甚者，不待访员开口说明来历便已把门关上。如果受访者一开始拒绝接受访问，但一直听访员介绍，没有要赶人走的意思，就意味着还有一丝可能性。这样的情况下，我们会不停地介绍，向受访者介绍自己的来历、调研的目的和意义，以及当地调研的情况，不轻易放弃，直到受访者同意接受访问。

第三，要让受访者相信调查。首先，访员自己要端正心态，从心底里认可这件事情。有时候受访者会问："我们这个调研有用吗？"这时我会回答："调研是由中国社会科学院组织的，中国社会科学院是国家智库，为政策制定提供数据和分析，也有能力做这件事情。"专家学者运用数据分析、专业知识和科研能力研究公共政策问题，为政策制定指明方向。我从心底认同中国社会科学院的能力，并相信中国社会科学院能做好调研。正是因为我相信，所以在跟受访者介绍的时候，我的语气和眼神非常坚定，我的坚定也会感染受访者，让受访者相信。

第四，随机应变，灵活应对各种场合。调研期间，访员会遇到各种各样的情况，受访者可能在打牌，也可能在吃饭，对此，我们不得不随机应变，使用各种技能。在山西吕梁调研时，我们遇到这样一个情况。我们上午进入一户人家，受访者一开始不同意，最终，那家的阿姨接受了访问。阿姨的小女儿在旁边写作业，没人辅导，这时我就去教小朋友写作业。阿姨看我们帮忙看孩子，就配合我们。访问做了一半，阿姨要出去送孩子，这时我们预约了晚上再来。晚上我们再来时，阿姨在收拾废品，想要卖掉。于是阿姨边收拾边回答问题，阿姨走到哪里我们就跟到哪里。其间，我们担心阿姨突然不做了，就跟他上初中的儿子说："小弟弟，帮帮我们，都是学生，一定要帮我们说服你妈妈做完呀。"后来，阿姨嫌问卷太长，表现出不耐烦，他的儿子说："妈，你就做完吧。"可能因为阿姨也想给儿子树立一个榜样，所以在儿子的劝说下，阿姨终于顺利完成了问卷。调研中我们会遇到各种各样的情况，灵活应对遇到的这些情况，可以提高我们的应变能力。调研充满着不确定性，只有随机应变，才能快捷高效地解决突发的问题。

面对拒访，我们还可以借助一些外界力量来完成访问。第一，请求已经接受过访问的人带路，可以消除被访者的疑虑和戒备，有利于访问的顺利进行。在山西方山县，我们就采用这种方法，成功入户。社区调研时，居民们戒备心强，对陌生人信任度低，拒访率很高。与带队老师商讨后，我们说服已经接受访问的人，请其给我们带路。同一个社区的信任度高，加上有已经接受访问的人劝说，受访者很快接受了访问。就这样，我们探索出一个行之有效的入户方法。第二，如果抽中的社区负责人不配合甚至拒绝填写社区问卷，可找到社区的上级单位，解释清来龙去脉，请求其与社区负责人沟通，使社区负责人消除疑虑与担心。在山西吕梁调研时，我们就曾遇到这样的难题。在我们说明来意并出示证件之后，负责人依然不相信，并且不愿填写社区问卷。后来，我们找到了社区居委会的上一级街道办事处。在简单交代了来意之后，街道办事处的人看了问卷，说知道这个调研，前两年来过。这时候我们松了一口气。街道办事处的人后来给社区居委会打了电话，并要求社区居委会配合我们填写问卷，安排人员带领入户。这也是一个正确可行的方法。第三，对于一些特别难推进的社区，可以寻求社区居委会的帮助。一般每到一个地区调研，我们的首选是自己敲门，即访员通过宣传调研的意义和目的说服受访者接受访问。在一些特别难推进的社区，居民信任度普遍偏低，甚至有访员两天跑了很多家，说破了嘴皮，也没有说服一位居民接受访问。在这样的情况下，我们会求助社区居委会负责人，向居委会主任讲明来意，请求在不耽误其工作的情况下，帮忙给受访者打个电话，或者带路到受访者家中，消除受访者的疑虑。当地居民对居委会更加信任，因此，这样做可以提高信任度，有利于访问顺利进行，降低拒访率。第四，可以寻求当地热心人士的帮助。在山西TFZ村调研时，为我们带路的是一位80多岁的爷爷。爷爷非常热心，每天在家门口等着我们。我们劝说受访者时，爷爷也会向受访者解释。在爷爷的帮助下，受访者对我们渐渐信任，使得我们顺利完成访问。

调研路上，我用脚丈量土地，看到了最真实的生活，听到了很多故事，感受到了热气腾腾的生活。参加CSS带给我很多思考，使我感触颇多。在调研过程中，我还遇到了各行各业的人，有朴实的农民、家庭主妇、退伍军人、公司经理、村委会干部等。每个家庭都有不同的故事，每个家庭都怀着热切的期望努力生活，努力奋斗。其中给我留下深刻印象的是一位老奶奶，她独自在家中居住。访问过程中，她可能想起了已故的老伴，也可能想到了自己无法挣钱给子女添了麻烦，老奶奶落下了眼泪。老奶奶年龄大了，身体不好，平常吃药要花很多钱，这些钱都是子女出的。她觉得自己生活上要靠子女的帮助，不能支持子女的生活，有一种愧疚感。想到这里，老人哭了起来。当时我和访员先暂停了访问，开始安慰老人。待她心情平复之后，我们才继续进行访问。这件事让我想到自己的父母，他们也在逐渐变老，与子女的相处越来越小心翼翼。小时候，父母是天，肩负整个家的责任。渐渐地，他们的身材不再伟岸，身体变得虚弱了。他们的心思变得更加敏感，担心给子女添麻烦，许多事不敢过问，说话要看子女脸色。生老病死是不可逆转的自然规律，父母含辛茹苦把我们拉扯大，不管他们在年老之后能不能支持子女的事业，只要他们平安健康，子女就有最大的福气。有机会照顾和赡养老人是子女最大的福报，没有什么事情比"子欲养而亲不待"更痛苦了。

另一位让我难忘的人是在山西省 SH 村遇到的一位大叔。他对我们的调研很感兴趣，也很支持。我们在路边休息的时候，他主动过来跟我们分享他的见解。他说，国家应重视培养新型农民，农民不仅应该会种地，更应该掌握技能，懂技术，会经营。国家可以运用多种方式加强培训，提高农民的能力。大叔说这些话时，我在心里不禁赞叹，大叔了解国家大事，关注时事热点，与时俱进。现在的农民形象不再是以前的"面朝黄土背朝天"，他们关注社会时事，关注社会的发展变化。新时代的农民应该具备专业的农业技术，懂管理，了解市场，开拓市场，培育出满足市场需求的农产品。农民素质的高低，决定了农村的未来，高素质的农民也是农业农村现代化的基础。因此，政府部门应加大对农民的培训力度，充分利用各种现代教育手段以及创新培训方式，对农民开展相关职业技能培训，尤其是在技术指导、经营培训、对接市场需求等方面，这样才能帮助农民转型，培养更多的新型农民，使农业更加符合现代人的需求。同时，我们也希望未来在调研时可以看到机器人在田间耕作。

在路上，我同样看到了人情百态。同一个地区，有的人衣食无忧，有的人穷困潦倒。在调研中，可能遇到的上一个家庭条件优越，下一个家庭却在担心一日三餐。受访的家庭有的住在毛坯房中，用纸糊窗户，生活条件的艰苦难以想象。生活不易，但不影响他们对美好生活的期望；生活很难，但他们心中依然有对未来的渴求。也许我们的力量微不足道，但微小的力量汇集起来，也能形成推动社会进步的浪潮。我们每个人都是社会这个汪洋大海中的小小水滴，都在为社会的前进付出努力、做出贡献。我们每个人都肩负着责任，为的是社会更加和谐稳定。正是因为受访者的理解和支持，调研才更能反映社会真相，为政府科学制定政策提供依据。通过调研了解民情，倾听民意，掌握第一手资料，为政策提供有力支撑，这是CSS 的意义所在。参加调研有助于当代青年形成社会责任感，将理论与实践相结合，更好地认识社会和适应社会。

最后，同样令我难忘的还有路上的风景。生活中的小幸运有很多，只是平常的忙碌让我忽略了身边的风景。调研过程中，走在乡间的小路上，两边是绿油油的田野，草木旺盛的生命力不禁让人感叹。小花随处可见，民宅周围果树林立，偶尔还会碰见农民在耕种。尤其是山西省 SH 村，村落两边是山，人们在平坦的地方修建房子。这里的人热情好客，生活简朴安静，景色恬静美丽。我看到了路边的野花，也看到了满天繁星；听到了夏日午后的蝉鸣，也听到了人们在树荫下的聊天声；还感受到了生活的变迁：我们居住的环境越来越好，乡村里的公路越来越平整，人们脸上的笑容越来越甜。参加 CSS 让我们走出舒适圈，了解各地风土人情，感受别致风景，为青春增添色彩。

三 调查评估

CSS 通过对全国 1 万多个随机抽取的样本进行问卷调查，了解受访者的基本信息及其对社会的基本看法，从而考察和分析社会现象，了解社会真实情况，正确认识社会事实。CSS 通过科学抽样，对居民家庭情况、就业与收入、社会信任、社会生活、社会态度等方面的长期调查，形成我国社会变迁的数据资料，为科学研究提供数据支持，为政府制定政策和执行政策奠定基础。

在 CSS 项目开始之前，每位督导都要接受大量培训，包括如何敲门，如何向受访者解释，访问技巧和礼仪，操作系统的使用等，培训内容全面，培训形式丰富多样。项目组老师的讲解生动有趣，听每位老师讲课都是一种享受，可以看出老师们花了很多精力准备课件。我很怀念之前每周坐两个小时地铁到中国社会科学院研究生院培训的日子，回来的路上可能会在地铁上睡着。这样的日子充实而有趣，所以我要感谢各位老师的辛苦付出。高质量的培训让我们快速适应现场，曾经的"魔鬼训练"让我们从容应对现场发生的各种情况。因此，我认为督导培训非常有必要，它可以帮助督导全面了解调研，顺利开展工作，为培训当地访员奠定基础。出发前，项目组准备的资料包非常齐全，让我们下实地前紧张的心安稳下来。

CSS 项目具备完善的实施机制，包括完整的培训机制和实地调研机制。从督导培训到访员培训，培训日程安排合理，培训内容完整，培训形式多样。实地调研机制从实地绘图到随机抽样，从户内抽样到问卷访问，整个过程设计符合科学规范，体现了严谨的调查精神。在实地调研时，我还发现了一个可能存在的漏洞：按照规定，抽中了 A 家，就只能去 A 家调研，不能去 B 家；但在实际执行中，抽中了 A 家但去了 B 家访问，这种错误可能难以查证。平板上的定位不精准导致无法分辨准确位置，因此需要更加精准的地址定位，以避免出现类似的错误。

四　总结

如果 2019 年的暑假可以重来，你会选择做 CSSer 吗？对于这个问题，我的回答是：如果再给我一次机会，我依然会坚定地选择在这个暑假参加 CSS，做 CSSer 是我引以为傲的事情。

我用脚丈量土地，看见了祖国的变迁，听到了每个家庭背后的故事。我有机会和良师益友一起做一件很伟大的事情，为社会的进步贡献自己的绵薄之力。通过参加 CSS，我进一步了解了社会，开阔了视野，并在实践中发现了自己的不足，这些也为我未来的发展指明方向，因此，参加 CSS 是我认识社会和适应社会的宝贵机会。在这里，我们是一个团队，彼此关心，一起在青春的日子里，不断奋斗，不断进取。在这里，我们真正锻炼了自己，磨炼了意志，为以后的职业生涯做了更好的铺垫。

相信在每个人的心中，都有一条通往远方、通往希望的路。CSS 正是这样一条路，让我看到了最真实的世界，让我感受到了平常会忽略的感动。我享受在路上，享受带来愉悦的每一段旅途。我与 CSS 的故事，是我踏出舒适圈，挑战自我，尝试每一种可能性的历程；是我走过的漫漫长路上的每一处风景；是青春的回忆，记载着我与小伙伴相处的点点滴滴；是一种蜕变，拥抱更美好的自己。经历的痛苦、不解、困顿，让我看到了更加坚强、更加不服输的自己。

CSS 的旅程结束了，但我与 CSS 的故事远未结束。这段经历会成为美好的回忆，珍藏在我的心中。这些都是我成长路上的宝贵财富，它们会伴随我一直前行，一直思考，一直改变。

观社会百态，感千面人生

刘　璐　北京大学社会学系

2019 年夏天，在"中国社会状况综合调查"中担任督导的经历为我的本科生活画上了一个圆满的句号，并坚定了我的学术信念，让我满怀期待地迎接研究生生活。相比自然科学注重平均值，社会科学注重差异，因为每一个人都是独一无二的，生活状态千差万别。2019 年度"中国社会状况综合调查"真真切切地记录下 1 万多位调查对象的信息，每一份问卷的信息都生动呈现了受访者和家人的生活：他们的工作、学习、流动情况、日常开支、固定资产，以及生活面临的问题、需求、福利态度等。当调查结束时，我忽然有了一种"观社会百态，感千面人生"的体悟。我深切地感受到，这些调查数据对学术研究和政策制定具有多么重要的意义，我为能在 CSSer 大家族里学习、实践而感到自豪。

我与 CSS 首次结缘于朋友分享的一条面试链接。2019 年 4 月 27 日，我第一次到访中国社会科学院，面试的时候张宾师兄直接指着窗外的操场问："操场在学校的东南西北哪一边？"不知道是不是靠识路能力通过的面试，紧接着我就开始了为期 4 周非常高强度的督导培训，每个周末往返于海淀和良乡，贯穿北京的南北。6 月 1 日全体督导在怀柔 DZ 村进行试调查，我在 CAPI 系统上紧张地完成了第一份正式的问卷，却犯了错误，忽视了房屋现值单位为"万元"而非"元"。可见，把督导参与试调查这个环节设计为培训课程的一部分是多么重要。6 月底，执行组的督导们开始陆续奔赴祖国各地开展实地访问调查，我则是在 7 月 1 日从湖南开始，先后在湖北、兰州、湖南、浙江 4 个省份进行访员的培训，7 月 18 日抵达浙江温州，开始负责两个 PSU 的执行巡视。

对我来说，CSS 的意义在于这一路上发生的诸多改变。起初面试的时候，我说我参加 CSS 有两个目标，一是参与大型的社会调查，二是接触社会中更多的人群。但是在怀柔试调查之后，我意识到 CSS 对于我来说还是一次挫折教育，因为在调查中我要学会在各种无法预设的情况下提高自己的抗逆力。而在最后地方培训和巡视的实践过程中，我觉得 CSS 就是一个瞬息万变的舞台。我既要负责任地扮演好每一个角色，还要把握好不同角色之间的转换和平衡。接下来就以我最主要的三个角色来分享我的经历和收获。

首先，学生这个身份贯穿始终，不仅是在北京接受培训的时候，在地方培训访员和参与巡视的时候，我也一直在请教李老师、崔老师、田老师、邹老师。在我看来，CSS 最核心的学习内容就是：一个严谨的、正规的社会调查是什么样的，应该怎么操作。

对比我身边参与过其他大型调查的同学们，我觉得 CSS 为我们提供的社会科学研究方法的培训更全面、更细致，最重要的是，每一个老师都真诚地把我们当作研究者来培养，而不只是当作一个收集数据的调查员。例如，我们虽然并没有权限参与问卷的设计，但是在问卷讲解中，崔老师和田老师不仅会说题目和选项是怎么设置的，还会说明为什么会这么设置，甚至在课堂上与我们讨论之后又对问卷进行了细微修改，在培训中融合了部分问卷的认知测试。在执行的层面，CSS 最突破我之前对社会调查认知的一点是，大型社会调查不只是一个团队自己的调查，而是多个团队的协调合作，会涉及复杂的组织协作、人事管理、财务报销。王卡老师会教导我们与合作团队接触的礼仪；胡老师会细致地讲述财务规范的注意事项；贾聪师兄会演出被访者拒绝访问的一百种情况，真枪实弹地锻炼我们的访问技巧。即使在调查结束之后，这些知识也依旧是我的宝贵资源。在研一社会研究方法的课程上，我还以 CSS 的抽样为案例分析抽样的过程，向同学们分享 CSS 含内隐分层的系统概率比例抽样如何从中国六大地区到一个社区/村，然后到户抽样和户内抽样，最终找到唯一符合条件的调查对象。

第二个角色是培训督导。这个身份是我没有预料到的，而且我还有幸跟随邹老师在 4 个省份进行培训。我主要负责讲解调查问卷，目标是让当地机构的访员能在限定时间内熟悉二十几页的问卷内容，厘清题干的含义，并且能够规范地使用 CAPI 系统进行提问、记录。第一次给大学生上课，对我来说是一个非常大的挑战，问卷的内容基本上需要 22 个小时的讲述时长，如何在长时间的文本阅读过程中调动同学们的积极性是一个难题。这次经历也让我难得地了解到不同地区、不同大学的同学们有着不同的特点和优势。中南大学的同学们热情、积极，因为调查项目同时也是他们的必修课程，同班同学之间有强烈的支持感，甚至课堂气氛活跃到控制不住；兰州大学的同学们上课不怎么说话，但是笔记记得非常仔细，每个人都有厚实的一本，调查态度极为认真；湖北经济学院的培训课程是在轻松互动中度过的，同学们一边交流提问一边学习，迫不及待想去调查现场；浙江大学的同学们会用审视、批判的态度上课，有时候觉得沟通起来很困难，但是在模拟访问的时候他们的表达能力几乎都可以直接入户访问。

当小老师的 18 天中，邹宇春老师一直作为坚不可摧的后盾保护和支持我们。每一节课的课前，老师都会说："你们放心讲，不要怕自己讲错、讲不好，老师会随时给你们救场，把准备好的内容都尽力表现出来。"其实，在奔波的路途和紧张的备课过程中，我一直都处在身心疲惫的状态，老师和组员们的鼓励、支持就是最强的营养剂，团队的力量给了我无穷的动力，也让我认识到自己的价值。参与调查的途中我们也一起欣赏到了各地独特的风景。

第三个角色是巡视督导，和访员一起入户调查。在实地的入户访问中，我们发现，现实比上课演示的更加复杂，一些场景甚至超出我的想象。比如，在我的家乡浙江温州，离我家车程不到 30 分钟的位置，就是一个城中村，我却从未了解过这里，也从未了解过里面的人。随意推开一扇门，里面竟是一排门，每扇门都是挂满倒刺、没有油漆的木板，上面潦草地写着一个号码。再推开木板门，不到 10 平方米的一个房间，就是我们的访问对象独自生活了二十多年的空间，甚至可以想象他会在这里度过一生。在构造错综复杂的城中村，能找到绘图员标注的地址已经是一件非常困难的事情，更难的是城中村的居民大部分是工人，他们会为了计件工资加班加点到晚上 11 点，最后我们的访员不得不在工厂里一边看被访者工作一边访问。看着这些大一、大二的孩子，在 30℃ 的高温下，坐在城中村随处可见的垃圾堆旁边等待访问对象，我知道比起完成访问，更可贵的是他们克服困难的勇气，我在内心为他们的执着暗暗叫好。可能也只有 CSS 这样的调查才能把这群孩子的潜能激发、逼迫出来吧。就在龙湾组攻坚克难的时候，乐清组的同学们也遇到了突发状况，一位同学中暑，另一位同学因当地人不配合的态度而焦虑，我随即奔赴给予支援。我觉得巡视督导在功能上更像是小组工作的领导者，每一位访员也和我一样，迄今为止都是在父母、师友保护的环境里成长，突然独立面对社会中的陌生人，还要争取合作，这些压力只有在组员们的支持下才能克服。每一天在面对未知情况时，我们拥有的只有身边的"战友"。我觉得这可能就是 CSS 让 CSSer 念念不忘的魅力所在。我们参加了最真实的真人秀，挑战着各种不可能，回头一看，才知道原来我们已经渡过了这么难的关卡，才知道自己多么有韧性和毅力。

除了上面三个角色之外，在入户访问时，我还会扮演我无法预料的角色。虽然我们训练过无数次规范的自我介绍，但是在我的体会里，打开那扇门的一瞬间，你就像是拉开了一块幕布，需要根据被访对象的态度和想法，即刻找到自己在他眼里的角色，然后想尽办法以这个角色去和他建立合作关系，或者尽力改变他对自己的负面看法，转变角色取得信任。有时候，在访问对象看来，我们是辛苦工作的大学生，让他想起他的孩子或是孙子；有时候，我们是令人厌烦的推销员，他们会一句话不说就直接关门；有时候，我们是"上层人"的象征，他们会把自己对社会的所有不满发泄在我们身上；有时候，我们是不懂世事的小孩，他们一边回答问题一边要教你正确地看待社会；有时候，我们是相知相识的老朋友，一户人家的访问结束后会带我们去找下一个地址，即使我们不是去年的访员，他们也会热情地说"你们今年又来问问题啦"。这种接触方法需要非常强的专注力和临场应变能力，我觉得这是比自我介绍更符合现实情况的。因为即使是我们具有专业背景的学生，也需要通过培训才能清楚了解社会调查的意涵和意义，而站在公众的角度上，大家了解最多的社会调查可能只有经常听说的人口普查。当我将自己定位为 CSS 的访员时，对方很难一下子把自己定位到受访者的角色上。这就需要访员掌握好互动的节奏和内容，才能顺利完成整个调查。

　　这个思考来自一次访问，当时我的一位访员遇到一个奇怪的情况来求助。某天下午 1 点，在一个阿姨的帮助下，我们看到难以沟通的访问对象终于接受我们这位腼腆的访员和同伴一起入户。3 点左右，访员打电话告诉我，访问对象拒绝回答问题，一直冷脸躺在沙发上等她走。让我感到奇怪的是，如果被访者有急事会直接中断访问赶访员出门，如果是有很强烈的拒访意愿，那也不会直到访问了快两个小时才表现出拒绝。等我到达现场和这位阿姨聊开以后才知道，问卷问到后面社会评价的评分问题，她想回答但是实在不明白是什么意思，也无法量化自己的态度。在了解她的成长经历后，我感觉到这一点触发了她的自卑感。她没有接受过很好的教育，一直生活在城中村里，在村里一抬头就可以看到毗邻的高档社区，脚步可以跨出这个圈，但是社会经济地位却几十年不曾改变。但是，她同时也是一个自尊感很强的人，所以这些话她不会对一个只会问她问卷的人说。当你表达对她这个人的关注时，她才愿意说一些心里话。最后经过我们的努力沟通，阿姨很热情地切了瓜果，端出她煲给孙女的汤，对比当初冷脸不吭一声的样子，态度有了 180 度转变。这次经历不禁让我反思：我们不仅要在自己访员的身份上临场应变，同时，对待访问对象也要在收集信息的目标之外拥有同理心，关怀被访对象，以人与人的交流视角而不是单纯访员和被访者的视角理解访问过程。访员，就是联结标准化问卷与千姿百态的受访者之间的那座桥梁。

　　CSS 的经历犹如珍宝，那些疲倦痛苦又带着幸福和成就感的无数瞬间成为我成长过程中的一页华彩篇章。最后借用艾克曼在《歌德谈话录》中记录的一句话以表我的信念："你必须投入广大的世界里，不管你是喜欢它或是不喜欢它。"最后，再次感谢所有老师、同学、访员们的陪伴和支持，有了你们的陪伴和支持，我才有勇气、有信心、有知识去面对这一路上接连不断的挑战！

我经历的 CSS 2019

石星宇　湖南农业大学资源环境学院土地资源管理系

时间如白驹过隙，记忆中那些在受访者家门口敲门的情景，在项目组各位师兄师姐的指导帮助下一步步成长的点点滴滴，仿如昨日一般，历历在目。2019 年，我参加了 CSS 项目的督导培训，并担任巡视督导，负责福建（7 月 4~15 日）、浙江（7 月 16 日至 8 月 2 日）、江西（8 月 2~18 日）3 个省份项目调研点的督导工作。

福建省的调查在我印象中可谓"梦开始的地方"。调查前几天，我进入了福建省巡视督导群中。董良平师兄作为组长，分配了巡视督导的任务地点，并再三强调实地调查前的准备以及紧急情况的应对措施；我也加上了地方督导的微信，并加入了当地的督导访员群。当时是什么感觉呢？说一点也不慌、一点也不兴奋，那肯定是假的，毕竟3个月前我还只是一个接受培训的新手访员。第一次与从前没有任何交集的小伙伴一同做事让我充满了无穷的幻想，比如：我们要去的社区是什么样子呢？农村有什么样的风俗民情呢？访员是怎样的小可爱呢？一切的一切都让人浮想联翩，既兴奋又担心。除此之外，还有坐上去往远方的高铁，离开熟悉的地方带来的种种新鲜感与小小的落寞与陌生感。我还记得到达目的地那天晚上在下雨，从高铁车站打了一辆出租车前往定位的宾馆，第一次与访员见面，陌生而又拘谨。我提前与地方督导详细讨论了我们应该先去哪个社区调查，应该怎么分配地图样本，交通工具是什么等问题，很担心第一天访问如果不顺利的话会让访员的积极性受到打击。第二天早上，我们拿着礼物、海报、平板和一沓沓纸质问卷集合，确认调查物资齐全后就出发了。还记得第一份问卷发给了一个热心的大姐，她全程十分配合，这让我们鼓足了动力，调查第一天就完成了7份问卷，轻车熟路后更是迅捷。在调查期间，我们还遭遇了台风洪水，幸好我们果断地提前中止了调查。整个调查过程中，访员曾碰见过没办法理解普通话的老人家，不得不让当地懂方言的访员一边翻译一边完成调查问卷；也曾追进田地里，耐心地劝导阿姨，并开展访问；也曾在老年人文化中心与大爷、大哥们聊家常、聊文化，大大开阔了视野，丰富了阅历；也曾被不解的住户误认为是小偷来踩点，或被误解为公司派下来推销的业务员等。PSU最后一份问卷结束在一个傍晚，晚饭时间内4个社区的最后一份问卷完成，我和地方督导核对后上传，在确认问卷数量与质量审核达标后，大家终于松了口气。小组长达1周多的调查结束了，组员们当晚一起吃了肯德基，虽然吃的是普通快餐，但是是一顿值得留念的快餐，也是一顿尽欢而散的快餐。组内各位小伙伴在订好车票后的第二天，一起前往高铁站。

浙江省是我巡视的第二个调查地，在当地的经历可谓"一波三折"。浙江省的访员配置相对于标准队伍较少，部分同学在培训时比较内敛，但是实地调查中进入现场的速度很快，提问方式恰当，个个都是访问好手。我在浙江负责两个市/县，共8个社区，两个小组在首次访问地点的安排上有所不同，一个小组先做交通较为方便的城市社区，另一个小组则先从入户较容易的农村做起。但是两组都遇到了同样的困难：协助入户的社区干部人事有变化，且调查点的建筑变化尤为突出。也就是说，村/居委会是新上任的一届，社区工作者年龄较小且对当地社区认知不太深，导致出现"知晓人名与地点，但找得不是很准"这种情况。幸好访员在培训时认真听讲，避免了带错门、访错人的情况。在调查中还出现过因为意外导致调查设备（平板电脑）损毁的情况，幸好最后我们成功将调查数据导出了，毕竟每一份数据都极其宝贵。

调查中有挫折是必然的，但怎么去直面挫折才是逐渐成长的关键。在浙江省的调查中，也出现了访员心理受挫、士气低落的情况，奈何我在安慰与鼓舞他人方面能力并不出众，这也给总体访问进度造成了一定的影响。此外，调查中有极少数访员因为身体不适和心理受挫而无法继续访问，选择了主动退出，也在客观上导致了本身就少的访员数量变得更少，我只能立即前往该调查小组以访员与督导的身份与小组成员一起访问直到结束。其间，也接受过其他调查小组自愿前来的访员的帮助，让我很是感动与欣慰，互相帮助让进度落后的小组也圆满完成了本次的调查活动。总的来说，调查小组即使经历了这么多挫折与困难，最终还能按时、保证质量地完成调查任务，这足以说明，小组成员都是十分坚强与有勇气的。最后离开的时候，大家都如释重负，虽然外表上皮肤比十多天前更黑、更糙了，但心中那块石头终于落地了，一切的努力都没有白费。

我最后去往的是江西省。在那里，我与CSS项目组的督导同学们又一次会合了。江西省的调查时期正好是三伏天的中伏与下伏，在江西下车的第一感觉就是热，非常非常热，哪怕是培训的时候站在空调全开的会议室也能感觉到窗户周围的空气热到像被扭曲了。毫不夸张地说，中午绝对不能在毫无防备的情况下在室外行动，因为不但阳光毒辣会把人晒脱皮，而且汗水会从脑门像瀑布一样倾泻下来，影响人的视线，让人难以集中视线看清路况，所以中午在室外毫无防备地行走是十分危险的。令人安心的是，我跟随的调查小组有调查经验，在物资和交通安排上十分周全。伞、水还有药品配备齐全，而且组员们的实地问路与交谈能力很强，到一个地点就能顺带将便利店或者小卖部等补充物资的地点询问清楚。在如此炎热的天气里，必须先保证身体状况良好才能保证调查的顺利进行。在江西省的调查中，跟随的访员们往往在晚上 11 点多后才会结束访问，回到据点休息。要知道，一组 4 名访员（含督导），在每个社区平均三天半的时间内完成绘图、抽样、核户、再调查、检查、审核等一系列工作是多么不容易。每天都是烈日炎炎，每天都是汗流浃背，每天都是与蚊虫做伴，但是他们做到了以极高的效率、极强的韧性和正确的提问方法让调查得以顺利进行，保质又保量。跟他们一起跑遍整个乡村、整个社区，穷尽山水只为找到一家合乎标准的受访户的感觉，是最令人欣慰的。在那儿，我见过太阳从壮丽磅礴的雄山中升起，见过夜间飞舞的萤火虫，曾被受访者用锄头驱赶过，也曾与伙伴们在夜间一起走过好几公里长的无灯村道。作为我所到的最后一个省份，江西省人员配置较少，任务量较大，但我们仍然凭借努力证明了自己是持之以恒、不惧困难、敢于直面问题的新时代青年，不经风雨又怎能见彩虹呢？

CSS 在烟台

王钧意　中国海洋大学国际事务与公共管理学院

一　调查经历

2019 年 8 月 11 日，我们顶着台风"利奇玛"的风眼到了位于山东省北部的烟台龙口市进行为期 8 天的 CSS 烟台组调研。用"触风雨，犯寒暑，呼嘘毒疠"这个《捕蛇者说》的桥段来形容我们第一天的调研一点儿也不为过。按照计划，我们应于上午 9∶40 乘坐从青岛沧口站前往龙口市的长途大巴，不料因台风影响，这些省内班车相继被取消。倘若我们耽搁一天，那么任务就可能无法顺利完成，所以我们决定坐"黑车"前往龙口市。来来回回折腾了大约 1 小时，我们方才登上开往龙口市的"黑车"。这辆车把我们载到一个路口放下，司机师傅把我们送到了另一辆车上。经过一番询问，我们才得知这辆车是可以去龙口市的，而先前的车是没有办法出青岛的。千回百转，我们终于到达了龙口市汽车站。而后我们一行五人分成两拨打车前往我们先前预定的如家酒店。历经 40 分钟，我们终于到达酒店。经过短暂调整之后，我们便去往第一个踩点村庄——DH 村。DH 村的特点是居民区与传统村落混居，居民和村民有着完全不同的思维模式。第一天，我们没有做足相应的预案，再加上台风肆虐，因此没能按时完成任务，后来，在村主任张大叔的帮助下我们才成功完成了 3 份问卷。值得一提的是，在我们调查期间，DH 村出现了紧急停电的情况，这 3 份问卷是我们组的同学与受访者秉烛夜谈方才完成的。龙口市的夜，悲伤而寂寥，绝望中又蕴含着希望。在一位中国海洋大学的学长的帮助下，我们这几只迷途的小羔羊才得以平安地在台风肆虐期回到我们入住的酒店。第一天夜晚我们也没有闲着，而是总结第一天效率低下的经验教训，重新部署、重新安排，并决定第二天一早就去到 DH 村进行调查。

8 月 12 日，我们一行五人一大早赶赴 DH 村进行调查。前期工作不那么顺利，因为我们对问卷的念读不够熟练，导致村民对调查的兴趣逐步降低。经过口耳相传，村民们逐渐对我们的访问产生了畏难情绪，甚至村主任张大叔也对我们产生了一定的抵触情绪，尤其是在晚上访问完他们一家以后。因此，我们及时地回到酒店进行了总结。

8 月 13 日，我们仍旧需要完成 DH 村的 17 份问卷。DH 村的住户拒访率很高，住户不在的情况也非常多，为此我们几乎消耗了所有的备选样本，导致组内同学有些灰心丧气。时间紧、任务重、身体累，多方面的负担沉重地压在了我们一行五人的肩头。但我们没有放弃，反而一咬牙、一跺脚、一狠心，齐心协力，终于见到了胜利的曙光。这天，我们在 DH 村做问卷直到晚上 10 点，由于"滴滴"难以打到回程的车，最后只能找了一辆"黑车"将我们送回酒店。

8 月 14 日，我们一行五人兵分两路，一路人接着完成 DH 村的剩余样本，另一路人去到下一个站点——YG 村。中午我们在 YG 村顺利会合。在 YG 村妇女主任的大力配合下，我们的调查相当顺利，第一天几乎就完成了一大半问卷。

8月15日，我们比预期提早完成了YG村的所有问卷，当日下午便到达了第三个村落——LT村。在LT村村干部的大力配合下，我们的调研也进展得十分顺利，第一天下午我们就完成了近半数的样本数。

8月16日，我们乘胜追击，终于顺利地完成了LT村的所有入户访问。

8月17日，经过一番休整，我们于下午决定登岛前往最后一个村落——SD村。在登岛前，我们同SD村主任取得了联系，他表示非常愿意帮助我们入户。下午我们便乘坐轮渡抵达最后的村落——SD村。SD村同其他三个村落最大的不同就是SD村民都以打渔为生，有些会到对岸定居，这给我们入户带来了不小的困难。好在我们有村委会相关人员陪同帮助入户，很快便排除了一批空户。在岛上，美味的餐饮让我们一行五人得以鼓起劲完成了第二天岛屿村落的调研。

8月18～19日，我们耗费了一天半的时间完成了SD村的所有访问。8月19日是我们启程返校的日子，却发生了一点意外。什么意外呢？我们乘坐的轮渡游艇驾驶员因为赌气，在行驶时跟自西向东行驶的渔船发生了碰撞，好在我们比较幸运，没有受什么伤。这惊悚一刻过后，等待我们的是胜利的黎明。

二 个人心得体会

经过此次调研，我收获了宝贵的人生经历财富。调研启程的第一天，我们就历经了台风的考验。风大雨大，我们能打住伞就已经相当不容易了，更不用说一只手拿平板，另一只手拿手机定位了。第一天的工作之艰难远超我们的预想。不过，虽然这次困难重重，但是我在调研过程中的收获无疑是最难忘的回忆和最宝贵的精神财富。

友谊。没有我们一行五人相互鼓劲，我们是无法坚持到底的。秦杰同学与张安慧同学被分到一组，她们之间的搭配相得益彰。秦杰同学负责敲门，因为她比较擅长同村民唠家常，比较容易取信于人；张安慧同学负责快速访问，因为她的特长在于能熟练地填写答卷。她们两个人的配合建立在友谊的基础之上。我和牟雪分在一组，相互配合、相互补足。这些是工作上的友谊。生活上，我们共同分享，绝不会因为提前完工而独自休息，因为我们深知我们的调研小组是一个共同体。台风入境那晚，我们一同在前线奋战，在 DH 村，触风雨，犯寒暑，拼尽了全力，只为完成出发前的初心。我们在台风肆虐那晚共同等候，最后经历了最为艰难的时刻，如约而返。这是我们共同的友谊的记忆，我们在如家酒店熬夜整理每天收到的问卷情况，分工明确，在相互配合之下较快地完成了一个又一个村落的调查。平日里，我们在学校沉浸在书本中学习而缺少社会实践，即便是社交我们也只会选择一些趣缘群体，我们只会同与自己志同道合的同学进行社交，这就限制了我们的视野，使我们很难增长社会阅历。我们缺少因业缘关系而展开的社交，我们的社交仅仅停留在一定的舒适圈之中，缺乏了生活的多样性，因而收获也是有限的。经历了此次 CSS 后，我深刻地明白了什么是团队协作，什么是求同存异，什么是共同回忆，什么是社会实践。8 天的调研时间，说短也不算短，说长也不算长。但就在这 8 天的时间里收获的友谊对于我这一生都是弥足珍贵的。

生命诚可贵。我是独生子，父母就指望我这么一个孩子。平日里，我对父母的心境难以深刻体会，直到此次调研。我们最后一个调研点在 SD，那天我们从 SD 准备返回龙口市，为了节约时间，我们没有选择公家轮渡，转而将目光投向私人承包的快艇，正是这个决定使我们经历了以往所没有经历的惊险。我们的快艇是自北向南行驶的，同时有一艘渔船自西向东行驶。我们的快艇速度异常之快，我眼见两艘船有相撞的趋势，但快艇的驾驶员并没有减速的倾向，反而依然维持原先的速度前进。最后意外果然发生了，我们乘坐的快艇同渔船发生了擦撞，快艇的驾驶员仍然喋喋不休地谩骂渔船上的渔夫。在相撞那一刻，我们都非常害怕，因为海上交通事故还是很危险的一件事。通过这件事，我深刻地领会到了生命的可贵，一旦我们发生意外，对于父母来说无疑是一件悲痛欲绝的事情。失独父母的心痛又有谁能知？因此我们在外更需要注意自己的安全。

渔村教育现状。岛内有 1 所幼儿园和 1 所小学。小学 1 名老师可以带大约 30 名学生，师生比还是相对可观的，但是 1 名老师要兼顾语文、数学、英语、音乐课程的教学。现如今社会分化加剧，不同人的社会角色分工也不同，随着分工细化，每个人都起着不可替代的作用。城市里的老师都是各行各业中的佼佼者，例如，数学老师一定在数学教学领域有着极为深刻的见解。所以，从这一点来看，岛内的教育质量还是不理想。当我们询问几位老师的学历时，他们告知是高中学历，我们在感恩这些老师能够留在岛上教授孩子的同时，也暗自忧虑这些孩子没能得到更好的教育资源。

教育是促进社会流动的重要途径。岛内就有一位孩子通过教育改变了自己的命运，但这种人在当地真的是凤毛麟角。那位女教师告诉我，岛内学生要想去读初中就要去对岸求学，但大多数同学都跟不上进度。这些学生有两种结局，要么是回家子承父业继续打渔，要么就是去城市打工。要想实现渔村发展水平的提升，基础教育质量的改善是关键。

农村传统同城市文化的二元对立。作为一个从小在城市长大的年轻人，我没有体会过太多农村生活，因而无法理解书本中所写的"城乡二元对立"。此次调研给了我一个接触中国乡土的契机，在访谈中，我了解到烟台传统农村中贫富差距逐渐拉大。从原先的"家天下"到现在的"社会分工"，这背后的运行逻辑是在传统向现代转变的过程中展开的。当然，这里也要感谢 CSS 设计的问卷，倘若没有这些问卷，仅仅依据我们自己设计的问卷无法较为完整地了解烟台农村的概况，更多的只能作为参考文献，而文献的价值也会随着时间流逝而逐渐降低。我通过访谈得知，烟台农村的农民、渔民普遍对金钱概念不清楚，认为教育不过是赚钱的工具。目前我国正值乡村振兴以及海洋生态文明建设的关键期，农民、渔民是建设的主体，倘若他们不能够很好地理解乡村振兴以及海洋生态文明建设的逻辑内涵，那么乡村振兴的大战略将会举步维艰。中国文化传统同现代都市文化看似存在根本上的对立，强行改变农村、渔村的生活习惯不仅不能将乡村振兴的政策落到实处，反而会加剧农民、渔民们对相应政策的抵触情绪。从城乡二元对立的根本来看，中国传统文化同城市都市文化价值理念产生了矛盾。如何弹性地将这些观念整合进农民、渔民的认识中，是一门学问。这是我在 CSS 期间一直思考的问题，即城乡二元对立的根本原因在哪里？农村、渔村异质性的出现是否意味着城市文化渗透进乡村文化？为什么大多数烟台农民、渔民反对改革？这是否意味着乡村文化失去了进取精神？这些问题也都是我在调研完成之后感触最深而且值得去研究的课题。

人口结构问题。虽然人口自然增长率是正数，但 SD 内部出现了人口老龄化现象。这意味着岛内出现了大量青壮劳力外流的现象。可以适当研究一下导致大量青壮年外流的推拉定理。从国内大环境来看，四、五线城市的中产阶层人士会向往省会城市；四、五线城市的上层人士会向往一线城市；省会城市的中产阶层人士会向往一线城市；省会城市的上层人士会更多地选择移民；一线城市的中产阶层人士也会向往移民。渔村也有这种受大环境影响人口不断向外流动的趋势，岛内的精英人士会依托一定的社会资本来实行代际迁移（第二代就会去大城市发展而不需要通过高考途径），中产阶层人士会依托家庭略微宽裕的经济资本来让自己的下一代获得较好的教育，试图实现"踏板式"代际迁移。通过最后一天同 SD 村村委户籍办主任的访谈，我们得知了村中 70 岁以上老年人的人数以及每年的出生率和死亡率。村中人均预期寿命大约为 81 岁，在过去 4 年时间内，SD 的人口呈现净增长态势。但我们通过为期 5 天的调研发现，村中老龄化现象十分明显，家中留守的人以 60 岁及以上的老人为主。由于村中的宅基地早已不批，年轻人成立自己的核心家庭后，多数会选择到对岸的龙口市买房开始自己的新生活。如果这些定居在岛对岸的年轻人适应了对岸生活且已有了一份稳定的工作，那么他们中的多数不会再返回 SD 村从事渔业。这就是 SD 村出现了不少空房的原因。年轻人不断地外迁，留守在岛内的渔民年纪日益增长，老年人占总人口的比重不断上升。

通过在渔村的访谈以及一些观察，我了解到渔村非正式组织往往比正式组织更能起作用。而且，这些非正式组织依靠血缘、业缘关系建立而成。渔民通常会选择一些不言自明的非正式组织来办事。学历与人脉资源本可以正向推动渔民向上流动，但是我在渔村的调研期间发现，大部分村民的人脉资源和学历都处于相对负值，难以向上流动。精英人士可以通过人脉资源以及资本积累移向大城市，普通青壮年也可以利用自己的机会成本实现"劳动力移民"，但被放弃的渔村由于缺乏有效的生产力则可能会陷入贫困。

三 对CSS优缺点的评估

总的来说，我认为CSS的优点明显多于缺点。从宏观层面上说，CSS的数据搜集能够帮助学者利用统计软件得出一些有效结论，从而为我国未来的发展建言献策。就这点而言，CSS数据的重要性不言而喻。从微观层面上说，CSS的数据搜集过程也是锻炼我们个人能力的过程，如团队协作能力、沟通能力、个人意志力等，这些宝贵的经历是我们从课本中无从体会的。

CSS的主要优点有三个。首先是全面性。我们自己做的其他访谈相较于CSS来说比较片面。我主修社会学专业，如果让我个人拟定访谈提纲，那我一定会侧重于社会学相关指标，而对其他学科一概不知，也无法涉及。在我看来，CSS集社会学、经济学、政治学等多个学科的相关指标于一体，而这种统一性能够有效避免单一学科指标带来的局限性。其次是系统性。我们这些CSS访员在进行入户访问前，会接受系统的培训。从北京远道而来的督导对我们进行手把手的培训和答疑，这些答疑在一定程度上能够提升我们访问的业务能力，避免了因访员程序错误而导致的数据偏差，从根本上保证了问卷质量。最后是无纸化。电子版问卷有效地节约了纸张资源，因为一份问卷需要60多张纸，而电子填答极大地节省了纸张。

CSS的缺点主要有两个。首先是题目设计较为死板。一些固定的问题必须要填答后才能跳过，然而有时受访者对相关问题几乎没有概念，摆在我们面前的只有两个选择：一是我们自己主观填答（但这又背离了真实性原则），二是我们不断向被访者解释直到他们听懂为止。其次是题目过于冗长。前期访员完成一份问卷需要2个小时甚至更久，被访者大多没有耐心完成这份问卷。基于此，我建议调查组织方协调各个部门将一些问题进行有效的合并或删减，争取做到"有用的一个不漏，多余的一个没有"，问卷不同板块的设计者可以一同协调。因为耗时太久会使部分受访者产生厌烦情绪，从而导致问卷搜集质量下降。

总的来说，无论是对个人还是对社会，CSS的意义都是巨大的。希望越来越多的学者能够依靠CSS的数据资源给出一份份漂亮的答卷，以此推动国家的进步。

2019：有 CSS 的夏天真美

黎馨琳　西南民族大学社会学与心理学学院

2019年夏天，对参加 CSS 项目的同学来说非常不平凡。回首一年前的夏天，同学们刚刚参加完学校的期末考试，又马不停蹄地参加调研项目的培训。虽然在 CSS 项目培训课上有时候会感到疲惫，但一想到培训结束就能实操，就觉得自己的学习动力又来了，也许这就是一种信念吧！经过为期一周的绘图、入户等培训，我们在 2019 年 7 月中旬踏上了 CSS 的成长之旅。

我对 CSS 项目的认识源于一次偶然与导师的谈话经历。我的导师是 2017 年四川省 CSS 项目的地方负责人之一。在这次谈话中，我知道了什么是 CSS 以及 CSS 项目的重要性。从此以后，

CSS 项目的种子就在我的心中生根，萌芽。CSS 是中国社会科学院社会学研究所发起的一项全国范围内的大型连续性抽样调查项目，目的就是通过对全国公众的劳动就业、家庭及生活、社会态度等方面的长期纵贯调查，来获取转型时期我们国家社会变迁的数据资料，从而为社会科学研究和政府决策提供科学、翔实的基础数据。这个假期，我为自己能够参加这个项目感到骄傲和自豪。

一 第一站：武侯区——ZN 社区

ZN 社区是我进入 CSS 实地调研的第一站。这一站的任务能否顺利完成对我们后期的调研工作能否成功进行有很大影响。在 ZN 那段时间里，我和自己所在小组的成员哭过、笑过、感动过。那一次 ZN 之行，我最不愿意提及的是自己遇到的一位凶哭我的叔叔，但那又怎么样，还不是和小伙伴一起重新调整好自己的状态，继续去敲"凶叔叔"家的门，因为我们抽中的每一个样本都很重要，不能够轻易地放弃。"你们想要的数据可以从政府统计局拿到，你们问的问题涉及个人隐私，我有权利不回答你们的问题，请你们不要再来敲我家的门了，我现在已经被你们惹急了，请你们马上离开。"随后，被访者"哐当"一声重重地关上了自家的门。这位"凶叔叔"拒绝的理由也很有道理，也许是我当时心太急，没有跟他解释清楚 CSS 项目收集的是调查数据，与统计局的数据一样重要。如果我当时跟他解释清楚，他也许就会同意我和伙伴的入户了吧。

这趟 ZN 之行，我主要的工作任务是，整理样本使用情况，听录音核对组员的入户访问记录，并向北京的后台值守索取新的样本。ZN 社区的拒访率很高，所以我们小组把 ZN 称为"一块难啃的硬骨头"。虽然难啃，但"硬骨头"里面也有精华。为了方便大家休息，我们把"全家"作为整个小组临时联络的根据地，累了可以来"全家"休息，受到打击了也可以来"全家"疗伤。"全家"对我们来说真的是一个很神奇的地方，感谢"全家"工作人员对我们调研的理解与支持。

二　第二站：阆中市——SC 社区

一提到阆中，人们最先想到的是张飞牛肉和军屯锅盔，而我们小组想到的是绘图的艰难性。来到阆中的第一天，一下车就被它的潮湿惊呆了。这种"潮湿"让人感觉仿佛连空气都能挤出水来似的。在阆中绘图的三天中，我基本上逛遍了整个阆中古城的各个角落。从状元坊出发，到黄果树街，再到财神楼街，就可以揭开阆中古城一半的神秘面纱。在阆中古城停留的这几天，我们也充分感受到了嘉陵江畔古城的湿热。每天我们都是早上八点半出发，晚上八点到九点才收工。SC 社区的范围囊括了阆中市古镇，古镇临近嘉陵江。这里让我印象最深刻的不仅有阆中有名的美食，还有它独具特色的休闲娱乐方式——鱼疗醋泡脚。

有了第一次在 ZN 社区入户失败的经历后，我在 SC 社区获得了新的成长。我在阆中的第一位受访对象是在某药品有限公司上班的叔叔，他给我讲述了他自己的一些工作经历。这位叔叔是一位知识分子，本以为访问会很容易，我和搭档还暗自高兴了一会。不料这位叔叔当天喝了一点酒，回答问题的时候有一些"飘"。幸好和我搭档的是一位学长，他的阅历比我丰富。他对这位"特殊"的被访对象游刃有余，既能够得心应手地安慰酒后吐真言的叔叔，又能够让叔叔"飘"出去的思绪回到我们的问卷上来。访问结束后，我和学长不约而同发出感叹："有惊无险的一天，真好！"

有了第一次学长陪访的成功经历，后来我在阆中的入户比较顺利。我和搭档在阆中一共成功入户了 5 家，这 5 户受访对象都很配合我们的工作，也让我和小伙伴感到十分欣慰。总体而言，我的阆中古城之行算是一帆风顺。

三　第三站：阆中市——SJ 社区

在 SJ 社区的调研中，我的活动范围是张家山。"张家山不会在很高的山上吧？"在没有到达张家山的时候，我对张家山进行了各种各样的想象，还不断地安慰自己说，"没关系，不就是山上吗！张家山不会有张家界的山那么高吧？就当锻炼身体了。"进入张家山后才知道，它确实没有张家界的山那么高，只是一个小山丘。从山丘的最高处眺望，我们能够看到 SJ 社区的全貌，但给我留下深刻印象的是这里的狗和鹅。张家山的狗不是一般的狗，鹅也不是一般的鹅，估计它们是吸收了张家山的"灵气"，才会有这般"灵力"——联合起来一致对外。还好有当地的一位姐姐带路，否则我们还要在这山头上与这群狗和鹅斗智斗勇。

"报告，张家山一共有 32 个建筑物，其中 30 个有人居住，还有 2 个是作坊。"这是我给队长发的前线"战况"。"各位组员请注意，SJ 社区有'恶犬'出没，大家一定要注意安全！"这是我们队长在我们出发前对我们的叮嘱。"报告，发现三条超级凶猛的大狗，前线火力不足，请求支援。"前线害怕狗狗的小熊同学发来求救信号……前线组员的故事很多，我们组的每一个组员都在这里吸收着营养，疯狂地成长着。与前两个社区相比，SJ 社区调研让我感受最深的就是入户过程中多了更多的从容和自信。这也许是前两个社区的入户经历带给我的财富吧！经历确实是一笔宝贵的人生财富，它能够在不知不觉中给我们巨大的能量。

"女子，听说你们是上面派来做调查的，我这有问题要反映上去。你看我们房子多破，政府啥时候才能帮我们这些贫困户搞搬迁工作啊……""阿姨不好意思，我们只是受中国社科院的委托来咱们 SJ 社区做'中国社会状况综合调查'的，我们也不知道当地政府的一些政策情况，恐怕您还得向当地政府反映情况才行……"我们解释了一通过后，阿姨又问："女子，你们这个调查又是起啥子作用吗？""阿姨，我们这个作用可大着呢！我们就是想了解一下居民的生活状况，比如家庭经济状况，近一年来居民有没有遇到一些重大的困难，居民对政府的社会政策有什么看法……我们老师拿到这些资料后会对它们进行整理，形成一个数据库，而这个数据库会对全社会开放。学者可以利用这个数据库进行他们感兴趣的研究，然后形成数据分析报告。我们的政府制定相关的政策就要依据这些数据分析报告，您说我们调研的作用大不大呀？！"

相比前两站，这一站少了些被受访者拒绝的心累，多了些和受访者沟通的乐趣。

四 第四站：阆中市——XH村

在去天宫乡的前一天，我们小组成员规划好了相应的出行路线图。"同学们，据我截获的情报，'天宫乡'是一个景区，我们可以领略这个景区的优美景色了。"这是来自我们组小德同学的鼓舞。"天哪，这是我坐过的最刺激的过山车了。"这是来自小陶同学的感叹。这何尝不是我内心的感叹呢？

地图显示，天宫乡距离阆中古城只有20公里，但是山路崎岖、交通不便，路途上的时间成本很高。第一天，我们早上八点半出发，路上等车花费了一个小时，到达天宫乡的XH村时已经是晌午了。稍做调整后，我们就开始和当地的村干部进行边界的确定工作。边界确定之后，我们就开始进行XH村的绘图工作了。第一天，我们只完成了村子绘图的1/3，为了高效地利用时间，我们小组讨论决定住山上。

住进天宫乡的第一天，我被它优美的景色深深吸引了。天宫乡的道路两旁都种满了格桑花，五颜六色的格桑花给我们这一路增添了不少美景，使我们获得了一丝心灵的慰藉。这种感觉很奇妙，疲惫中夹杂着淡淡的忧伤，忧伤中带着一丝丝喜悦，估计这就是离家又近了一步的感觉吧！

我和小陶同学在这一站的经历有些坎坷。XH村大多是老爷爷、老奶奶在家，很少看见年轻人。不仅如此，我拿到的分图住户比较分散，住户与住户之间距离较远。我所在的分图距离我们小组的集合点也比较远，所以中午就顾不上回集合点休整和补充自己的装备了。于是，我和小陶同学在出发前就准备好了当天所必需的物资。

这一站，我和小陶同学走了不少山路，也遇到了心疼我们的热心叔叔阿姨，他们让我们去家中休息。这一站，我们走得虽然有些疲惫，但一想到离家又近了一步，就浑身充满了干劲。

五 第五站：阆中市——PA村

老观镇的PA村是阆中这个PSU中的最后一个。这意味着我们很快就会离开阆中，去往下一个PSU。这一站，我们小组的任务进行得比较顺利。

老观镇的 PA 村很大。村里面一共有 11 个社，越往村社里面走越安静，有时候安静得有些令人害怕。在这种安静的情况下，我真希望听到村子里狗的狂吠声。刚进村的第一天，我们就遇到了一群叔叔阿姨，他们对我们要进行的工作很好奇。我们也借此机会与他们拉近距离，打消他们心中的顾虑，为下次的成功入户打下基础。

在我负责的分图里，我遇到的叔叔阿姨、爷爷奶奶都比较热情。他们都很心疼四处奔波的我们，还热情地邀请我们去家中做客。在 PA 村调研期间，最难的工作就是用我们的"椒盐四川话"和当地村民沟通，虽然我们在沟通上存在一些障碍，但好在都成功地克服了。

"嗯？婆婆您慢一点说，我还没有反应过来。"

"小陶，婆婆刚刚说的你听明白了吗？"我一脸蒙地问我的搭档。从他的表情里我检索到的信息是"不好意思，我也很蒙"。没关系，那我们就慢慢问，让受访对象慢慢回答就是了。

这一站，我和小陶又走了不少路。我们的脑海中也闪过各种各样的画面。还好我们小分队在预定的时间里完美收官。结束这一站回程的途中，我对自己说了一句："阆中下一站加油！"以此来给阆中这个 PSU 画上一个圆满的句号。

六　第六站：仪陇县——KS 村

前往 KS 村的路途可以说是一波三折。从第一天去确定边界到最后一天完成入户工作，这条连接 CJ 乡和 KS 村的山路的曲折程度一点也不亚于我们从阆中坐车到天宫乡的那一条山路。崎岖的山路使我有点眩晕，真的像在坐过山车。

在这一站，我们小组的工作进展得比较顺利，用两天就完成了这一个SSU。我们的成功不仅源于组员们的努力，还离不开村里马主任和各个村民小组长对 CSS 项目的支持。他们不仅把村里的会议室空出来给我们休整，还给我们准备了香喷喷的午饭。

"女子，上次你们抽到了我家，这次居然又抽到了我家，好巧哈！"

"叔叔，是呀！真的好巧啊！"

叔叔对 CSS 项目的整个流程都比较熟悉，所以我们进展得很顺利。一份问卷只花了半小时左右就完成了，而且叔叔回答这些问题的可信度也比较高。从他的答卷情况可以推测，叔叔家幸福指数很高，对自己目前的生活比较满意，同时对政府的一些政策也都持肯定的态度。

这一站，我们小组的工作进展得还不错。

七　第七站：仪陇县——PL 村

进行到这一站，距离我们回家的日子也越来越近了。到达 PL 村时已将近中午，当我们在镇上找到临时住处安置下来时，已经下午两点多了。这一天的天气不是很好，但好在后来我们进村绘图时，天气逐渐放晴，这真是一个好兆头，让我们在 PL 村的绘图工作也进行得很顺利。我遇到了一个学习护理的姐姐，她家在村里开了一个小诊所。村里人生病时，大都来这里取药。姐姐很热情，我们在绘图的时候和这位姐姐进行过短暂的交流。值得庆幸的是，我们入户抽样的时候也抽到了姐姐一家。入户时第一答话人是姐姐，后面的访问对象是姐姐的父亲。我们和姐姐家接触得很顺利，问卷的真实性也很高，这是一次很不错的入户体验。

每每结束一个 SSU，去往一个新的 SSU，就意味着我们距离回家的日子也越来越近了。这也是我们的信念：每每想到自己回到家后，可以多么骄傲自豪地跟家人分享这次经历，就甭提心中有多高兴了。谢谢这次调研中陪伴我的老师和小伙伴们，他们不仅给了我入户时的经验指导，还给了我很多精神上的鼓舞。总的来说，这一站我们的工作进行得比较顺利，这一点从组员们脸上喜悦的表情就可以看出来。

这一站，大家的表现都很棒！

八　第八站：仪陇县——WY 村

我们到镇上下车时，镇上好多人都过来围观我们这群"异乡人"。我们这群人说着不标准的四川话，向当地人打探关于 WY 村的一些事情。我们在镇上安顿下来以后，就与 WY 村的党支部书记取得了联系。在他的带领下，我们顺利地来到了 WY 村的村委会。在村委会，我们和书记确认了村里的边界，了解了这个村的基本情况。

村支书说，这是他第二次和 CSS 项目组打交道了。他还跟我们讲了一些关于上一次 CSS 项目的事情。他说："上次你们的学长学姐来到这个地方时，还没有水泥路。他们来的时候天公不作美，天天下雨。村里的路本来就是一些土路，这样一来更是增加了他们调研的难度，走路一不小心就会掉进泥潭里，有几个女子都在这泥路上摔过跤。你们这一次很幸运，不用再像他们那样走泥路了。"的确，这个村的变化真的很大，这一点，我可以从抽样 APP 中得到证实。在抽样 APP 的图层里，我们发现卫星地图中有很多和实际不相符的地方。

"行百里者半九十。"这一站我们走得有点辛苦。这个村的分布属于条带状，从村的一头走到另一头需要花费一个多小时。这给我们带来的最大困难就是路程距离比较长，入户途中需要我们花费很多时间。路途较长时，为了缓解各自身上的疲惫，我们不约而同决定——一起畅想一下调研过后的生活吧！也许是我们离开家太久，大家说到一半就都沉默了，估计大家心中都有很多话想要告诉自己身边最亲近的人吧。而当时除了身边的小伙伴，却很难找到一个能够感同身受的倾听者。

九 第九站：仪陇县——YJ 村

我们刚刚到达铜鼓乡，就接到了村主任的电话。他在电话里问："你们啥时候进村，需不需要我们这边派车来接你们？我们这边已经为你们准备好了接风宴。"村主任的热情让我们有些感动。这位村干部着实认真，在与我们组长确定村子边界的时候，他还拿出村里的地图和我们一一核对。这位村干部与我们之前遇到的村干部相比，对待工作更加用心。在我接触的被访对象中，一提到对村里干部的评价时他们都会肯定地说："我们村的这些干部，做事都还不错，他们会不定期去群众家里嘘寒问暖。"村干部日常工作的认真被群众看在眼里，真是一件让人欣慰的事情。干部的工作得到了群众的认可，也有利于干部聚集群众力量，带动群众脱贫致富。

这一站，有一个样本令我印象比较深刻。这一户共五口人，其中包括访问期间不在家的儿子。这一户被抽到的受访对象是儿媳，她刚刚生完宝宝。在我们访问期间，儿媳处于"坐月子"阶段。这位刚生完宝宝的妈妈一面要照顾孩子，一面还要帮我们回答问卷，而且问卷内容还这么多，真有一些难为她了，我们也于心不忍。我在和她母亲进行交谈时，了解到他们家情况有些困难。家里五口人，目前只有一个劳动力，经济负担重。母亲去年刚刚做完大手术，父亲70岁了，而且存在一些听力障碍。这样的困难家庭多数是家庭突发变故造成的。这样的家庭又该如何致富呢？

8月，YJ透蓝的天空让人心旷神怡。这里的村民很友好，他们对待我们这群大学生十分热情。我们在这个地方的调研活动进行得十分顺利。非常感谢大家的辛苦付出，相信我们的努力付出最终都会有所回报。

十　一些总结

我所在的小组主要负责成都市武侯区的一个 SSU 和南充市的两个 PSU，这两个 PSU 中有 8 个 SSU。我们去了 9 个 SSU，先绘制抽样地图，再入户调查，一共收集了 154 份问卷，其中有效问卷 153 份，作废问卷 1 份。

在外面调研的这段时间里，我深深地体会到了田野调查者工作的艰辛。因为他们不仅要和调查对象一起吃住，还要融入他们的圈子去感受对方的日常生活。我们做 CSS 项目虽然不像田野调查工作者那样艰辛，但对一群没有社会经验的学生来说这项调查也是一项不小的挑战。

在城市社区中，我们和访问对象之间的信任关系比较难以建立。大多数城市社区的访问对象对我们的工作持怀疑态度，不愿意开门和我们进行接触；在农村社区中，村民则普遍很热情，十分支持我们的工作，积极配合我们访问。结合自己的生活经历，我发现在城市中生活的人们更容易封闭自己，也许是由于每天固定的活动场所和固定的工作环境吧。城市是由陌生人组成的社会，而农村恰恰相反。这也意味着城市居民的警觉性比农村居民要高一些。在中国农村，人际关系网络大多是基于血缘构建起来的，邻里之间的关系和谐、融洽。城市中的人想要逃离，而城市外的人想要进去，这也说明了城市和农村各自的特点，同时在一定程度上满足了人们对不同生活方式的追求。

在这次 CSS 项目中，我最大的体会是，我们国家的乡村振兴还有很长的路要走。我们国家的乡村振兴战略强调"产业兴旺、生态宜居、乡风文明、治理有效、生活富裕"，但不是所有的数据都能够说实话，有时候数据也会说谎。虽然数据具有很强的说服力，但是由失真的数据得出的结论不一定就是真理。这次调研之旅，我发现一些被访者在回答涉及自己利益的问题时，答案的真实性有待商榷。特别是当被问到家庭收入状况时，人们的回答普遍偏低。人们为什么会有这样的心理呢？这个问题值得我们思考。

我们组在 CSS 项目进行过程中也遇到了不少问题，幸亏组员发现问题后及时沟通，把问题都消灭在萌芽阶段。作为小组的副组长，我清楚地看到了组员们的拼劲。不管遇到多大困难，组员们都暗自给自己加油、打气。他们这种积极迎难而上的精神令人称赞。我希望自己的组员在以后的学习和生活中，不管遇到什么样的困难，都能够像在这次调研中一样迎难而上，不断鼓励自己勇往直前。

从城市到农村的这段调研之旅，我遇到了让自己感动的人，也经历了让自己内心逐渐变强大的一些事，成长了许多。如果要用一句话来总结这次调研经历，我会说：苦尽甘来。虽然调研的过程有些辛苦，但想到团队搜集的数据日后将大有用处，我也非常开心。我很幸运能够在这个青春年纪参加 CSS 项目。2019 夏天有 CSS 项目陪伴，真好！

因为热爱

马上上　中国社会科学院大学文法学院

依然记得 CSS 督导面试时，邹老师问我："之前参加社会调研累吗？为什么还想参加？"我的回答是："很累，条件也可能艰苦得意想不到，但我依旧想参与这次调研，因为我很喜欢这个过程。"是的，就是因为喜欢。那种团队在一起记录一个又一个家庭，说服一个又一个不理解者，熬过一个又一个更晚的夜的日子，都会让我铭记在心，让我充满成就感。这次参与 CSS 也是因为这一份热爱。

这次去过天津，到过山西，访过内蒙古，也回到了家乡山东。最大的体会是原来不同的地方真的有不一样的风土人情，天津人的努力、山西人的认真、内蒙古人的坚持、山东人的热情，都在这次调研中体现得淋漓尽致。

这次的 CSS 从天津启程，天津之行是最矛盾的体验，紧张又轻松，有争吵又幸福满满。天津不只是于我而言的启程，也是于整个项目组而言的启程。我们培训完的当晚就直接出发去往天津，甚至连收拾行李的时间都有些紧张。之前没有经验，晚上 PPT "备课"到深夜两点，紧张在所难免。项目组派我们四位督导完成天津的培训与访问，当地只有十几位访员，培训起来比较轻松，实地陪访也能"跟访到人"，可以实现很好的质量把控。争吵发生在质控阶段，我们四位督导为了更好地保证访问质量，休息期间一起听了某位访员后台的录音，因为有很多强调过的注意事项问题还是出现在了访员的提问中，我当场发火，主张立即打电话终止访问，让这位访员再好好学学别人是怎样访问的；而其他两位男督导则认为这些错误可以通过回访改正，有机会再单独跟访员纠正一下会更好。当时，我们发生了激烈的争吵，当然我们也明白大家都是为了保证访问质量，最后在大区负责老师的协调下对这个问题进行了妥善的解决。评价天津同学努力，是因为很多受访者都会很早出门上班，晚上下班也很晚，访员经常访问到晚上 11 点多。为了保证安全，我们四位督导都会陪访，大家经常晚上 11 点多还没吃晚饭。最幸福的就是天津抽中的 SSU 附近有夜市，11 点后大家一起补"晚饭"，吃饭时间充满了无尽的欢笑。

在山西，我只参与了培训便独自奔赴内蒙古了，对山西同学认真的印象也全部来自其负责老师以及访员。山西大学对接的老师对学生非常严格，老师也亲力亲为，这为我们后期顺利培训，高质量陪访奠定了基础。山西的访问量是天津的好几倍，访员人数也是天津的四五倍，但是山西的培训完全没有因为访员数量多而出现混乱或访问质量差的情况，我想这主要是得益于老师和访员的认真。

内蒙古是我一直没有去过的地方，十几个小时的火车上，我激动无比。学校附近"宏伟"的蒙牛、伊利总部也让我的这种激动久久没能退去。由于时间安排，我只负责呼和浩特市 4 个社区的巡视工作，对内蒙古印象最深的还是我负责的访问阶段。在呼和浩特，我们随机抽样抽到的是机关、学校的社区，所以拒访率格外高，经常四五个访员一天只能访完两三户。作为督导我非常着急，请教了当地老师以及其他比较有经验的督导，似乎都没有更可行的方式来改善，这使得开始的一两天里我感到非常受挫甚至无助。在一次又一次安慰访员不要灰心、不要害怕的过程中，有位访员告诉我："没事，大不了挨几句骂，他又不会打我。"那一刻，我的心里突然震了一下。当时的我竟然没有那位访员心理强大。想想当初自己做访员的时候，也是一心只为访问，可以在大太阳下陪受访者在田里拔草顺便访问；可以静下心来陪不识字的阿姨串珠子，讲调研意义，并请求她接受访问；可以忍受受访者的辱骂，也要解释清楚我们不是诈骗团伙……成为督导后怎么反而不能相信自己的访员呢？怎么就不能陪他们一起坚强呢？怎么就更多考虑做不好被总部批评呢？作为访员的勇敢和初心呢？感谢这位访员让我学会了作为督导该怎样坚强，并保持热爱的初心。现在想来，对于自己当时的表现还有些惭愧。当然，我也希望在以后的调研中，项目总部、当地老师都可以想办法与社区建立更好的联系，有社区的支持我相信访问会更轻松一些。

对于家乡山东，我再一次为之感到骄傲。作为督导，我全程参与了济南大学访员的培训，并负责该地区的巡视。山东两个学校访员的负责人都非常认真，不用我强调，他们对实地调研进度的把控刷新了我的"认知"。因为我是山东人，之前也在山东做过大型调研，所以预想到山东的调研比起其他地方应该会简单一些，但当地老师跟我说准备几天之内完成时，我还是有些不敢相信。大家真正进入实地调研时，更多地依靠前期与居委会、村委会建立的良好关系。村/居委会直接派人把我们送到受访者家中，热心解释，大大降低了受访者的防备心和拒访率，几乎"有人必访"，访问速度与质量也得到了充分保证。相对有些难度的是济南市中心的几个社区访问，但是在当地老师、居委会工作人员的帮助下，访员也比较迅速地完成了任务。

在济南大学的经历还有一个经验我认为值得拿出来讲一下。济南大学每个队会有一名高年级的学姐或学长作为队长，主要负责分配样本，提前上门摸查哪户什么时间可以访问，并实时了解大家的访问进度，进行实时安排。这样就不会出现访员走很远的路才发现可能重复入户，或访员想访问但没有访户的情况，大大提高了整个团队的访问效率。团队队长也会着重培养一名低两年级的学弟、学妹，以便他们在下一期的 CSS 项目中担任队长并能够很好地胜任这份工作。这为 CSS 在山东地区的执行提供了良好的访员基础。

　　相较以往，这个暑假我吃过的苦、流过的汗、伤过的神，只多不少，但我从未后悔过，只因为对 CSS 的热爱。这份热爱，让我明白了书本与实践的距离，让我在面对困难时更加坚定和自信！它给了我不一样的体验和视角，让我见识了更多元的人文风俗，看见了更广袤的祖国大地！

CSS 与我眼中的"中国"

王瀚飞 "中国社会状况综合调查"项目组实习生

中国有多大？中国是什么？在一次一次对历史、对社会的探求中，迎面而来的有各种稀奇古怪的故事，从偏远山村到繁华市区，从零星数据到网络大数据，各种信息、各种说法，此消彼长。内心滔滔翻滚着的对中国的思考，最终让从小就对社会学感兴趣的我抓住了机会，得以参加 CSS 2019。

一 走进 CSS

CSS 在很长一段时间内都让我很兴奋。我的专业课程一结束，就第一时间参加了在中国社会科学院研究生院房山校区开展的督导培训。我紧张地学习如何入户访问，并且认识了来自各地

（主要仍是北京）的督导们。学习这些内容并不是枯燥无味的，作为一名新时代的青年，我发现新技术在其中起到了很关键的作用。在督导们的提问声中，我清楚地记得各位老师培训我们如何通过项目组自主研发的 CARS 系统进行现场随机抽样，实现被抽中家户的定位，如何进门访问，如何通过 CAPI 系统完成入户访问，等等。在老师的讲解以及督导们的提问中，我了解到了这份长长的调查问卷背后的学术指向和实践意义，它是如何做到将一个人各个方面翔实地刻画，甚至设计了在受访者不清楚出生年月的时候可以通过生肖提示卡来实现年龄这个信息的获取。我还清楚地记得，培训不仅仅包括了调查的各项专业知识，还涉及了各种访问技巧和有助于访问顺利实现的各种知识点。比如，实地调查前先了解调查点的宗教信仰和风俗，进门前需询问是否要穿鞋套。由于各位督导在北京的培训结束后，也要到全国每个大区进行训练访员的工作，自然都听得十分认真。而我恰好被分到了我的老家"重川组"，这份惊喜让我感觉到肩上的责任又重了一分。

二　责任与调查

一个人所承担的义务应该比享受的权利多，这样自己乃至整个社会才会进步。我抱着这种想法，仔细研读了 CSS 2019 调查问卷和手册，并且设计了几个模板人物作为到实际培训点参加李炜老师指导的重川组的访问材料。根据行程安排，我最先抵达重庆，并且提前踩点，摸清楚了周围的环境，提前做好了和访员们碰面的准备。在一起学习的近一周过程中，酷暑和湿热的天气并没有阻挡重川组的团建热情。因为我会重庆话，很多情况下我可以很快和访员们打成一片，大家的理解能力都很强。在李老师动身前往其他组的时候，督导们进行了任务分组，我留在了重川和吕星卓督导一起，按照潼南、荣昌、秀山三个访区进行分样踩点。尽管访员们都是重庆大学的学生，但是其中也有从外地来重庆大学的北方人，由于我具备语言优势，在督导过程中更多地承担了与本地人沟通、问路、找地图等任务。

原来的县，已经变成了区；原来的小村也更名为街道；原来印象中尚不发达的地区，也逐渐和重庆市区通过铁路融合，有了宽阔的街道，整洁的医院和基础设施，甚至还有了小公园——这还不是唯一，在不远的地平线上，还有新的高楼与脚手架正在淹没一些年代久远的小房屋。"纸上得来终觉浅"，在数据真正转化为活生生的人物与水泥的森林时，那种震撼的感觉至今仍然让我对祖国的发展充满敬佩。我的同学问我，你为什么要参加这次项目？我也许可以拿出一些对于自己有利又或者是很专业化的理由来，例如之后的学习生活中很可能要用到这些宝贵的经验。但实际上，我最真实的感受是："这种近乎直接与社会接触，直接为人民工作的机会，对于我这个年纪的人来说是难能可贵的。"尽管入户过程有一些艰辛，但是大部分访问的位置和过程都还算顺利。我们遇到过勤恳耕作的老伯，也遇到过充满责任感的教师。就算是从纸面上看来最为落后的秀山，也仍然有着超出标准的火车站与繁华的镇中心。不怎么高的几层小楼，来来往往的人多半带着笑脸。除去访问过程的提问和数据输入，找路的时候更让人沉浸在这中国的缩影之中。

三　调查的内与外

对于三个地方的印象和我原先设想的非常不同。潼南的中心有一个四通八达的十字路口。如果不是工作日，这路口的人流量可能会比我所见的还要大。酒店前的一座小广场在晚上偶尔会出现几个小贩，有一搭没一搭地和前来购买的顾客争论着价格。再往附近走几个红绿灯的距离，路过几个公交车站，就到了我们组负责的一个地区。依着小山和斜坡而建的小楼林立，喜庆的装饰在烈日的照耀下摇摆着，时不时有车辆开进开出。有些高楼设有电梯，有些小楼则只有楼梯。热浪没能阻挡访员们的脚步，一户接着一户，一次、两次没有敲开的门就留着，我们先去访问别的地址，然后回头再试试看。有些住户难免有些抵触，但是不少住户仍然会在几次入户尝试后同意我们的请求。荣昌也是如此。

广场周边的一个小旅馆就是我们的集合点，我带着一组访员奔向了最远的社区，在群山之中，工厂之间，竹林之内，世界之外。虽然访问过程中有些住户会拒访，但也有很多人想要表达、想要诉说。我在完成访问时，也很乐意与他们谈谈天，因为访问只能抽取一个人来回答主要问题，和其他不太会普通话的老奶奶、老爷爷聊天也成为我了解社会的重要途径，家庭琐事，县里的新计划，隔壁的新瓦房，荣昌猪肉……可能是正在改建桥梁的工人，也可能是小区门口的保安，还可能是公园里带孩子的老奶奶……而火车上更是一个获取访查经验和敲门话题的好地方（CSS 取不到火车上的人），在火车上增加对于这些区域的了解是少不了的。人性的光辉替代了新闻上的数据，就算是有些脏污的小出租车，一旦加上了一个活生生的司机之后，在我眼里也胜似绚烂的画卷。

四　CSS 与国家

CSS 也许有些地方仍然需要改进，但是这次参加 CSS 真正让我涌现出对国家和人民的信心。我也许还没有像学长、学姐们那么理智和完美地去分析这次参加 CSS 收获了什么，发现了什么，但是我在 CSS 之旅中看到的是我平常所看不到的——那耀眼的从小镇里、从火车上、从大西南、从中国人民身上所散发出的光芒。

为了社会的发展和民族的进步，一代又一代人继往开来。身处数字时代，我们应不忘初心，砥砺前行，为了更好的明天而不断努力。我们所争取且为之而努力的将不是成为天空的那一抹亮色，而是看到黑暗后用自己的热情去填补，并在其上绘造新的彩虹！

有缘，江湖再见

罗祥艳　首都经济贸易大学劳动经济学院

转眼，结束 CSS 任务已经有 7 个月了。这 7 个月我回到自己原本的生活轨道，没有入户访问，没有问卷，但似乎还没能好好地和 CSS 进行告别。因此，我希望通过这篇总结来回顾我的 CSS 之旅，为自己画上一个句号。

由于学姐的推荐，我开始了解 CSS。面试是在五一假期之前，我在准备周末回家的时候接到了周末面试的通知。那时候特别害怕自己错失这次机会。很幸运，面试在我回家当天的早上开始，我改签了中午回家的票，提着行李来到中国社会科学院。对于社科学子来说，中国社会科学院实在是"向往的天堂"，许多老师口中的"大牛"都在中国社会科学院。来到面试地点，老师们都非常平易近人，还特别贴心地准备了面包和水。面试时我特别紧张，还好最后一切还算顺利。在假期，我收到了面试通过的通知，返校后不久就开始了忙碌的生活，周内上课，周末培训。大早上从学校坐公交转 9 号线再转房山线来到中国社会科学院，每天总要培训到 7 点多才能拖着疲惫的身体回学校。经过 1 个月的培训，我们迎来了怀柔的实地访问。我其实是个脸皮很薄的人，所以在开始访问前惴惴不安。第一份问卷入户非常顺利，我们非常高兴。但是由于我的失误，没有确认一位家庭成员在近两天是否能接触到，导致抽到了外出出差的家庭成员，使我非常内疚和后悔。接下来的访问中，我非常注意这一问题，避免犯相同的错误。

结束培训后，项目组根据个人意向和统筹需要对我们进行分组，我如愿被分到了江苏。7 月 4 日结束最后一堂课以后，我马上收拾行李奔赴江苏。当天晚上 8 点到宾馆，见到了王卡老师和小伙伴们。王卡老师非常负责，每天晚上都会召集我们开会，梳理培训流程和重点难点。经过 3 天的培训，我们就开始了实战，我去到了常州、苏州和无锡。常州农村样本较多，村干部非常给力，带着我们一家一家地入户，调查进行得较为顺利，使我的自信心也慢慢成长起来。来到苏州后，我却很快被严酷的现实打败。由于苏州经济较发达，住户的防范心比较重，敲门无人应答的情况屡屡发生，敲开门后拒访率也非常高；由于外来人口多，即便有村/居委会干部带领也很难入户。印象很深刻的是昆山的 MH 社区，在正选及备选样本全部要结束的情况下，只完成了个位数的问卷，离 17 户的目标还差一大半。当时总部说如果做不完需要重新抽样，大家都非常绝望和迷茫。第二天，当地带队老师周辉带着我去了街道办事处，经过不断的解释和沟通，社区干部开始安排人员带我们入户，最终完成了 18 份问卷。如果说我在昆山是历经磨难，那么在无锡就是收获了许多感动。还记得我们在无锡的第一个样本点 XM 村，那里的村民非常热情，给我们拿水，拿冰激凌，在路上看见我们都要请我们去家里坐坐，要我们留下来吃饭。一位受访者听不懂普通话，我们听不懂无锡话，受访者的儿媳妇就一句一句地进行翻译；受访者情绪不好，儿媳妇就一直安抚。当天晚上最后的访问结束时已经 10 点了，黑漆漆的村子，四面都是犬吠和蛙鸣，我们借着微弱的灯光一起走出村子，虽然是应该害怕的时候，但好像又得到了很多力量。调研过程中，访员们在大雨夜还坚持一户一户地敲门，在气温高达 38℃、又闷又晒的南方中午赶去预约好的被访者家中进行访问，被蚊子咬肿了手臂和脚踝，接到过来自受访者的冰可乐，也遇到过访问一半后被赶出门的情况。经过大家 20 天的艰苦奋斗，江苏 CSS 项目圆满结束。

通过参与 CSS，我进一步了解了社会科学，对一项大型社会调查的开展过程也有了粗略了解，同时能够有机会将平时学到的理论与实践相联系。虽然过程很辛苦，却是人生中非常难忘的回忆和宝贵的财富。感谢在 CSS 过程中给予我帮助的老师和同学们，感谢一直支持我督导工作的江苏访员们。希望有缘，大家江湖再见！

第二部分
有　听

导语：在社会调查中遇见他者

任莉颖　中国社会科学院社会学研究所

CSS项目把不同地区、不同经历、不同想法、不同目标的人联结在一起。通过与这些人的交流、沟通或是碰撞，参与调查的学生们在实践中学到了知识，在互动中了解了社会，也在回首时发现了更好的自己。

3月，项目组开始招募、培训本年度参与调查的督导。应聘的学生大多是中国社会科学院研究生院社会工作专业一年级的硕士生，是项目总负责人李炜老师"社会学研究方法"课堂上的"粉丝"。也有一些学生来自其他学校，偶然听到老师推荐，或是看到网上发布的信息，在好奇心驱使下报名参加。督导的培训时间安排在4月和5

月的周末，培训地点在中国社会科学院研究生院。由于位置偏远，培训老师和外校学生常常来回要在路上花费 4~6 个小时。有位督导甚至每周从湖南赶到北京上课，从不懈怠。

项目组老师们分工讲解调查的各个环节，搭建起从理论到实践的桥梁。在本部分的文章中，作者们提到李老师会在问卷讲解时融入社会学研究方法的理论知识，邹老师会引入社会信任的理论来解释调查中的拒访现象，崔老师和田老师会就问卷中有关工作或收入的定义和学生们在课堂上讨论 40 多分钟……项目组还有几个核心的助教，是被督导们亲热地称为"卡卡姐""小昱姐""聪哥"和"宾哥"的师兄、师姐。他们一方面要协助老师们准备资料，细化调查执行；另一方面会组织和扶持督导们在各地开展工作。他们是帮助督导们解决困难的主心骨，也是陪伴督导时间最长的贴心人。在本书的很多文章中，读者都会发现他们的踪影。

督导们的受训内容会根据个人的优势各有侧重：有的擅长语言表达，他们会被培养为培训督导，在与合作机构的培训中负责部分内容的讲解；有的善于交往和组织管理，他们会被派到各地担任巡视督导，现场指导访问工作；有的细心沉稳，吃苦耐劳，他们会在绘图实地一展身手，以娴熟的情况处理能力博得信任。有督导想体验抽样调查的各个环节，主动体验了全流程的督导工作；也有督导临危受命，勇敢地担当起跨界的督导任务。在这些实践中，督导们得到了全方位的锻炼。郝楚语说她在受训前自认为能言善辩，却在第一次试访中无法通顺地读出问题。她和张丹、逢晓庆、张静源一样，都在没有做好心理准备的时候就被推上讲台，从起初的慌张忐忑，到后来历练成为落落大方、收放自如的培训督导。李铭杰作为巡视督导出师不利，实地访问第一天就带领组员铩羽而归。她压下自己的情绪，努力去点燃组员们的信心。戴军伟从抽样督导到巡视督导，经历了与人斗、与己斗的心理磨砺，靠着信念捍卫了调查数据的质量。

CSS 项目联合了全国 30 余所高校和科研机构共同执行实地的数据采集工作。虽然有关调查方法的课程在许多大学里已成为社会科学专业学生的必修课程，然而学生们参与严谨的抽样调查的机会很少，于是两年一次的 CSS 项目就成为难得的实践田野。6 月中下旬，在北京经过严格培训的督导们陆续奔赴这些机构，在那里，他们会遇到一群同甘共苦、同舟共济、一起玩乐欢笑、一起流泪洒汗的小伙伴。

这次调查首次启用了新研发的中国社会科学院计算机辅助住宅抽样系统（简称 CASS–CARS），替代了之前的纸版地图核图的方式。在抽样与访问的衔接上，项目组尊重各合作机构的意愿，采用了三种模式。一是两阶段模式。绘图员完成所有样本村/居（被称为 SSU）的抽样后，访员再进入 SSU 开展访问。这种模式下绘图员和访员分开管理，但在第二阶段会有部分绘图员转为访员。二是时间差的模式。在绘图员完成一个 SSU 的抽样，再转战到另一个 SSU 时，访员开始前一个 SSU 的问卷访问。这种模式下绘图员和访员是两组不同的学生，一般情况下无法交叉使用。三是全流程模式，即学生们先绘图抽样，紧接着开始访问。这种模式下绘图员和访员是一批人，他们需要同时掌握绘图抽样和问卷访问的技能。

绘图员练的是脚程，拼的是耐力。他们的任务是准确地列出被访社区所有住户的地址。他们工作时需要依据实地情况，在平板的卫星影像图上绘制每一幢建筑物的标志，并仔细记录建筑物里的住址信息。他们或者顶着烈日，脖子被太阳晒成两个颜色；或者淋着小雨，打着伞跋涉在调查社区的大街小巷。正如逄晓庆记述，他们绘图会上瘾，常常沉迷在工作中，错过饭点，忍饥挨饿不肯停歇；天黑了，用手机做手电继续作业；有时在凌晨两三点钟还在检查整理绘图信息。有的社区建筑物布局非常复杂，"像幼儿园小朋友随手乱放的积木"，而这样一件看似不可能完成的任务在 13 名绘图员的齐心协力下 3 天之内就被攻克了。

访员靠的则是强大的内心和铁打的嗓子。他们的任务是说服被抽中的成人接受访问，并且要按照规范完成访问。不顺利的时候，一天下来敲不开一户的门，李铭杰描述："不是没人，就是吃闭门羹，甚至险些遭骂。"而罗倩则是真的挨骂了。虽然在人前她努力表现坚强，可心态还是崩溃了，但她"很庆幸自己能够很快调整情绪，并且接下来更好地带领我的组员们去努力完成我们的目标，"她说，"我相信这一次的心态崩溃再重组以后，我也已经无所畏惧了。"还有逄晓庆和小伙伴们难忘的七夕之夜。他们被受访者报警，带到了派出所，"第一次与警察叔叔有这样近距离的接触，竟然忘了一起拍个合影"。顺利的时候，一个访员一天可以做两三份问卷，一天下来嗓子累得冒烟。然而由于方言问题，督导们只能干心疼，"默默给访员们备好水，多给他们买点水果"。

调查中最幸运的是能得到社区干部的帮助。罗倩和小组的访员们曾坐在村干部的摩托车上走街串户，逄晓庆和访员们也曾在村干部的带领下在山上挨家挨户寻找和排查。当然也有社区干部不予理会，甚至建议下次不要再来调查了。在与这些干部接触的过程中，戴军伟深刻感受到了基层工作人员的艰辛。张静源对基层治理有了切身的感悟，开学后选修了关于基层治理与政治改革的课程。

进入社区后，绘图员或访员经常听到社区居民的各种质疑："你是不是小偷过来踩点儿的？""那你是不是过来搞传销的？""告诉你们就能解决问题吗？""你们就是个学生，你们能做什么？"李铭杰和逄晓庆都遇到过这样的误解，耐心解释后得到了理解和配合。正如戴军伟所述的："在工作过程中困难无处不在，调查过程中我们会被人们的质疑所淹没，如若没有这样的信念，那只会从内心自行瓦解……或许正是这份对理想的执着才让我们破除受访者们的心结，让那些不断强调'这种调查没用''你们大学生想得太幼稚'的人最终却与我们并肩合作甚至相谈甚欢。"

调查过程并不总是阴霾，也会有彩虹相伴。在广东，戴军伟就感受到了传说中的"热烈欢迎"："很多村民白天出去工作，夜晚归来。进门就是一杯茶，慈眉善目地和你聊。"在张家口，张丹和小伙伴结束访问时，受访户经常会拿出些院中种植的杏、李子、黄瓜、西红柿等蔬菜水果送给他们。河南焦作组访问到一个独自生活的老爷爷，家里非常贫穷，但是对生活乐观、豁达。访员在调查结束之后，捐出自己的零钱，买了油、米等日常生活用品送给老人。

罗倩曾因得到受访者的信任而感动：一位受访者小时候被送给别人家，回答父母信息时道出了实情；另一位刚刚坐牢出来不久，回答关于社会宽容态度的问题时，眼光凝固在"刑满释放者"的条目上。罗倩写道："很多时候我都想表现出自己的共情，想表达我很尊重他们，但是我害怕会让他们觉得尴尬。我真的很感谢他们将自己的'秘密'告诉我，我们素未谋面，在这样一个社会信任度急剧下降的时代，愿意接受我的访问，就是对我最大的肯定。"

让访员喜忧参半的是遇到文化水平低的老年受访者，访问时需要一遍一遍地解释给老人听，常常要花上三四个小时才能完成问卷。戴军伟访问过一位90多岁的老人，老人家的墙上挂着从毛主席以来的领导人像。老人回答很吃力，他的家人在旁边陪着解释，访问持续到晚上九十点访员们才告别离开。戴军伟回忆道："那种感觉很奇妙，是一种宁静还是感动，说不出来。"罗倩遇到了一位68岁的受访者，她把"同性恋"误解为"同姓恋"，把访员逗乐了，听了访员的解释后她自己也"笑得板凳都快要坐不住了"。面对这样可爱的奶奶，罗倩写道："我知道她一直在坚持，那我们又有什么理由不坚持呢？"

在调查过程中，最令人感动和难忘的是督导和访员们同甘共苦、相互关爱、相互支持。戴军伟忘不掉的是晚上和小伙伴们九十点收工之后直奔夜市的欢乐时光，还有在任务完成之际，"狼人杀"一战到天明；罗倩感谢陪在身边的"他/她"，难忘小组成员们一起吃住，"到最后大家喜欢吃什么，不喜欢吃什么，都摸得一清二楚"；李铭杰记得在女生访员被骂哭，晚上等车回宾馆时遇到精神障碍患者出言"威胁"时，男生访员挺身保护女生；逄晓庆记述了作为先遣队的绘图员在画图标记的过程中想着访员，害怕因标记不清、信息不足，让他们"多走路，走弯路，消耗体力""找不到地址，入不了户，内心焦急"；张丹感恩在她腰痛严重的时候，访员小伙伴给她送来早饭，还陪她去医院就医；郝楚语感谢在嘉庚学院她第一次做培训时认真听讲做笔记的访员们，感谢卡卡姐和合作的其他督导们的鼓励和支持。

调查结束了，罗倩的室友中经常有人会说："我又梦到做问卷了，我梦见那个村主任了，我梦见你管我借平板。你还记得那个铺盖面吗？那家火锅米线简直再也不想吃了，辣到头都发麻了！"戴军伟说："从访员到督导到老师们，就是这么一群有热情、有趣、'天真的'人儿！"

对于这次调查经历，访员和督导们有很多很深的感悟。访员们说："不管社会怎样变迁，都要时刻记得从群众中来，到群众中去……评价社会发展时不'愤青'了，明白了站在发展的角度去综合来看。"郝楚语说："与

CSS 的相遇是我生命中一个美丽的惊喜，它的出现为我打开了一扇门。通过这扇门，我看到了与以往完全不同的风景，认识了更加清晰真实的中国，更加生动的中国人。"张静源说："我们都长久地生活在被保护的净土上，因而忘记了社会中依然充满苦难与不幸，当我们与这些痛苦的人生面对面时，难免感到不知所措甚至滋生出内疚感。但这也正是青年一代参加社会调查的意义所在，我们应该走进基层，既要听到积极正面的声音，也要如实记录当前社会的不足，认识人生百态。"李铭杰说："立足社会，以人民为需，做好调查，用专业的知识去剖析如今的发展，明确自己可以做什么，将来要怎样做。一定要沉在群众中，这是我们学到的知识能产生最大价值的使用方法。"逄晓庆说："只有潜心地学习和钻研某一个领域，才能够消化吸收复杂琐碎的知识，将其内化于心，外化于行；并且只有真正将理论知识落实到实践，才能将实践当中的经验回馈理论，使理论不断完善、不断充实。"……

　　CSS 是督导和访员们的成长仪式，在这个过程中他们发现了"更好的自己"。

和一群有意思的人做有意义的事情

戴军伟　首都师范大学政法学院

和CSS 相遇是在 2019 年的春末。一次偶然的机会，我看到了本校社会学专业发的通知，怀着对一手数据的崇敬之心和对中国社会科学院的向往和尊重，我激动地按下了电子邮箱发送报名资料的按键。于是，这段令我难忘的经历就开始了。

我参与了从绘图抽样到问卷审核的全流程工作，足迹跨越祖国南北，因而拥有不同的视角，也有很多的感慨。按时间和具体内容来看，我在 CSS 2019 的工作大致可以分为四个阶段。每个阶段都有不同的收获。下面我就按照时间线来聊一聊。

一　培训与实践在北京

随着项目启动，我开始了在 CSS 的第一个阶段：学习与实践。每周末从海淀到良乡，去学习抽样绘图以及调查问卷的内容。就像大学时候上大课一样，很难让自己一直眼睛瞪得像铜铃。老实说，对于我这个信奉实践大于书本的人，这个过程除了第一遍还觉新鲜，其他都是枯燥的。但是，没有知识积累就难以实践，于是撑一撑也就过来了。果然，最后当督导的时候主要靠这些知识积累。

在学习过程中，我特别喜欢给我们上课的老师们。他们是我特别敬佩的学者，其中有中国社会科学院的老师，有北京大学的老师，也有博士学长、学姐。他们特别认真负责地对待每一次讲解，讲解过程细致、诚恳，遇到争议的时候大家会一起讨论。跟着这样的一群人闯荡，你怎么会没有干劲、没有收获呢？就学习内容而言，绘图抽样方面用的卫星图，对于经常徒步的我来说不是问题；在问卷方面，虽然是一个大众的问卷，包含范围广，内容比较丰富全面，但其实都是我们日常能够接触到的事物，个人感觉也是比较好理解的。重要的是，我们需要对每一个名词都有一个明确的定义，要不"战场"上一旦遭遇反问或者特殊情况可就慌了神。

光说不做假把式，北京最先成为我们的实践场。首先是绘图抽样工作，我们先是在办公室对着纸版地图在系统上把边界画出来，尽量把建筑物也画出。从中可以看出南北方建筑的巨大差异，北方多整齐的村落，而南方的建筑常常相去甚远，形状各异。具体到实地绘图的时候便是说来话长，难以尽述了，几尊"雨神"凑在一起，再加上抽样系统是新开发的，经历比较坎坷，但也都回味无穷。被业主怀疑是小偷踩点，蹲在大棚下面躲雨，踏着"雨溪"走街串巷，蹲在村委会门口吃方便面，在系统崩溃的时候坐在路边晒着阳光，看着数据上传时屏幕上不停转着的圈圈发呆……现在想想还是很有意思。从那时开始，我对问卷中的一些建筑有了直观印象，甚至开始初步涉猎建筑学。普通的梯间式住宅楼，连在一起的塔楼，个别的走廊式住宅楼，分分钟让人找回 20 世纪 80 年代的感觉。从荧屏到眼前，可以让人初窥人间百态。再看看调查问卷工作，虽相比于绘图抽样少了些脚程，但多了很多舌战。有幸于首战被派往北京市怀柔区的一个社区，两天时间把脸皮练得足够"厚"，以应对未来的挑战。悲剧的尴尬失落与入户访问成功的喜悦尽在其中，但也难以一一描述。

二 绘图抽样在济南

CSS 项目在地方长驻的督导主要有两波：一波是抽样督导，对地方合作机构的绘图抽样工作进行培训，并至少陪同协助一个村/居的绘制抽样工作，为问卷访问的小伙伴铺好路；另一个是巡视督导，为地方合作机构提供入户调查的专业知识培训，并参与整个入户访问以随时进行专业支持和质量把控。我在济南的身份就是抽样督导，协助郄昱师姐（爱称"小昱姐"）做抽样培训工作，同时负责部分抽样质控工作。济南大学的同学们听得很认真，山东老乡们在绘图抽样过程中比较配合，山东的建筑物规划也比较整齐。绘图工作第一次绘制精确，以后稍加调整就好。但是一旦有什么错误就会产生连锁反应，最终影响数据质量。所以，我在督导过程中严格了些，凶了一点点，还好山东的同学们很包容。几天的培训和实地绘图工作结束后，短暂的山东之行也迎来了尾声。想到某天早上带着饿肚子的小昱姐走了好远，被抱怨好久，不禁心中窃笑。

在这个过程中，正好赶上了后台抽样质控高峰的尾巴，于是我也承担了其中一小部分任务。虽然只是一小部分，但连上卫生间都要抱着电脑，太紧张了，最怕小昱姐问"戴戴去哪里了？"抽样质控直接影响样本选取的可行性，也是保证问卷访员准确找到受访家庭的住址的基础，事关重大，马虎不得，质控组的小伙伴们实在是辛苦了。

三 抽样巡视在辽宁

全国的问卷调查工作渐渐展开。相比于绘图抽样，入户调查过程中我们会在当地工作更长的时间，跟随访员入户调查甚至直接上手，因此这段时间的感受更加深刻，对当地的了解也更加深入。我和张静源小伙伴跟随田老师来到沈阳，培训结束后就留在辽宁与小访员们一同承担入户调查的巡视督导工作。辽宁的访员们来自全国各地，身份也各有不同，但是大家都有一个共同点，就是共同面对问卷调查这项重要的任务。我待的地方主要为沈阳、盘锦、锦州三市，我们的内部代号是"炸串""肉串小卷饼"和"烧烤"。

　　我在巡视的第一站就遇到了非常复杂的情况，可以说是很受锻炼。我们常说，入户要经过"四个门"，第一个是村/居委会这道大门，第二个是村/居内具体小区的大门，第三个是单元门，第四个是住户的门。每一道门都是一个关卡，需要我们灵活运用勇气与智慧，冷不丁碰到在楼梯上装个门的，那就只能捶胸顿足，扒着铁门眼巴巴看着了。CSS的问卷调查实现了问卷数字化，全程使用CAPI系统，能够根据回答的逻辑实现自动跳转，着实方便了许多。我们的任务就是让受访者接受这里面的问题，尤其一些涉及收入、房产等方面隐私的问题。但个人认为，其实最困难的就是与人斗智斗勇，同时还要与自己论是非。与人斗就是弄清楚如何能够问到或追问到真实的答案；与自己斗更困难，那就是想明白如何克服自己作弊、偷懒的小心思。我作为督导有时都会累到呆滞，被拒到绝望，何况这些访员"小朋友"呢。希望在这场心灵的磨砺中，每个人都有所收获。

　　除了调查技能的增长，我对辽宁地区的知识也迅速增加。辽宁作为共和国的长子，有着与其他城市与众不同的特征。首先是既有历史的痕迹，又有现代化的东西。在这里，你可以回到20世纪，那些路边炸串、烤肠、篷布搭的早点摊、百货摊等，还有那些建筑，无处不透露着当年的繁荣，让人感觉瞬间回到了小时候的市镇，仿佛一切都凝固了。在新的开发区，也有高档住宅楼和现代化商场，与前者形成鲜明对比。于是你会感觉从一个世界走到另一个世界。在调查过程中，我可以感受到当地社区居民的警惕性都比较高，一些老人多的地方，由于居民经常遇到骗子，所以他们不愿意相信我们，只有社区工作人员带着才有可能入户。此外，我们也感受到了基层工作人员的艰辛，尽管他们愿意配合我们，却很难抽出时间来带领我们入户解释，而较为高档的小区有自己的管理，即使有社区负责人的告知也无济于事。

在问卷调查过程中，让我记忆深刻的事情很多。一是"舌战群儒"。为了让"战友"能够顺利进行访问，我把五六个大爷大妈的"火力"转移了过来，与他们就社会热点问题进行现场"答记者问"。其中令我印象最深的是，一个特别正派的大爷走过来，力挺我并且十分正能量地和其他大爷大妈说："政府有全局考虑，一些具体问题肯定是存在的，但不能一直以自我为中心一味抱怨……"那种感觉真的是让人热泪盈眶。另外，喜欢吃喝玩乐的我，当然忘不掉和小伙伴们晚上九十点收工之后直奔夜市的欢乐时光，苦中作乐，其乐无穷。最后一别就是任务完成之际了，"狼人杀"一战到天明，随着大家陆陆续续离开沈阳甚至是辽宁，我的内心其实是十分失落的。按理说，这么艰难的任务终于熬了过来，应该感到庆幸与喜悦，但是一同奋斗的小伙伴们才是大家一起走下去的支撑。辛苦的日子，有了这群人，特别让人留恋。

四 巡视在广东

这是我第二次跨过长江来到南方，但是我第一次在南方待这么长时间，在地图上看到的东西，终于来到眼前，一切都很新奇。本次的小伙伴有培训督导卡卡姐、聪哥和巡视老伙伴小昱姐，还有广东金融学院的访员小伙伴们。我去过的地方主要有广州、河源和汕头，我给它们取的代号是"椰子鸡""凉茶""牛肉粿条"。天气是真的热，汗从早到晚就没有干过，整个人都要被蒸煮了。但是有那么多好吃的，还有可爱的南方小伙伴！这点问题算什么呢？我可太爱听他们说普通话了，每个人都有自己的调调，简直太可爱了。调查的目的地既有村落、城中村，也有高档社区。最为激动的是一直在城市社区遭受"毒打"的我，在广州终于感受到了农村的温暖，亲身经历了"传说"中的"热烈欢迎"。如果说辽宁难在"多重门"和被拒之门外，那么这里就难在找不到门和里面没人。当然，相同的是在一些社区被拒访现象严重。

说说对这里的感受吧。首先，去的是镇上和村中。我对村中的印象比较深刻：绿油油的环境，参天的柱子，还有热情的村民们。很多村民白天出去工作，夜晚归来。进门就是一杯茶，慈眉善目地和你聊。岁数大的老人会对题目非常茫然，对很多名词一无所知，有的访问只得在坚持几个小时之后因为填答率低而终止。一天晚上，我们访问了一位老人，他家墙上挂着从毛主席以来的领导人像，一眼就能看出年代感。老人回答很吃力，需要不断解释，而他的家人也在旁边陪着解释，就这样持续了好久，直至九十点怕影响他们休息我们才离开。那种感觉很奇妙，是一种宁静还是感动，说不出来。

到了汕头我第一次看到城中村，密密麻麻的电线，"楼宇之间"的一线天，昏暗的楼梯间。漆黑的夜，太阳一落，这个地方就让外来者不禁有些胆战。在这里，我也看到了概念中的小手工作坊、包租婆和操着潮汕话的路人，真的是一个藏富于民的地方，有点魔幻。有意思的是，在辽宁，很多人会谈及对政府的不满和希望；在这里，人们更多会关心自己会怎么做，与政府相关的东西并非重点。南北之差，可见一斑。此外，还有建筑物的排布，大家庭和小家庭的区分，等等，让你无时无刻不诧异：这是两个世界吗？

一段时间下来，我深深感受到了广州港的活力和生活气息，无论是大街小巷来往的人群，还是深夜的通明灯火，你总不用发愁遇不到人，总不用发愁没地方去，没东西吃。还记得回北京的前一夜，广东下起了雨，我冒雨漫步在珠江边上，此情此景，实在让人流连。

五　写在最后

从访员到督导到老师们，就是这么一群热情、有趣、"天真"的人儿。或许正是这份对理想的执着才让我们破除了受访者的心结，让那些不断强调"这种调查没用""你们大学生想得太幼稚"的人最终与我们并肩合作甚至相谈甚欢。衷心地向每一个为项目尽己所能的人致敬。

思路比较乱，大概是想到哪里就写到哪里了。想在一篇文章里写出这次调查的所有见闻和感受是不现实的，哪怕只是一部分也很难。其实，这其中有很多有趣或者感动的经历都想和大家分享，但只有境中人才能真正体会到其中的内涵。所以，有想法的你亲自去体验吧，两年一次，千万别错过！

我的蜕变之旅

李铭杰　中国社会科学院大学文法学院

提到这次暑期难忘的经历，我心中涌现太多太多回忆，不知如何梳理，就决定分享"大海里的一朵浪花"，也是对这次宝贵经验的再次回味。

一　全方位、超全面的培训

我自己之前参加过大型调研活动，是有经验的访员，也了解督导负责的大概任务，这些经历让我对社会科学研究产生了更多的热爱和好奇。我不仅看到了社会科学与自然科学的不同之处，也学习到作为学者应有的心胸和责任感。

接到项目招募督导的消息，我马上报了名，并通过面试审核，成为督导。我永远也忘不了录音读问卷的那两个题干——事实证明，在不了解某样东西时，即使都是认识的汉字，也不能眼高手低。随后两个月的周末培训，我学到的思维、知识、技巧现在已经融入我的生活中了。李炜老师的课堂充满了丰富的调查经验和有趣的故事。我每节课最期待的就是老师以工作经验为载体，结合社会研究方法理论知识进行讲解，妙趣横生。

全面培训之一：问卷。李炜老师从问卷版块、主题、题目设计到问题变迁以及答案设计原理和原则，进行了详细的说明。一张成型的问卷背后饱含艰辛，大量的修改工作，是无法量化的。在培训课程中，我们也进行了很多探讨，比如职业的分类、工资的计算等。当然，涉及问卷设计的技巧也是少不了的，比如询问工资收入时先总后分与先分后总结果会不一样，而且哪种更接近真实水平也是有学问的。真是受教了。

全面培训之二：技能。说到技能，简直就是太全了！捋顺问卷，到念读问卷，再到流畅地念出问卷竟然是一个"升级打怪"的过程，平日看着那么简单，原来都是大脑给的错觉！最难忘的就是访问技巧。和之前做过的调研不一样，这次调研需要长时间的交流，过程中如果控制不好，时间就可能奔向三个小时，而且因为是全身心投入访问过程，所以一不小心就会和访问对象成为朋友，甚至为其遭遇所感动。这些是很常见的，因此控场技巧就非常重要。

全面培训之三：实地访问。实地访问是检验培训效果的重要评判。还记得当时非常有仪式感的群消息敲响了开始之钟："2019 年第一份问卷于×时×分×秒正式开始！""第一份问卷成功结束！"在这个过程中，我亲身体验了所有流程，尤其了解到了配合的重要性。小组长需要做好协调，确保访问有序，统筹推进全程；访员要时刻与组长保持联系，并在群里做好问卷反馈，及时告知困难以方便协调解决；每完成一份问卷，就可以向督导汇报心得，提出疑惑，督导当场给予解答，以便访员运用到后续访问过程中；质控督导进行问卷质量审核，并给予线上反馈。一个完整的实地—反馈—提高的良性循环就形成了，非常高效。当然，这种改善归功于 CAPI 系统的应用，电子辅助系统不仅方便了填写、录入和核对，而且能从流程角度和科学性方面做出必要的保障。科技发展真的是令人赞叹。

二 超有乐趣、超难忘的实地访问

实地过程也充满乐趣，即使是一些小事也会让人动容。我参加了天津和河南的调研工作，这期间发生了很多很多令人难忘的故事。

第一站是天津。天津的 SSU 有着集拆迁、空心化于一体的特点。虽然高楼林立，但是傍晚时刻也见不到太多居民。第一天陪访，硬是没有敲开一家的门，不是没人，就是吃闭门羹，甚至险些遭骂。记得当时走了一天，我们把所有的希望都压在收工前的最后一家上，心里祈祷着有人应答，敲门后还真的就开门了！结果我们刚表明自己的身份就被说是骗子，受访者只留出一个小小的门缝，全程找借口推辞，刚开始说家里小孩要吃奶没时间，我们说："姐，看您这么年轻，说话这么有条理，学问肯定高，咱们这个问卷估计半个小时左右就做完了。"受访者听到夸赞稍微缓和了一点点，又告诉我们："我啥也不懂，又不知道你们到底是不是真的。"好在她最终还是接受了我们，我们所有的辛苦瞬间化作访问的动力。

还有天津的 CX。虽然只在 CX 陪访了一天，但由于对接工作做得非常好，村民们对问卷的意义知道得很清楚，参与国家公共事务的热情也很高，在访问过程中配合得特别好，还能表达他们自己的理解和建议，让我由衷感叹。如果每位受访者都能够如他们这般参与到这样的大型调研中，并且如实做出反应，我们的社会必定会变得更加和谐、高效，社会科学研究也能更好地发挥作用。

离开天津之后，我去河南做了巡视督导。河南之旅注定是难忘的。我陪访了河南地方调查团队中的一支小分队进行绘图。一开始很顺利，偶尔遇到实物和卫星图对不上的情况，我们也能充分地进行讨论，最后证明是该地变迁导致。没想到快画完的时候，遇到了一个怎么也对不上号的建筑，周围完全不一样。就在我们七嘴八舌分析的时候，恰巧遇到了另外一个小队，这才恍然大悟。原来，在最开始分头行动时，我们走错了方向，将别人负责的地盘画在了我们的图上！于是不得已，只好忍痛将已经完成的标记全部取消，重新画起。记得那天，我们腿上被蚊子叮到满是包，回到宾馆时，已经错过了晚饭时间。

第二天，有一支完成绘图抽样的小分队开始入户访问。分完组之后，我便陪着两个可爱的女生开始了她们的第一次入户访问之旅，在路上我们探讨着或被拒绝或被热情接待的各种可能。结果一天下来，或者是敲不开门，或者是抽中的受访者不在家，沿路遇到的大哥大姐、叔叔阿姨们倒是非常热心，给我们指路，告诉我们受访户家里的大概情况，我们什么时候来会有人在之类的。那天下午，我们最多的就是自嘲式开导："没事，下一家肯定有人！"结果真是在决定收工前的最后一家敲开了门，可是又由于访员紧张点错了选项而错过。

当我们谢过好不容易敲开的受访户，坐在马路边上反省的时候，我开始自嘲式的自我检讨："不得不承认，今天是我的问题，我跟你们讲，我一共才陪访三次，每次都有意外！第一次访问没成功，第二次绘图绘错地方，今天还是没有访问成功。但你们别担心，以往经历过第一天这样结局的队伍，之后的拒访率都超级低！"我反思了自身的原因，希望用这些自嘲却不失希望的话语平缓她们的情绪，激发她们对明天访问成功的希望，却发现两个小姑娘眼里都有了泪花，竟然有了退出的打算。我慢慢地与她们聊着聊着，发现是高期待和低现实之间差距太远，使信心一下子崩溃，陷入自责，导致她们一直在找自身的错误。我立刻打起精神，尽量用我的专业知识开导和劝说她们，也举了好多我或者我的伙伴们经历过的例子，希望把她们从自责的情绪中拉出来，重新鼓舞士气。当然，最终她们俩还是重拾信心，元气满满了。我在想，若不是那些实实在在的惨痛经历，我的开导不一定能这般有力量吧。

三　看见社会

调研虽然是以问卷为主，但是也让我们看到了社会的各个方面。JZ组访问到一个独自生活的老爷爷，家里非常贫穷，甚至自家房子都是在外面捡石头回来拼搭的，生活水平不高，几乎没有家电。但是他对生活的乐观、豁达让很多访员感动不已。只有亲眼见到、亲耳听到，才能深刻地知道，真的有很多淳朴的农民，即便他们的生活在我们看来很穷很苦，但他们真心觉得现在的生活比过去好太多，因为没有饥饿，没有流离失所。JZ 组的访员在调查结束之后，捐出自己的零钱，买了油、米等日常生活用品送给老人，希望他健康快乐。

社会发展日新月异，被抽中的小区有的处在拆迁过程中，积累了一些基层矛盾没有解决，也比较排斥外来人员，所以大家最怕遇到拆迁的社区，都称之为"硬骨头"。在进入拆迁社区的过程中，我们被拒的次数多到来不及数就投入寻找下一家地址的过程中。还有在小姑娘被骂哭，晚上等车回宾馆时遇到精神障碍患者出言"威胁"，几个男孩子挺身保护女生，等等，所有这些小细节其实都非常令人感动。

临近结束的时候，和访员聊天，我们聊到了调研带给自己的变化，大多数人都说，从学校走到社会，才知道什么是真正的学问。不管社会怎样变迁，都要时刻记得从群众中来，到群众中去，不能因为自身生活得好，就觉得大家都应该生活得好，社会上还有许多"掉队"的人，也需要好好被照顾。还有访员同学跟我分享说，这次调研之后感觉自己长大了，评价社会发展时不"愤青"了，明白了要站在发展的角度去看现象，既看到成就，也看到问题，看到问题就要提出对策，或者用自己的方式去帮忙解决，用哪怕小小的力量去推动社会更好地前进，而不是像以前一样，随意地发表"愤青"的言论。立足社会，做好调查，用专业的知识去剖析如今的发展，明确自己可以做什么，将来要怎样做，一定要沉在群众中，这是我们学到的知识能产生最大价值的使用方法。

这次调研接触到的都是生活中最真实的一面，我真的学到很多、感悟很多、成长很多。系统的培训、坚实的后盾、负责的老师、协调的工作、踏实的访员、畅通的交流、迅速的报销流程、技术的支持、与时俱进的思维、不同的访问对象……那一幕一幕，让我真正学到大家的优点，向优秀的老师、同伴看齐，非常感谢 CSS 项目组全体老师，让我多了一件铠甲，更多了一份坚定，坚信未来会越来越好！

村中两月

张 丹 中国社会科学院大学社会学系

用 "乡村两月游"来概括我的 CSS 之旅再贴切不过，因为我主要负责的省份（河北和黑龙江）多以农村社区为主。

6 月初始，经过了两个多月的准备，在项目组全体老师的带领下，我们来到北京市怀柔区进行试调查。尽管我跃跃欲试，但现实给了我当头棒喝。不知什么原因，我总是遇到家中无人或拒绝访问的情况。一开始，我们被阻拦在单元门外，无法到达受访户家门前。后来，在受访户家门前蹲守和多次尝试开门后，我们又遇到家中无人和拒绝访问的情况。为提高受访者的开门率，我们一行三人轮流敲门，可并没有达到很好的效果。第一天我只完成了一份调查问卷，第二天也没有想象中那么顺利。尽管我有胡玉淑老师的陪伴，但门前依然无人应答。当我爬到五楼的一个受访户家门口时，看到门口的新鲜烟灰，终于激动起来：一定有人！但是，几次敲门后，还是没人回应。我走到楼下，询问了一个在修自行车的叔叔，才得知这家人刚刚全家开车出去玩了。那一刻，我的心彻底凉了，甚至陷入了自我怀疑。或许，我不适合入户调查；或许，我更适合在抽样组画图。不过，事已至此，能帮大家排除空户也是一种贡献吧。

有了试调查的经验，又经过一轮的调整和补充后，我们终于进入实地调查阶段。7月初，我开始了近1个月的河北之旅。第一站是保定市。由于开始得比较匆忙，我和李丹只带着20余台平板电脑就出发了。那一刻，我们庆幸河北农业大学的访员规模较小。然而，更大的难题出现了：由于崔岩老师在山西培训，河北的培训现场只有李丹、林楠和我在场。这打乱了我们之前的安排。经过紧急商议，将由我负责开场部分的"项目介绍"。尽管此前从未做过这方面的功课，我还是颤颤巍巍地讲了半个小时。事后听录音时，我发现自己的声音都是颤抖的。就这样，我的第一次督导培训工作结束了。

三天的培训结束后，我跟着LQ访问小组来到了石家庄市开展调查。因为河北农业大学采取的是模式三（抽样和访问一次完成），我就转为临时的抽样督导，协助LQ访问小组的现场绘图工作。首先，我们从居委会收集了社区的边界信息。这是四个村居混杂在一起的街区，其中仅有一个城中村和多个单位宿舍归属我们将调查的社区管辖。然而，这些单位宿舍散居在这一街区的各个角落。我们当即决定以主道路为界，兵分两路开展绘图工作。在绘图过程中，最沮丧的事情莫过于被告知我们正在绘制的建筑物不归属该社区管辖。因为社区居委会提供的地图仅是一个示意图，缺少每个小区的单元数、边界和建筑分布情况等详细信息，绘图一不小心就会超出社区管辖边界。我们执行督导工作的第一天以步行17公里结束。

在与LQ访问小组的短暂接触后，我参与了河北省社会科学院开展新的培训工作。有了上次的经验，这次的培训十分顺利。培训结束后，访员兵分两路，分别赶赴张家口市和秦皇岛市进行调查。我跟随前者。张家口访员小组主要负责的两个PSU都是国家级贫困县。这里民风淳朴，村民面对我们这些外来的陌生人也十分友好，特别是在村干部的带领下，我们在入户阶段基本没有遇到什么阻碍。而当我们结束访问时，受访户经常会拿出些院中种植的杏、李子、黄瓜、西红柿等蔬菜水果赠予我们，令我们十分感动。

然而，我们也遇到了一些困难。一是村庄通常位置偏僻，交通不便。幸运的是，李茂老师预料到了这一点，开着私家车带我们入户，这极大地缩短了交通时间，提高了调查效率。二是农村居民大多文化水平不高，常在问卷理解方面存在困难。在访问过程中，访员单次访问的时长一般介于1~5个小时之间。例如，访员刘宁曾用4个小时完成一次访问，由于说话太多，他的嗓子都哑了。事后了解到，受访者是个未上过学的老奶奶，对问卷中的部分题目不理解。我们需要多次解释才能让受访者逐渐明白题目的含义。三是村民饲养动物，如狗、牛、驴等，这增加了访员的安全风险。例如，我们调查的 ZP 村，是个山坡上的村子，村民多以驴车作为交通工具。驴常常会顶人，为保障安全，访员多绕行，这增加了交通时间。

在调查结束的时候，不幸的事情发生了。我在洗漱时不小心扭到了腰：疼痛感瞬间使大脑失灵，一阵头晕目眩后，我满身汗水且行动困难。我在微信群中跟访员们请了假，计划在宾馆中休息一天，看身体状况能否好转。然而，一阵敲门声传来，我挣扎着开了门，发现是访员陈晟给我带了早饭。看我行动如此困难，作为当地人的李晓乐就打车送我去医院。而其他人又开赴调查现场继续访问。尽管这些访员与 CSS 相识的时间并不长，但看到他们为 CSS 的拼搏与努力，涌上心头的温暖和感动打败了我身体上的疼痛。

在结束河北的调查后，我选择继续到江西开展培训工作。经过一段时间的修养，根据项目组的安排，8月中，我到吉林协助培训工作。下午，我和王涛前去第二天的培训现场清点资料和调试设备。刚刚踏进吉大南校的校门，我们就被突如其来的暴雨浇了个透。幸运的是，设备和资料没有大问题。在吉林的培训结束后，田志鹏老师、王涛和我踏上了"征战"黑龙江的旅程。路上，大片的玉米地被暴雨所淹，像水田一样。那时，我心里咯噔一下，意识到黑龙江的调查或许会有困难。

不出所料，尽管吉林和黑龙江两个省份的培训都进行得十分顺利，但暴雨的确给调查带来一些不便。这次我跟随桦川访问小组来到佳木斯市的桦川县，这也是一个国家级贫困县。到达桦川县城后，我们发现，城镇社区的调查并不顺利，由于是工作日，家中无人的情况很多。所以，第二天我们包车来到农村社区。由于暴雨淹没了道路，我们只能改道乡间小路。一路的颠簸刺激了我腰部的疼痛感，但更大的难题还在后面。之前县政府的相关领导不愿支持我们的调查，我们被村支书晾在村委会的大门口。幸运的是，我们遇到了一位大姐，她曾经是 CSS 项目在本村的带路人。她爽快地帮我们打开村委会的大门，供我们休息；还主动担任我们的司机，用摩托车载我们穿梭于各个受访户之间。这一关总算过去了。

但很快新的难题又出现了。由于连日暴雨，大坝出现安全问题，村内的中年男劳力都加入了修大坝的志愿服务中。又由于大坝与村子距离较远，他们回家的时间未知。据村民讲，有时他们两三天回来一次，有时时间会更长，这都根据现场的情况决定。于是，我们在确定抽样名单时就难以判断是否要将他们纳入名单。大姐帮我们联系大坝现场的负责人，负责人表示虽然安排了轮班休息，但这几天情况不好，近两日修大坝的村民回村的可能性很小。于是，我们决定以在调查期间无法接触到受访者为由将他们排除出抽样名单。不久，哈尔滨调查小组又发来了消息。受暴雨影响，他们访问的一个社区内积水严重，通行犹如蹚水过河。后来，我也来到了这个社区，它是一个由两个电厂组成的业已衰落的单位社区。社区内虽有些简便的生活设施，但位置偏远，周围玉米地环绕；老年人和租客是主要居民，警惕性较高，对居委会的信任度也不高。访员们牺牲了午饭时间四处奔波，终于在下午结束了这个社区的访问工作。而正当我们欣喜万分，准备晚上庆祝一番时，归途中的暴雨无情地浇湿了我唯一一条可以穿出门的裤子。最终，我的督导之旅因被困于房间而画上了不那么圆满的句号。就这样，我记住了这一年东北的雨。

絮絮叨叨地写完 CSS 的村中两月，没有做任何修饰。只为把这段经历原原本本地写下来，让看到这篇文章的你随着我一起去感受真实的 CSS，让你明白在这几个月里，作为督导，我遇到了什么情境，做了什么事情，困难是什么，以及如何解决困难。

听见这个社会的声音

张静源　北京外国语大学国际关系学院

能够参加 2019 年的 CSS 对我来说是一件非常幸运的事情。最初的缘由非常简单，刚刚转到政治学专业的我选修了大数据相关课程，因为想要了解社会调查数据收集的方法过程，便在老师的推荐下报名参加了面试。在本科阶段，我主修翻译专业。对于翻译系的学生来讲，写出好的译文的前提是熟习汉语和古典文化。所以转到外交学专业读研后，我也认为，认识自己脚下的祖国与理解时刻处在变局之中的国际形势同样重要。因此，这篇文章是一份来自国关学子的非典型督导笔记。

坦白讲，社会学是我从未接触过的领域。我在本科阶段无论是从事社会实践，还是学术调研中做的问卷调查，都好像既不专业也不规范。我也常常和项目组的同伴们打趣说自己是半路出家。实际上，除了本次调查以外，我对社会调查一无所知。因此，CSS 对我来说更像是一次系统而又全面的课程训练，让我能够有机会窥探到社会学研究的一角，学会从一个全新的角度看见社会，听见社会，也去理解我身处的社会。

一 培训里的试调查

怀柔试调查让我第一次以访员的身份走进社区。出发前的我更像是处在一种亢奋的状态中，因终于可以实地调查而兴奋不已。但同时，疑问与不安也萦绕在我的心头。我能不能按照样本编号找到正确的地址？会有人给我开门吗？我要怎么介绍自己和项目？如果被受访户赶出来要怎么办？我们能在两天之内完成访问吗？彼时的我，一方面急切地想要检验自己接受培训的成果，另一方面又担心自己不能圆满地完成任务。

这次试调查对于我们而言，既幸运又不幸运。不幸的是，我被分配到了居委会不能提供配合与支持的小组，入户会有一定难度；幸运的是，高难度的任务也让我们有了高配置的资源，每位组员都在中国社会科学院老师的陪同下进行访问。当天的调查并不算顺利，一上午我和邹宇春老师都没能敲开几家门，直到下午才第一次走进受访者家里。尽管家中的女主人愿意接受访问，但男主人不甚配合，差点强行中断访问，其间还有一个两岁多的小朋友一直在打闹。这对于仍是新手的我冲击着实不小，场面一片混乱，预先熟悉了很多遍的问卷怎么也问不明白。幸好有邹老师在我身边，她亲自上阵示范如何说服受访者，如何巧妙又自然地提问，以及如何完成一份合格的问卷。然而，完成第一份问卷之后的每一次敲门对我来说仍是磨炼，但当受访者全家一起为问卷中的题目仔细回忆数据时，当同组成员站在小区楼下和受访者一起一边劳动一边访问时，我的成就感也油然而生。访问中，听受访者讲述自己柴米油盐的生活也让我在脑海中勾勒出一幅幅模糊的人生画卷，而画卷上布满了各种不幸与苦难。我常常觉得自己总是活在象牙塔之中，离社会太远，但当我真正走近这个社会，我又开始畏惧它的残酷与无情。

这次调查我们成功地完成了访问任务。尽管耗时最长，但能够在短短一天半的时间内拿下难度最大的社区还是令我们感到满足的。这是我人生中第一次走进社区，走进一个个平凡又独特的家庭，通过问卷与受访者沟通和交流。

二　实地调查

（一）之后奔赴各地市调查，又是全新的故事与体验

这并不是我第一次来到重庆。相反，恰恰是因为之前去重庆的经历让我想要以社会调查的方式再次认识重庆。重庆市依山而建，长江和嘉陵江在朝天门码头交汇，建筑物鳞次栉比，市中心也铺设着各种盘旋的公路和上天入地的轻轨。即便已经对这座山城有所了解，我和同伴到达重庆之后的第一反应仍然是，这样的地形会对绘图和访问带来极大的困难。我们的访员能够按照要求找到地址进行访问吗？

图 1　重庆培训开始前检查平板

但是，困难并不只有这一个。重庆常年阴雨，夏季更是潮热又多雾，本次抽取的调查点又都在重庆较为偏远的区县，连日的暴雨使本就不便的交通问题更加凸显，因此前期绘图进度大大后延，原定的访问计划也无法按原定日程开展。客观天气因素成为调查继续进行的一大阻碍。此外，重庆大学的绘图员与访员是同一批成员，而CSS项目组老师们首次开发的电子绘图系统在调查开展初期还是试用阶段，存在不少需要改进的地方，绘图员冒着雨走山路绘成的建筑物图片有时无法成功保存和上传，流程对接上的不畅通更使访员在这次调查中感到疲惫。如何有针对性地进行培训并重振成员们对完成调查的信心，成了我和同伴们首先要解决的问题。在李炜老师的带领下，吕星卓、张梓钰和我一同针对重庆的情况制订培训计划，为项目组成员厘清调查步骤和流程，考虑到当地的地势和天气因素，向抽样组申请分图，减轻绘图负担，以确保能够按时完成绘图和访问任务。初到实地，这段经历既"兵荒马乱"，又井井有条。问题虽然存在，但都被我们逐个击破。这也是成就感的来源。在重庆，我第一次以培训督导的身份向其他人介绍CSS。现在回想起来，我觉得当时的讲解实在稚嫩，有许多不足的地方。但有不足就有完善的空间，担任督导的过程也是我不断学习的过程，每一段经历都是我珍贵的学习教材。

（二）告别重庆，我们来到了另一个宜人的城市——成都

四川省的调查工作由西南民族大学社会学与心理学学院大一、大二的本科生承担。此外，四川省采用了绘图和访问同步进行的调查方式，也就是说，项目组成员既是绘图员又是访员，每到一个村/居要先进行绘图，完成绘图任务后立刻向后台申请抽样，紧接着进行访问。四川省人口众多，因而访问任务量在全国的排名也是数一数二的。作为社会调查新人的我，如何既担任培训督导，又担任巡视督导，带领西南民族大学的"新手"们完成这样艰巨的任务，是我面临的第二个挑战。

四川省采用的调查模式意味着我必须对绘图、审核和抽样的过程也有所了解。然而此前我并没有参加过抽样组的培训，但好在有同组成员帮我恶补抽样的知识。我们也在培训过程中强化了对于从绘图到访问这一整体

流程的讲解，力求每位项目组成员都能厘清到达实地后要做的事情与完成任务所需的步骤。同时，考虑到本科新生的社会经验相对较少，模拟访问也成为培训期间必不可少的环节。在培训中，我们将知识讲解与平板操作有机地结合起来，帮助访员们在反复的提问与尝试中打破"不敢开口"的心理障碍，更加熟悉和理解问卷的题目与选项。

三天培训的最后一步是访员试访。西南民族大学的老师们决定让访员们到学校旁边的商业街自行寻找访问对象并完成问卷。通常我们都会提前联络好受访者，访员只需要对陌生人完成问卷访问，不需要担心是否会被受访者拒绝。自行寻找访问对象意味着访员们很可能会遭到拒绝，以致无法完成问卷。但事实证明我的担忧是多余的，西南民族大学的同学们在商业街上如鱼得水，纷纷发挥自己的聪明才智，巧妙运用各种访问技巧，迅速找到了愿意接受自己访问的受访者。但恰恰因为小镇上大多是美食小店或杂货店，虽然店员们淳朴、热情，但大多数人的受教育水平和生活水平相对较低，一些同学在访问过程中也会对受访者的人生经历产生共情，感到难以将访问继续下去。我想这和我第一次进行访问时的感受是类似的。我们都长久地生活在被保护的净土上，因而忘记了社会中依然充满苦难与不幸，当我们与这些痛苦的人生面对面时，难免感到不知所措甚至滋生出内疚感。但这也正是青年一代参加社会调查的意义所在，我们应该走进基层，既要听到积极正面的声音，也要如实记录当前社会的不足，认识人生百态。

长时间的培训难免使人疲惫，西南民族大学蓝李焰老师的配合与支持使我们的培训进行得非常顺利。培训结束后，访员分四组进入武侯区的不同社区，启动正式调查工作。武侯区所涵盖的面积广阔，又因其城市辖区的基本属性，入户难度相对较大。绘图阶段，不同社区的进度差异便十分明显。有的 SSU 边界规整，辖区内均是商品房小区，很快就完成绘图进入抽样环节；而有的 SSU 地处城中村，建筑物复杂且道路不便，居住状况也十分混杂，因此绘图进度落后于其他社区许多。多雨的天气也给访员的室外活动带来了诸多不便。为了应对这一状况，我们决定让抽样组的童爽同学陪同建筑最多的小组完成绘图工作，及时在微信群为绘图员们解答遇到的问题，明晰建筑物绘制的标准与细则，每天晚上总结归纳，力求所有成

图 2 成都市武侯区某社区内复杂的建筑物

员通过在第一个 SSU 的实地操作掌握绘图规范。

抽样核户完成后便是访问，各种预料到的、没料到的问题也接踵而来。每个小组反馈回来的多多少少都有诸如输错样本地址、入户错误、抽样错误等技术问题，而且社区安保严格导致无法进入小区或受访户不配合等"入户难"的问题也不断出现。可以说访问刚刚开始的前两天，我的电话和微信消息一刻也没有消停。比协助解决一个个具体问题更重要的是帮助访员规避问题的再次产生，因为只有这样才能确保到其他地级市时完成工作的质量。虽然耗费时间稍长，但访员们在成都的调查工作仍令我感到惊喜。有同学直到晚上十点还在绘图，也有同学被多次拒绝后仍坚持不懈地上门说服，用真诚打动受访户。结束武侯区的调查后，我们开会总结了此次访问的经验，各小组分赴各地开展调查工作。

有了之前的经验，四川省的调查工作顺利了很多。每个小组都能够独当一面，按照规范的流程完成访问。今年四川的雨季来得相对较晚，我们的调查就恰恰撞上了暴雨时节。即便不是阴雨连绵，也时常上一秒还是艳阳天，下一秒就大雨瓢泼，令人始料不及。四川多山，交通不便，有些地方到达调查点的大巴一天只有两趟，平时绘图访问的交通工具只有双腿和村民的摩托车。镇上总共也就一两家宾馆，山村里的住宿条件更不好，有时只能借住在村民家中。客观条件恶劣，但访问任务又重。城市社区"入户难"的问题显著，但农村社区常常只有空巢老人和留守儿童，即便愿意配合，也不符合进入样本的条件。也有访员问我，有的时候觉得辛辛苦苦花两三个小时或者更久做完一份问卷，受访者甚至从头到尾都不理解我们问卷的问题和意义，这样的访问究竟有效果吗？身心双重疲惫，每天早出晚归成了访员们的日常。这虽然劳累，但坚持总是有价值的。我们只有真真正正地在社会中穿梭，才能明白书中描述的生活究竟是什么。

我跟随其中一个小组来到了位于山里的一个调查点。高铁转公交又转大巴，从小生长在平原的我第一次经历绕这么多盘山公路的车程。到达镇上后，在找宾馆的过程中，不足十分钟的路程好像就从头到尾穿越了整个城镇，而镇上也安静得仿佛没有多少人居住。这时我才切身感受到山里的孩子想要去往山的那边是多么的困难重重。休整过后我们便前往村委会了解情况，规划之后的绘图和访问安排。但这时常年居住在北方的我开始水土不服，浑身上下起了湿疹，又痒又痛，甚至走路时腿都会发抖。观察了一天后仍没有好转的迹象，于是我决定先回到成都看病。之后各组工作按计划开展，郄昱学姐、谭诚、范瑞青也来到四川支援调查，实属不易。

三　收获满满

首先，我学会了认识身边的社会生活。最初报名这个项目时，我并没有想很多，只是觉得闲着也是闲着，不如报名参加社会调查去各地走一走，看一看。西南民族大学的同学在访问中遇到了形形色色的人群，也听了各种各样的故事。受访者可能是住在城中村旧建筑里的农民工，也可能是刚刚毕业的大学生，有同学遇到了中国社会科学院的专家，也有同学再次访问到了四年前的访问对象。这既奇妙，又有趣。我陪同一位访员入户时遇到了一位中年大哥，他虽然愿意与我们对话，但他家庭关系较为复杂，所以在问题回答上并不算十分配合。随着问卷的进行，他发现与我是同乡，我明显感受到了他的主观答题意愿有所提高。但由于别的安排，我在问卷进行过半后便先行离开。没过多久，访员却告知我，大哥不愿意配合后面的访问，无论怎样劝说都无济于事，只得将问卷作废。或许就是这样的际遇，在漂泊半生之时偶然回想起了自己的故乡吧。但这个问题不会有答案，我们只是去看一看别人的生活，却无法揣测别人的人生，这也是面访的特点。

在当下这个稍显冷漠的社会，敲开陌生人的家门进行一个小时的面对面交流，也显得难能可贵。

遇到的每一个老师、每一个同伴、每一个访员，都在开拓我的视野。无论是在重庆还是在四川，李炜老师每次直到凌晨都在带我们备课，帮我们厘清思路和要点。访员们对待调查的态度和全身心的投入也令我自愧不如。有的小区因为曾经发生过以调查为名义对老人们实行诈骗的案件，导致居民们对访员们的态度十分不友好，甚至扬言报警。一次次的敲门，一次次的劝说，即使会被人冷脸相对，访员们也从不轻易放弃任何一个样本地址。现在回想起来，我也为没能全程跟完四川省的调查而感到遗憾，所以每一个坚持到底的访员都值得敬佩。更多的收获是来自陌生人的善意与信任，村委会工作人员的热心帮助，受访者邀请访员一同吃饭，有时哪怕只是一块西瓜、一瓶水，都使我们在访问过程中感受到温暖与理解。

这次调查也开拓了我的学术思路，我开始尝试用量化分析和大数据的方式完成课程论文。本学期恰巧选修了关于基层治理与政治改革的课程，这样一段与基层居委会和村委会接触的经历让我对基层治理有了切身的感悟。流动人口、社会老龄化以及社会情绪等问题在我脑中也有了更加具象化和精确的表述。窥视到社会学认识社会问题的思路，是我最宝贵的收获。

北京、重庆、四川、辽宁四个省市，从西南到东北，是 CSS 2019 给了我仗"卷"认识祖国的机会。最后，我要感谢在参与项目过程中帮助过我的每一位老师。李炜老师一丝不苟又风趣的教导使我在社会调查领域收获颇丰，他平易随和的处世态度更是我要学习的为人之道。感谢邹宇春老师、田志鹏老师对我的指导与帮助，感谢胡玉淑老师亲切又细致地帮助处理报账问题。我还要感谢我的搭档与同伴，感谢王涛、郝楚语、吕星卓、张梓钰、童爽在调查过程中的配合与帮助，每一位同伴身上都有值得我学习的地方。也感谢地方老师的配合与支持，感谢北京值守的各位同学辛苦对接各项工作。参加 CSS 的这个夏天是我难忘的一次人生经历，我仿佛经历了一次公路旅行，在这个过程中我听见了这个社会或高或低的声音，有所成长，也将时刻心怀感恩。

国关督导的奇幻之旅

郝楚语　北京外国语大学国际关系学院

■ 一　前期培训

CSS 之旅已经告一段落，现在想来我依旧心潮澎湃、感慨满怀。参加 CSS 是一个偶然的机遇，当我怀着忐忑的心情报名时，没有想到自己能有幸入选，更加没有想到 CSS 会带给我这么多的启蒙、成长、收获和感动。对于一个国际关系专业的学生来说，社会学是一个全新的领域，社会调查更是新鲜事物。新的领域意味着探索和兴奋，同时也意味着困难和挑战。我不知道自己是否能够胜任社会调查这样一份重要而细致的工作，也不知道社会调查对一个国关学生来说究竟意味着什么。

直到参加第一次督导培训，我心中的谜团才被一一解开。通过李炜老师的介绍和动员，社会调查第一次以清晰的面貌呈现在我的面前。CSS背后深刻的意义感染着我，召唤着我，在给我动力的同时，也让我倍感压力。"做中国好调查"吸引着每一个对社会科学充满好奇的学生，我也不例外。作为一个在校学生，我缺乏对现实中国的了解，我所学的理论知识也鲜少与实际经验相结合，仿佛成了纸上谈兵。这使我急切地想要学习社会学相关的知识。然而，学习新知识并不是一件简单的事情，虽然已经过去了好几个月，但我至今仍然能够清晰地回忆起第一次上课时的心情。抽样框、受访者、PSU、SSU、家庭户、集体户、计算机辅助地址抽样，一大堆陌生复杂的名词像一个个轰炸机，在我脑海中盘旋不去，无情地投下一枚又一枚炸弹。我像是个走错教室的学生，听着完全陌生的内容，只能通过埋头记笔记来掩饰我的无知和惊慌。每次课程结束之后，我的头脑都被新的知识填充到快要爆炸。这时我突然意识到，参加CSS没有自己想象中那样简单。要真正做一名合格的访员，我还有很长的路要走。

现实之所以残酷，就在于它总是成群结队地出现。很快我就经历了第二波无情的洗礼。"实践是检验真理的唯一标准"，通过一次小小的试访，许多隐藏的问题浮出水面。当我第一次作为访员，拿着问卷对我的舍友进行系统性的访问时，我意外发现平时能言善辩的自己此刻变成了结巴。分明是老师反复分析过的问题，我却无法通顺地读给受访者。第一次试访，耗时2个小时。完成问卷的那一刻，我对自己产生了怀疑：我能说服受访者配合完成长达2个小时的访问吗？受访者会回答我问卷里这些细碎的问题吗？

这些疑问在怀柔实地试访的过程中得到了回答。这次留给我的只有紧闭的大门，以及大门里陌生的受访者。我和其他小组成员结伴而行，两两结队进入受访户家中。第一次入户访问我俩手足无措，他的平板和示卡在手里倒腾来倒腾去；而我则是绞尽脑汁地去找话题应付屡次想要抢答的阿姨，就这样在手忙脚乱中，我们完成了第一份真正意义上的问卷。巨大的成就感和自豪感让我确信自己是一名合格的访员，有能力完成调查问卷。

二 调查实记

漳州，厦门大学嘉庚学院是我战斗的第一个地方。CSS 之旅开始之前，我脑海中的福建是文艺的厦门和浪漫的鼓浪屿，我幻想着工作之余可以在沙滩漫步，在海边捡贝壳。然而一下高铁，夜晚依旧炎热的漳州和第二天即将开始的工作让我瞬间头脑清醒。幸运的是，嘉庚学院有一群认真勤奋的同学。他们的热情和配合，让我这个新手督导逐渐不那么紧张了。站在讲台上看着认真做笔记的同学们，我脑海中突然浮现出田老师和崔老师的身影，或许几个月前的他们就如同此刻的我一样，看着讲台下好奇求知的同学们；或许几个月前的我也如同此刻坐在讲台下的同学们，带着疑惑看着讲台上的老师。那一刻的我，第一次真切感受到作为一个培训督导的责任是多么重大。优秀的访员是高质量调查的保证，而督导是培训访员的主要力量。在邹老师和董良平同学的鼓励和帮助下，我充满底气地站在讲台上，因为我代表着 CSS 项目组所有的老师和同学，也代表着中国最具影响

图 1　漳州组员高铁站候车埋头苦读

力的社会调查之一的形象。同时，我要感谢远在漳州的地方督导童盛云和我的组员们，在三明地区访问的 3 天，他们给了我这个"新手督导"很大的理解和支持。他们在访问中高效协作、统筹安排的能力也让我看到优秀访员应该具备的品质。我有幸和这样一群访员同学一起工作学习，是那个夏天最值得铭记的事情。

奇幻漂流的第二站是江苏省无锡市的江南大学。在这里，王卡老师带着我和刘静、罗翔燕同学一起开始了新的旅程。每天晚上，王卡老师都会和我们一起提前准备第二天的培训内容，耐心地纠正我们的错误。刘静同学作为组长，承包了培训之外所有的杂务，为整个小组的工作做出了许多贡献。罗翔燕同学同样给了我很多的鼓励和支持。在江苏的锻炼，让我增强了业务能力，一个合格的督导要做的不仅仅是站在讲台上培训访员，更应该明白整个调查流程应该怎样一步步地推进。

我在江苏收获满满，也为接下来独立担任督导奠定了基础。在实地访问中，让我印象最深刻的是王前同学艰苦访问的历程。他的受访者是一位第二天即将启程去上海的中年女性，两年前这位受访者已经接受过 CSS 项目组的访问。缘分并没有给王前同学的访问提供便利，相反，受访者有些疲于回答两个多小时的问卷。这是第一位给王前同学开门的受访者，此前他已经多次失败碰壁。经过王前同学的恳谈，受访者最终答应了我们的访问，

图 2　新手督导转战江苏

但条件是访问必须快速。但由于是第一次访问，王前同学过于激动，导致访问速度严重滞后，最后被阿姨"扫地出门"。访问进行到一半被受访者终止，给了王前不小的打击。大家都劝他放弃，毕竟阿姨第二天就出发去上海。但是王前同学还是没有放弃，他隔天又去主动联系受访者，最终重新获得了受访者的同意，完成了访问。看着这样努力不懈的访员最后露出的笑容，我想这就是最大的收获和荣誉。

结束了无锡之旅，我转战内蒙古医科大学。在这里我仅仅停留了1天，只承担了少量培训任务，没有陪同下实地访问，很遗憾，这是我唯一一个没有下实地的地区。虽然只有1天，但是我在这里感受到了同学们参与调查的热情。作为一个访员，对社会调查的热情和使命感是踏踏实实做好问卷的动力，这是访员和督导最本源的出发点。我参加CSS的初心再一次被这种单纯的热情唤醒。经历了福建和江苏两个省的调研，我认为自己称得上是一名优秀的访员、合格的督导。CSS更像是一份我游刃有余的工作，而不是一个我要来奋斗学习的战场。可看到这些认真的访员同学，我又想起自己想要更加深入了解现实社会的初衷。不管我在中国何处调研，也不管我掌握了多少访问技巧，我都不应该忘记这个初衷。作为督导组长，马上上同学对社会调查的高标准、严要求也让我再一次反思我们应该用怎样的态度去做每一份问卷。从绘图、抽样、寻找样本户，到登门、说服受访者接受访问，每一步都是用汗水和辛苦得来的，每一份问卷和数据都如此来之不易。正因为这样，我们才更应该提高对访员和问卷质量的要求。如此，我们的调查才有了意义。

旅程的最后一站是宁夏。这是我在CSS工作时间最久的一站，也是我成长和收获最多的一站。宁夏只有1个PSU，因此也只有我1个督导。在这里，我负责宁夏所有的事务，包括前期培训和后期陪访。也是在宁夏，我第一次担任组长，即便有了前期的经验，我在宁夏的工作还是手忙脚乱，很多地方出现了纰漏。幸运的是，我得到了任莉颖老师和田志鹏老师很多的鼓励、支持和包容，还有地方督导陈婷婷一路陪着我们完成整个调查流程。在宁夏，我负责JQ、HH、KZ和JY共计4个SSU地图的绘制和实地陪访。真正体验了CSS绘制地图的前期准备，中期访员培训，后期实地陪访的全部流程。这样一整套陪同经历，让我体验了培训督导、绘图员、访员、巡视督导等多重身份，十分过瘾。在短短的十几天里，我陪着访员同学们走过石嘴山市的大街小巷，认识到一个与以往印象完全不同的宁夏。那个夏天的宁夏有炙热的太阳、湛蓝的天空和最美丽的访员同学。同样也是在宁夏，我见过每月 200 元都租不出去的破旧单元房，见过退化至"远古野兽"的村狗，见过无情关门的拒访户，见过满腹牢骚的受访者，见过很想参加访问却不识字的大妈；也见过给大妈一字一句念问卷的同学，见过坐在受访者电动车后座坚持访问的访员，见过脖子被晒成两个色的绘图员，见过热情的大爷大妈、叔叔阿姨，见过亲密合作、相互鼓励的伙伴。我在宁夏崩溃过，欢笑过，努力过，也收获过。离开宁夏时，我想即便有机会再来宁夏，我也不会收获比这些更加美丽的风景了。

三 调查反思

作为一个跨专业的新人，在 CSS 项目组学到的知识让我在社会学、社会调查领域得到启蒙，在这里我重新开辟了一方天地，也得出了自己对于 CSS 项目的一点心得总结。要说我在 CSS 中的收获，主要有以下几点。

首先，培训期间活跃的课堂气氛和较真的教学态度。第一次正式讲解问卷，第一道题目是"请问您家里有几口人？"在我拿到问卷的时候，这道题压根儿没有引起我的注意，在我有限的生活经验中，这几乎是一道没有什么讲解价值的常规题目。但是当正式讲解的时候，李老师的讲解和同学们热烈的讨论使我震惊。我从没有想到现实生活中有这么多复杂的情况存在，仅仅是"家"或"家人"就牵扯出这么多问题。关于"工作"的定义，课堂上的同学积极提问。"网红是否算有工作？"引发了广泛的讨论，一讨论就是一节课。大家完全地融入课堂之中，提出自己的意见，老师也对这些问题一一分析。经过这样充分的讨论与分析，我之前对这些概念的刻板印象被彻底打破，也正因为老师对每一个看似简单的概念所做的深入分析，让我一次又一次感受到 CSS 的专业和权威。等到我自己切身到实地访问时才发现，现实社会远远比我想象中复杂。犹记得在三明地区访问时，就是

"请问您家里有几口人"这个问题再一次给了我震撼一击。由于福建闽南地区特殊的文化，他们对"家人"的认同范围特别广泛，一家人的数量维持在 5~10 人，有的家庭人口数甚至高达 20~30 之众。这远远超过了电子问卷的设定范围，因此我们修改了相关设定。这个事例与我的北方生活经验形成了巨大的反差。经此一事，我深刻认同了"读万卷书，行万里路"这句话。同时，我也认识了来自各个学校的优秀同学，他们的积极认真感染着我一起学习进步。尤其是来自湖南的石星宇同学，他为了参加这个项目，每周从湖南赶到北京上课，从不懈怠。与之相比，我每天抱怨早起换乘 3 趟地铁到北京郊区上课的行为简直是无病呻吟。

其次，CSS 问卷特别成熟且紧追时事热点问题。第一次将纸质版问卷拿到手，厚厚的一沓 A4 纸，密密麻麻的问题震撼了我。在培训过程中，我不止一次地怀疑如此长的问卷是否真的能够完成，里面细致的问题受访者是否愿意回答。但是到实地访问中，我才认识到这些问题是环环相扣的，考察面之广、之细都是为了切实反映社会民生的现状。尤其是我在访问结束后，申请了 CSS 历年的问卷和数据，对比后我发现这些数据每年都有变化，有改动。这些变化和改动正体现出社会热点的改变。此外，数据免费申请也印证了 CSS 公益性的诺言。

再次，这一次 CSS 采用了计算机辅助地址抽样，并用电子化问卷代替了纸质版问卷。这些技术上的提升在前期培训时看来有点多此一举，但是在后期实地访问的时候发挥了

图 3　受访者和访员和谐相处之大妈带你去上班

很大的作用。其一，计算机辅助地址抽样系统极大地简化了抽样流程。在实地访问过程中，抽样环节是一大难题，很多废卷就是因为在前期抽样发生错误，最后导致整个样本作废。计算机辅助地址抽样系统能够让访员在最后确认之前多次返回确认，进而能够在一定程度上减少抽样错误。其二，利用平板进行问卷访问，避免了同学们背着厚厚的问卷长时间行走的问题，极大地减轻了访员们的负担。其三，平板附带的录音功能和定位功能方便了后期问卷的审核，也减少了访员随意抽样的问题。

图4　烈日下访员在确认边界

图6　被拒访的哀伤

图5　访员正在透过门缝观察院内狗的凶
猛程度

最后，老师们认真负责的态度为我树立起学术榜样。每一位和我一起实地访问的老师总是在上课前一天认真地备课到深夜，根据当地的现实情况对案例进行修改。不管前一天工作到多晚，第二天培训时他们总是神采奕奕。不管面对什么样的问题，他们总是耐心、细致、风趣地回答，相比之下，我真的自惭形秽。因为自己有了第一次培训经验，就松懈了对问卷的学习。有了这些优秀的榜样，我今后在学习生活中会更加认真，以更高的标准去要求自己。

当然，在参加 CSS 的过程中，我也发现了一些可以改进的地方。

第一，地方在招收访员时职权划分不明确，导致后期工作混乱，进度落后。此次调查过程需要一部分绘图员绘制地图。有些绘图员后期会继续充当访员，有些则不会。我个人比较倾向第一种安排。这样做有以下两个明显的优势：其一，绘图员对当地地形、住户情况有了充分的了解，方便他们后期以访员的身份寻址；其二，绘图员前期绘图不明确或错误之处，在后期寻址中方便修正。若绘图员和访员分为两批，则后期的修改难度会极大上升，也会导致一部分绘图员前期没有约束地破坏受访环境，后期访员进入时当地群众会有抵触情绪。

第二，督导职责分配可以进一步细化。在进入实地调查之前，我们对自己的角色没有清楚的认识。大多数的督导最后都是临时受命，他们既担任培训督导，又担任巡视督导。像我这样没有经验的督导往往会有点手足无措，准备不充分。如果能够对督导职责进行明确的划分，那么在之后的实地调查中会有更多准备时间。另外，经地方合作院校反映，大家普遍认为应该保障至少一名督导从前期培训一直陪同至实地调查结束。在我负责的江苏句容小组，由于我个人在调查第三天调配至呼和浩特，导致该组没有巡视督导的陪同，实际调研过程中多次出现点击错误样本号，抽样错误，无法与后台值守沟通获取新样本等问题，我本人也多次在呼和浩特接到句容组的求助电话。这样的情况在之前的漳州三明组也有发生。此外，我建议督导应该从培训开始跟组学习，而非培训一人、巡视另外一人。否则，在模式三的绘图过程中如果出现明显缺陷，巡视督导无法及时解决遇到的问题，宁夏 HH 社区就出现过由于绘图进度落后而导致调查进度停滞的问题。因此我建议能够保障至少一名督导同时担任培训和巡视职能直至调研结束。

四 个人收获

我在 CSS 的收获远远超过了我的付出。这是我心底最真诚的感受。在参加之初，我远远没有想到，一个社会调查会带给我这么多的收获，让我有这么多的成长。我抱着一个简单的目标加入 CSS 的旅程，没想到在这趟旅程中收获了良师益友，看到了新的世界，找到了不一样的自己。如果有人提前为我预知这一切，我一定不会相信。可 CSS 让这些改变真实发生了。

CSS 之旅，让我认识了优秀的老师和同学。他们会认真看待每一个看似简单的定义。我忘不了崔岩老师和同学们对"工作"长达 40 分钟的讨论，也忘不了田志鹏老师对收入的仔细划分，忘不了李炜老师对"家庭"定义的解读，忘不了邹宇春老师深夜 1 点多还在工作的背影，也忘不了王卡老师陪我们一遍遍梳理知识点的耐心，任莉颖老师对严格抽样的坚持，还有亲爱的胡老师在大后方为我们保驾护航。作为一个跨专业的督导，我从零开始学习，是这些老师为我打开了社会学、社会调查的大门，让我看到了这扇门里边与以往不同的美丽风景，是他们一步步带领我走入这个神奇有趣的新世界，也是他们身体力行在我心中树立起一个个优秀 CSSer 的标杆。他们通过自己的努力让我更加尊重每一份问卷，每一个数据。

感谢和我一起工作的所有同学和地方督导、访员。是他们跨过祖国各地的万水千山，敲开一户又一户紧闭的大门，用耐心和热情完成问卷；是他们让我知道社会调查的魅力和意义。在他们身上，我看到了那个渴望知识的自己、羞涩访问的自己，也看到了不断成长的自己。同时，我也在他们身上学习到坚韧、毅力、勇气和坚持。我想，当我再次拿起一份问卷，哪怕只是朋友圈里的一份问卷星问卷，我也会想起这些可爱的面庞，想起他们为社会调查付出的汗水，我会以 CSS 教给我的 100% 的耐心和认真去完成它。

CSS 之旅，也让我遇见了更好的自己。在我们专业有这样一句话：外交是内政的延续。这句话的意思大概是说，一个国家的外交政策必须建立在其国内政治的基础之上，并为之服务。虽然国际政治和社会学是两个不同的专业，但是二者有互通互鉴之处。身为一个外交学专业的学生，在国际社会中维护本国利益是其天然的职责。这就要求我们必须能够准确判断哪些利益是与国家利益、人民利益切身相关的。为了达到这一点要求，我们必须对现实的社会有清晰的认识。令我感到惭愧的是，学了5年国际关系的我，由于个人能力缺失，导致我对国内现实生活缺乏足够的认识，我对社会的了解仅仅停留在课本层面。这影响了我在专业领域的学习和发展，感谢CSS为我填补了这些空白。

通过几个月的学习，我从一个"外行"变成同学们口中的"老师"。这其中的成长和变化，离不开中国社会科学院老师们的教导，也离不开地方访员同学们的包容。我们在一天天的实地调研中磨炼自己，共同成长。我有幸见证了许多同学的蜕变：不敢开口与受访者交流的羞涩女同学变成了"自来熟"，游刃有余地与大爷大妈聊天；白净帅气的男同学手持平板一遍遍绘制边界地图，在烈日下收获被晒黑的脖颈；前几天还和我在村里绕几个大圈的"路痴"同学，几天后如数家珍般地指给我各个样本号的具体位置；连续被拒绝、垂头丧气的访员羡慕别的同学收获满满，鼓起劲成功完成第一份问卷时意气风发的样子。这些身影是那个夏天最幸福的剪影。人生何其有幸，才能见证、参与并分享这么多别人的快乐和成长。

与CSS相遇是我生命中一个美丽的惊喜，它为我打开了一扇门。通过这扇门，我看到了与以往完全不同的风景，认识了更加清晰真实的中国、更加生动的中国人。他们不再是我头脑中用刻板印象加以划分的产物，他们有血、有肉、有生活，他们会在我寻址的时候为我指路，也会在我做自我介绍时紧闭大门；他们会热情地回答我的问题，也会为了完成问卷而敷衍我。他们与我的距离是这样遥远，远隔万水千山，或许访问过后再也不会遇见，但他们又与我如此贴近，我们共同生活在这个国家，共同感受着时代变迁和人间起落；福建、江苏、呼和浩特、宁夏也不再是地图上渺小的板块，那里有我曾见过的山，看过的水，走过的路，交谈过的人，有我的苦和泪，也有我的欢笑和收获。从此，我将永远怀揣着漳州炎热的晚风、江苏宁静的村落、内蒙古广阔的天空和宁夏永远炙热的艳阳，带着CSS给我的热情、认真、坚持，走过更多的万水千山。感谢CSS让我看见更宽广的世界，成为更好的自己。

青春有我，不负韶华

逄晓庆　中国社会科学院大学文法学院

一　电话复核，进入状态

在本次 CSS 项目中，我前期担任抽样督导，负责的地区主要有江苏、福建、青岛、湖南、贵州、广西，主要工作是抽样培训和实地指导。后期作为巡视督导，我参与了贵州、黑龙江和北京市东城区的问卷调查工作。

地图地址抽样的第一个环节是电话复核。为了能够有效地排查出正在进行大规模建设和改造的抽样地址，我们首先根据之前调查过程中绘制和使用的纸版地图，通过给各地抽样社区打电话的方式审核信息。在电话复核过程中，我们配备有社区情况的问卷，需要在通话中确认社区当前的面积和人口数量，并与此前的数据进行核对，然后确认是否有重大拆分、合并的情况。同时，我们对社区中一些正在建设的场地、工厂宿舍、工棚，以及可能拆迁的地区进行详细的了解和记录，对一些变动过大且访问期间可能接触不到的社区及时向老师汇报，以决定是否更换抽样地址，避免进入实地绘图和调查时发现社区已发生天翻地覆的变化，否则既浪费调查时间、消耗资源，又容易导致访员手足无措，打击访员的积极性和自信心。因此，耐心细致地给每个样本社区拨打调查电话是相当重要的工作。

图 1　电话复核，进入状态

为了让各社区能够更快地接受我们，我们根据同学们的户籍地址和方言语系进行了分配。在电话复核过程中，我们通常一直拿着电话不断地进行拨号和接听，希望能够提高复核的效率，尽早完成工作。有的社区与我们项目有多次合作，十分欢迎我们到社区进行社会调查，也承诺会在调查期间给予我们最大的帮助，同时还热情地向我们表示，他们当地的特色水果即将成熟，希望我们在工作之余能够进行品尝。相反，有些社区由于人员变动和职务调整，其工作人员对我们的调查项目十分不理解，不愿意接受我们的电话访问，甚至对我们的身份存在质疑。对此，我们会耐心细致地向他们进行讲解，说明我们此次调查能够更好地了解民情和民意，有助于各地工作的开展，从而推动惠民政策和项目的制定与落实。

二　培训测试，惊喜不断

惊喜总会在不经意间到来。我们在进行 CSS 动员大会和抽样培训的过程中，也迎来了抽样组负责老师任老师和抽样组技术担当小昱姐的生日。在满满当当的培训课程的间隙，CSS 以生日聚会的形式给了我们一些温暖和惊喜，也让我们整个团队在一次次的生日祝福和欢声笑语中从陌生逐渐变得亲近，开始建立一种有归属感和向心力的团队，这一切都潜移默化地影响着我们为整个团队和项目努力。同时，老师和学姐在过生日时许下了一个关于我们的愿望——希望大家能够在未来的工作中一切顺利，祝整个 CSS 项目能够圆满完成。生日的愿望也鼓舞了我们的士气，我们也都为自己、为项目组偷偷地许下了一切顺利的愿望，希望大家在接下来的培训和实地测试过程中能够更加有信心和动力。

图 2　培训测试，惊喜不断

我们抽样组不仅仅有生日的惊喜，还有电子抽样系统的惊喜。

我们经历了两次抽样系统应用的讲解和培训，包括地图地址的识别、系统的内在逻辑，以及画图的实际操作和要求。但是"纸上得来终觉浅"，我们对这些应用技术和规范只是有一个笼统的概念，不能将其和实际工作结合起来，整体听下来也是云里雾里、似懂非懂。因此，为了能够让我们更好地理解和使用抽样系统，抽样组安排了一次次的实地绘图抽样测试。在良乡，我们第一次进行了实地的绘图培训。我们顶着大风穿梭在社区中，在原本没有标志的卫星地图中进行住宅和非住宅的相关绘制。第一次实地绘图，有一点摸不着纸版地图、卫星地图和实际方位之间的关系，对一些标志性建筑物也利用得不够充分，常常出现画了又删、删了又画的情况。但是我们并不气馁，在一次次的试错之后，终于能够将所有的建筑物准确地绘制在卫星地图当中。在紧张又兴奋的小组配合之中，我们也逐渐发现了绘图的趣味性，能够用一个下午合力完成一个社区内所有建筑物的绘制。但是，抽样系统当中的一些技术问题也让我们对未来的绘图和抽样工作有一丝担忧。

在北京市东城区，我们第一次进行了实地的核图测试，测试内容是对纸版地图进行核对。绘图员在进入实地之前，根据以往调查轮次绘制修订的纸版地图，同时在卫星地图上对相应的建筑物进行绘制。从卫星地图上看，虽然只过了短短两年，但这些社区仍进行了一些建设和改造。由于地图上的一些建筑物尚未绘制齐全，建筑物信息也尚未登记，因此，我们的主要任务就是对已经绘制的地图进行核对，修改出现纰漏的内容，补充和添加一些新的建筑物信息。在此次核图过程中，我们对抽样系统的一些担忧也稍稍有所缓解，因为之前建筑物绘制往往不能很好地保存，需要一遍遍确认、一遍遍绘制。该问题得到修复后，我们为每次的成功上传而欢呼雀跃，反复绘制带来的烦闷情绪烟消云散，工作的实际效率也大大提高了。同时，在这次测试中，我们也完成了"绘图—核图—抽样—核户"的闭环过程，真正实现了全流程作业。在社区中，我们也见识到了各式各样的建筑物，如走廊式建筑、新建工棚等，还有每层住户数不一样的住宅楼，这些都丰富了我们的绘制经验和对建筑物的识别能力。

在怀柔，我们第一次对抽样系统进行了连续性测试。我们兵分四路，一个小组负责一个社区，用两天的时间，完成了在怀柔的绘图抽样工作。此前的工作经验和成长让我们怀着自信步入社区进行绘制。绘图的第一天，我们保持着这份热情直到傍晚，一个在农村绘制的小组甚至画到晚上8点才返程。农村没有路灯，他们就一人拿着平板进行绘制，一人开着手电，一边在脑海当中记录建筑物信息，一边为绘制地图的同学照亮道路。虽然工作到很晚，但是大家各个干劲十足、充满斗志。第二天突降暴雨，我们不得不在房间里苦苦等候，一发觉雨小了就动身出发。我们时而打着伞在雨中查看建筑物的情况，时而躲进楼道进行绘制和记录。农村小组的情况更是糟糕，道路泥泞且路面严重涨水，绘图员们的衣服和鞋袜都湿了，但是他们依旧蹚着水、冒着雨在胡同里绘图核户。

一次次测试见证着我们的成长和抽样系统的完善，我们也认识到唯有耐心、坚持才能把绘图工作做得更好。方法总比问题多，只要我们愿意行动，就能战胜困难，取得胜利。

三 匆忙上路，不断摸索

全国绘图员的抽样培训突然到来，让我们猝不及防。就在我们正准备河北省霸州市和天津市蓟州区的抽样系统测试时，各地机构已经纷纷开始预约，争先恐后地抢做 CSS 2019 第一棒。但我们抽样组只进行了两次培训和三次实地测试，对如何向全国各机构绘图员讲解系统、教授绘图，还没有做好充分的准备。

6月16日，在任老师的带领下，我们一行四人怀着无比忐忑的心情到达了江苏的江南大学。任老师魅力开讲，我拿出手机，认认真真地直进行录像、录音，默默地记住老师在培训时特别强调的重点内容，以及能引起绘图员兴趣的小玩笑和深入浅出的小故事，希望能够多多学习，内化于自身。在三天的实地画图督导中，我们白天整合绘图员在绘图过程中遇到的问题和需要，并对绘图过程当中出现的疑难问题进行分类整理，制成 Q&A 清单；晚上，我们会在微信工作群中对不同社区的绘图员在绘制当中遇到的问题和绘制难点进行反馈，认真总结实地绘图的经验。我也会把培训时用的 PPT 打开，结合实际情况和绘图员的反映，对在接下来的抽样培训过程中需要强调的问题进行明确的标记；对于一些理论知识的讲解，结合实地的经验整理成案例。这样的过程，不断强化着我对培训 PPT 的理解，提高了我在后期培训过程当中的语言表达能力和讲解技巧。

6月19日，我怀着无比忐忑的心情坐上了开往厦门的列车，这次要自己一个人担起培训大任。在火车上，在酒店里，我反复翻看 PPT，对每一个部分的内容讲解进行细致的研读和揣摩，希望能够将那些晦涩难懂的理论知识变成生动形象的案例讲给绘图员听，让他们在培训课堂当中形成更加立体、全面的感受，以便他们在进入实地后能尽快开展绘图工作。厦门的同学相当细致认真，紧跟我的培训流程和步骤，在操作练习时能够根据每一道题的要求去细致绘制，及时发问，相互解答。我也逐渐根据大家的反馈，不断完善培训的思路和讲解过程，建立起一套属于自己的、有特色的培训方案。

绘图培训的下一站是贵州。因为贵州是新的合作省份，没有做过地址抽样，合作老师本着为学生负责、为项目负责的态度，希望我们将培训的时间调整为两天。由于培训时间的更改，培训的内容和节奏也要进行大幅度调整。在到达贵州处理完其他事情之后，已将近凌晨时分，我和随行的抽样督导施利利同学开始对 PPT 和培训内容进行修改。我们把以前的框架打散，并在每个系统的讲解和展示后加入系统投屏演练，让绘图员清楚地了解我们绘图系统的逻辑和我们绘图的原则，扎实地掌握每一步绘图操作。我们一边重组 PPT，一边给对方演示讲解内容，希望达到细致入微的效果，最终整理到凌晨三四点钟，才心满意足地睡下。第二天的培训过程中，同学们的反馈也让我们感到非常欣喜，大家能够清楚地把握我们的绘图流程和工作细则，甚至还能把这些讲给其他同学听，实现互帮互助。培训结束之后，我也跟利利询问培训的感受，利利说这是她听过最清楚、最完整的一次培训。项目总督李炜老师也在现场第一次听抽样培训，跟同学们一起拿着平板做练习，一边绘制，一边频频点头："嗯，很好玩，有意思。"

至此，我的培训方案已经是进阶版本。将来不论走到哪里，有哪些特殊的安排，我都能够得心应手，对培训内容对答如流。只要功夫深，铁杵磨成针，我也在抽样培训的过程中认识到了"术业有专攻"的真意。只有对某一个领域进行潜心的学习和钻研，才能够消化、吸收复杂琐碎的知识，将其内化于心，外化于行；只有真正地将理论知识落实到实践，才能将实践当中的经验回馈给理论，使理论不断完善，不断充实。

四　艰难困苦，倔强画就

在培训工作中，我就这样一步一步通过积累而不断地成长。但是，绘

图工作却没有给我任何喘息的机会，绘图工作进行到第二站，我就碰到了
HK 社区这块"硬骨头"。

从往年纸版地图的情况来看，分图有将近 20 张，而且画满密密麻麻的建
筑物，毫无规则可寻。绘图员也意识到这将是一项不容易完成的工作，所以
即使下着大雨，他们也急切地想到社区当中一睹真容，施展技能。于是，我
们打着伞，穿着雨衣，给平板套上方便袋就出发了。到达 HK 社区后，我们
兵分几路开始绘制。在大家到达自己的分图位置之后，我们的微信群里就炸
了锅：有的找不到分图起点，有的找不到对应的建筑物……各式各样的问题
层出不穷，大家纷纷向我发来了求助。我奔波在几个分图之间给大家解决问
题、厘清头绪。其中，一个分图的四名绘图员直接被这错综复杂的建筑物搞
得晕头转向，我听闻后赶紧前往他们的分图位置进行查看。我一去也慌了，
这哪是楼房呀，简直就像幼儿园小朋友随手乱放的积木。我们几个人围着建
筑物左三圈右三圈地转也没有转明白：有的楼看似是一个建筑物，但是其实
是四个建筑物依靠在一起；有的楼连入口都无从找起；有些楼间距很小，仅
能一个人通过，甚至两栋楼的住户都可以握到手。即便是这样，我们的绘图
员也没有认输，他们坚持着自己的倔强，决心攻克这个难关。中午饭也顾不
上吃，工作热情高涨起来，晚上也不愿意返回住处，依然坚持在社区当中进
行绘制——他们想趁热打铁，早日把 HK 社区绘制完成。就这样，在 13 名绘
图员的齐心协力之下，HK 社区的绘图工作历时两天半终于完成。

图 3　艰难困苦，倔强画就

厦门团队的绘图员让我感动，他们的倔强也让我动容。即便是建筑物之复杂已经让他们心力交瘁，他们也忍住眼泪，默默地拼搏，没有丝毫懈怠，并保持着认真负责的态度，一笔一画地成功绘制出 2000 多个住宅，为该地的数据完整性和多样性做出了重要贡献，更为后期调查的开展做足了保障。我想，全国各个地区、各个机构的绘图员都是这样的认真和倔强，那种年轻人不服输、不低头的韧劲也是支持着我们项目开展的重要力量。正是他们在第一个环节中的细致和负责成就了后期抽样的客观和科学，我们为这些绘图员点赞，也为他们骄傲。

五　并非只顾系统，不必有人接触

虽然有的建筑物确实不好画，但是很多同学都会说，那也没关系，绘图不需要跟人打交道，只需低头画图就好。其实不然，我们绘图员并不是只顾系统而不与人接触的。

之前我们在北京市怀柔区画图时，由于有门禁而无法进入，便询问路过的大爷，想知道楼上每层有几户。大爷瞄了我们一眼，说："你们是不是小偷，过来踩点儿的？"我们连忙解释："不是不是，大爷，我们是大学的学生，利用暑假的时间准备来咱们社区做一次社会调研，我们就是来……"我们正一本正经地解释，大爷又瞄了我一眼："那你是不是过来搞传销的？"面对这样的误解，我们也很无奈，考虑到后期调研的开展，我们绘图抽样组作为先遣队，更应该好好地表现，得到社区群众的理解和认同，在社区打好良好的群众基础。

除了这种冷眼旁观，也有热情招待我们的社区居民。我们在临沂开展绘图工作时，目标是一个比较贫困的农村，由于很多人都已经搬走，在核户过程中我们无法确定某建筑物是否为空宅，于是问了旁边乘凉的阿姨。这一问不要紧，阿姨像是打开了话匣子：那一家有几个孩子，孩子曾经在哪里读书，孩子现在在哪里工作，家里的老人是怎么生病瘫痪的，儿媳妇又怎么不养老……她把那家的八卦故事通通讲给了我们。我们打算撤离时，阿姨还想要拉着我们聊家常。我们深深地体会到，问卷访问过程中，如果访员碰到一个既善于表达又乐于交流的受访者，心情该是如何喜忧参半。不仅是聊天，为了加快绘图速度，绘图员在村民家里借了三轮车，我们骑着车跑街串巷，好多人都能认出这是村口老王的车——熟人社会确实厉害。

除了要与这些形形色色的社区居民接触，我们的心里更要装着访员。在画图标记过程中，我们要想着怎么才能既保证右手原则，又能找到最便捷、最省力的路线；在抽样核户时，我们也惦记着怎么备注信息，怎么拍照片，才能明显地标注抽样地址。凡此种种，都是绘图员对访员的温情：害怕大家走错路、走弯路，消耗体力；害怕大家因找不到地址入不了户而内心焦急。

我也感受到，我们不仅与每个环节中的同伴是一个团队，整个调查过程中，所有参与的人员都是一个团队——我们都是 CSSer，我们都在齐心协力，共同推进项目的顺利完成。

六　天公不作美，画图易上头

2019 年的绘图抽样工作也是与雨水做伴。虽然少了酷暑天气里太阳的暴晒，但是雨水的洗礼也给我们带来了很多困难。在广西开展绘图工作的前几天，暴雨下个不停，很多地区深受其害，甚至一些地方出现了洪涝灾害，我们准备进行绘图的社区也在其中。为了保障绘图工作的按时开展，我们赶紧给各个社区拨打电话询问受灾情况。农村社区的工作人员不建议我们前往，说雨水已经淹没到膝盖位置，村民尚且不轻易出门，何况我们还要走街串巷，危险系数较高。因此，我们便去了城市社区，蹚着没过脚踝的积水，在社区中进行建筑物绘制。我们常常需要打着伞，背好雨衣，给平板套好透明文件袋，还要带好拖鞋，以便于在建筑物之间"摸爬滚打"。好多绘图员开玩笑地说："边打伞边绘图，简直要得歪脖子病了。"

接连的雨水天气不仅给我们的绘图工作增加了难度，也让我们每天忙到凌晨。一天工作结束后，每个人都躲在洗手间里，拿着吹风机，吹自己已经湿透的衣裤和鞋袜。阴雨连绵，洗好的衣服也不容易干，我们常常穿着潮乎乎的衣服出去，穿着湿漉漉的衣服回来，与被风吹日晒的小伙伴相

图 4　天公不作美，画图易上头

比，体验到的是另一种艰辛。

　　雨水是 2019 年我们在绘图过程当中离不开的话题。指导了这么多的实地绘图后，我总结出了有趣的经验。绘图这个工作特别容易上头，不开始则已，一开始忘乎所以。各地绘图员一旦开始画图，就会忘记吃午饭，忘记吃晚饭。有的时候看他们画得辛苦，想让他们去路边休息一会儿，他们也不肯，甚至晚上画到 10 点多，也不舍得回酒店休息。一个分图又一个分图，他们画得特别带劲，晚上回到住处就赶紧请求后台审核。一次，由于前期图层分配不当，需要从后台对湖南绘图员的账号信息和数据进行重新分配。我们考虑到晚上可能是大家修改的高峰期，特意避开了这个重要时段，选择在凌晨 2 点进行重新分配。万万没想到，分配工作刚刚开始，湖南的群里就开始有绘图员反映问题："怎么回事？我们的系统怎么登不上了？""我的图怎么没了？"原来就算深更半夜，这些绘图员也还没有入睡。不仅仅是上头，绘图工作的后劲也大。我们很多抽样督导和绘图员回来之后都说，自从开始了画图，走路也不能好好地走，坐车也不能好好地坐，一看到建筑物就开始在脑海里绘图：嗯，这是个塔式住宅楼，赶紧数窗户，一共六层，每层四户……看到费劲的地方就想，幸亏我们不画这里。直到现在，不少绘图员出门逛商场时，如果不知道从哪儿开始逛起，都还会说："来吧，我们右手原则。"说到这里，一些埋头苦画、日行万步的绘图员一定都深有体会。

七　抽样落幕，满足感激

就在这般紧张忙碌的工作状态下，我胜利完成了第一个阶段为期35天的出差任务：从北京出发，最后从广西返京，马不停蹄，一共去了6个地方。回来之后，大家都说太辛苦了，但是我心里最大的感触还是特别自豪。从刚出门时的焦虑和心里没底，到后来可以从容应对、临危不乱，一张张车票就像是我的"军功章"，彰显着我在这段时间内的认真、拼搏和成长。当然，这也不是我一个人的功劳，还要感谢项目组各位同人的支持和帮助，工作很苦，但是你们很甜。

当我们抽样组的大部分督导回来的时候，我们的抽样工作也接近

图5　抽样落幕，满足感激

尾声。但是，我们抽样组的小伙伴们还是浑身干劲，想要尽快投入下一步的问卷调查当中，于是又摇身一变成为巡视督导。我们在中国社会科学院社会学所接受了两天的紧急训练之后，一个又一个地踏上了实地访问的旅程。

八　转型升级，感受调查

巡视督导的第一站——贵州，让我印象深刻。

由于贵州有很多农村社区位于偏远的山区，我们常常要很早出发，驱车一两个小时才能到达。那里的道路多数是盘山公路，有的还是只允许一辆车通过的单行线，驾车过程惊心动魄。FS社区是一个无法进行地图绘制而需要进行名单抽样的社区，在进入实地的时候，我们发现很多青壮年都已离开农

村到城市务工，因此出现了很多因样本年龄不符而不得不放弃的情况。这让我们感到很沮丧，担心无法完成当天的任务。在当地村主任和村民小组长的带领下，我们在山上兜兜转转，挨家挨户地寻找和排查，最终有了能够完成要求的样本量，并与村民约定了访问时间，准备逐个开展访问。我们最后一份问卷的受访者是一位老奶奶，而问卷中有很多内容对老年人来说有一些难度。由于他们常年都在山上，对于一些我们习以为常的社会热点问题和常见的语言表达并不熟悉，甚至不理解，因此常常需要我们一遍一遍地为他们进行解释和举例。幸运的是，这位老奶奶并没有厌烦，她一直陪着我们的访员认真作答，访问持续了 3 个小时，到最后完成时，已经是夜里 12 点。在完成问卷之后，老奶奶不舍得让我们离开，担心我们晚上下山太危险，一定要留我们在她家睡觉，还问我们饿不饿，要给我们做一些吃的。无奈任务在身，最后我们带着感动和歉意与老奶奶告别。

即将离开时，天又开始下雨，我们要赶在雨下大之前下山，不然被雨水困在路上，很可能会遭遇滑坡或泥石流等灾害。白天帮我们带路的大哥不放心我们，一直拿着手电，冒着雨目送我们走远，我们也在山路上盘旋一个半小时后安全下山。

令我记忆深刻的还有"七夕节的惊喜"，至今想来都觉得有趣。那天，我们先敲开了一个受访户的门，但他不相信我们，要求我们第二天带居委会的工作人员上门，才肯接受我们的访问。我们联系好居委会主任后与他一起登门拜访，但是再次敲开门后，那位住户却矢口否认，也不听我们的任何解释，直接打电话报了警。随后我们被警察带走，过了一个有警察叔叔陪伴的七夕。很多同学开玩笑说，第一次与警察叔叔有这样近距离的接触，竟然忘了合影。

同一天，我们另一组的队员也感受到了突如其来的惊喜。此前我们接触的一位阿姨一直认为我们是坏人，谎称要出门买菜，没有时间接受访问。我们在做完其他问卷之后，又折回她家，希望她能够配合。但是阿姨一直误以为我们是骗子，对我们恶语相向、破口大骂。她的邻居闻声出来，查看了我们的相关证件后，向她表明我们确实是学校的学生，正在进行一项正规的社会调查，并与社区居委会的工作人员进行了核实。阿姨这才相信我们，不仅答应了我们的访问，还一直不好意思，频频向我们道歉。为了表达歉意，她强烈要求我们留下来吃饭。

担任巡视督导的过程中，我也深深地认识到了作为访员的不易。运气好的话，一个访员一天可以完成两到三份问卷，一天下来，嗓子都要累得冒烟了。我心疼他们，想要替他们访问一会儿，但是由于西南地区的语言障碍，很多受访者难以完全理解我们说的普通话，听过之后也只是眼巴巴地望着我们的访员。我帮不上忙，只能干心疼，默默地给他们备好水，多给他们买点水果。同时，我也认识到作为一名巡视督导，在工作过程当中要给访员树立信心，尤其是在访员刚开始开展工作时，要及时帮助他们破除由于害羞和胆怯而不敢上前敲门的心理障碍。巡视督导的榜样模范作用尤为重要，那种坚持不懈、敢为人先的态度，能够让访员有勇气、有信心，最终能够自己上前敲门进行访问。

九 青春有我，不负韶华

忙忙碌碌的两个月，现在回忆起来还津津有味。回看这两个月的工作，我对自己十分敬佩，我战胜了面对困难时的恐惧，也完成了自己意想不到的工作任务。正是由于这次参与调查的机会，我有幸认识到了更好的自己，也让自己有动力和信心在面对辛苦和困难时还能保持一种阳光、积极的心态，脚踏实地地行动。我也相信，有这种感受的并非我一个人。有 CSS 的这个暑假，我们不仅见证着自己的成长，也相互见证着彼此的成长。团队之间的相互关爱和团结协作亦是我们忘不了的情感体验。在调查当中感受到的人情冷暖和社会差距，也让我们更有担当。作为当代的年轻人，我们也越发明确自身在未来发展过程中的奋斗方向和远大目标，也深刻体会到中国梦实现的巨大意义。

希望更多的年轻人能够参与 CSS、用好 CSS 数据；在 CSS 项目中锻炼能力、施展才华，为自己、为社会创造更好的明天！

持卷闯内江，喜提外号
"罗碧乔"

罗　倩　西南民族大学社会学系

一　调查经历

时隔 9 个月，CSS 在我心中仍然像在昨天发生的一样，从成都的 MJ 社区到最后访问的 JT 社区，每一个场景都历历在目。作为四川内江 CSS 项目小组的一员，每当谈到这项调查和调查期间的故事，我都会觉得十分有归属感。在调查期间，我们小组九个人一起经历了这样一个非同凡响的暑假。和小组大多数成员一样，作为独生子女的我从来没有想过有一天会顶着狂风暴雨、烈日骄阳去绘图、核图、核户、抽样、入户调查，最终不厌其烦地将这 18 份问卷完成。

在这之前，我们小组中的每一个人都只是从

师长那里听说过 CSS，觉得它可能只是由学校组织的一项简单的社会实践活动。但是，当我们真正参与培训、开展试访、最终走进我们即将访问的第一个社区——成都市的一个城中村 MJ 社区时，我们才发现自己"上道了"。绘图毫无章法，核户无从考据，甚至有的建筑物都不知道要从哪里进去。对比起其他的塔式建筑和一些比较有规律的居民房，这里有着在夜晚伸手不见五指的偏僻泥泞小道，有不知从哪里冒出来的恶犬，甚至还有在你不经意之间就出现的坟头。我还记得曾经一个户外运动的教练在他的朋友圈发过这样的文字："有一天他对导师说：'老师，我发现现在自己所有的价值观都被打破了，我不知道如何是好。'老师告诉他：'打破了才好，价值观被打破了才有重组的可能。'"我突然想把这段话引用到我们此时此刻的场景当中来。其实，我们面临的可能就是访问中最典型、最难的一种模式。如果我们能在 MJ 社区成功地完成绘图抽样和 18 份入户调查问卷，那么对于接下来的 8 个社区调查，我们将无所畏惧。

访问过程中，我们经常会遇到受访者的质疑，比如"告诉你们就能解决问题吗？""你们不过是学生，你们能做什么？"在一次访问中，我遇到了一位生活失意或许是遭遇了什么不幸的叔叔，他上来就是一顿臭骂，我虽然很坚强地跟他"杠"上了，但是和学弟走到外面没有人的马路上时，我还是忍不住哭了。我的心态在这个时候彻底崩溃了，但是我很庆幸自己能够很快调整好情绪，并且接下来能更好地带领我的组员们去努力完成我们的目标。我相信，经历过这一次心态的崩溃和重组，我已经无所畏惧了。

历时 6 天，我们终于完成了 MJ 社区的访问。接着，我们立即前往内江剩余的 8 个农村和城市社区。之前给组员们打气的时候说过，只要我们拿下了 MJ 社区，还有什么地方是我们拿不下的？事实即是如此。到达农村社区之后，绘图、核图、核户这些事情就变得简单多了，我们的访问进程也大大加快了。在接下来的一个月里，我们坐着村主任和网格员的摩托车在乡间小道上穿梭；八九个人住一间空调房，骑着村主任的摩托车一起上街去采购。我现在依然记得核户时的经历：78 个样本全部用完之后，18 份问卷仍未完成，为此我们不得不进行第二次核户。小组成员们吃住在一起，到最后，大家喜欢吃什么，不喜欢吃什么，彼此都摸得一清二楚，而在饭桌上，男生们经常被当作调侃的对象。我们宿舍有四个同学参与了这次调查实践，调查刚结束的那段日子里，经常有人会说："我又梦到做问卷了。""我梦见那个村主任了。""我梦见你管我借平板了。""你还记得那个铺盖面吗？""那家火锅米线简直再也不想吃了，辣到头皮都发麻了！"

我非常感激，也非常荣幸能够有机会参加一次这样的大型综合性社会调查。我是一个不太积极主动的人，但是在这次访问的过程中，我挑战了自己，担任了小组的副组长，带领组员完成了整个四川内江地区的访问。感谢我的组员，感谢他们一直陪在我身边，也非常感谢北京的巡视督导，以及老师们对我们无微不至的关怀，你们及时给出正确的建议，并且帮助我们与社区进行沟通，使我们的工作更加顺利。我相信每一位 CSS 成员的付出都是非常值得称赞的。有一句话叫"贫穷限制了你的想象力"，其实，在某种程度上，富足的生活也限制了我们的想象力。在社会不断发展的当下，我们需要了解真实的社会，关注社会上处于边缘的群体，促进社会凝聚。

二　个人体会

在调研期间，敲不开门（无互动式拒访），敲开门后拒访（有互动式拒访），抽样不成功等，是我们遇到的几大难题。正如邹宇春老师所说的那样："最重要的原因之一，是人际关系结构发生了巨大变化。随着人际关系的变化，人际信任也在发生变化。我们嵌入的社会结构，从熟人社会转变为半熟人社会或陌生人社会，人与人之间的人际半径在逐渐变大。"而我们的访问恰恰是要进入一个个家庭，找到符合条件的成员从而对其进行访问，有时甚至会问到他们不曾对关系亲密之人吐露的"秘密"。

在第二个访问中，当我问到受访者的父母信息时，他回答得很犹豫。我以为他没有听清楚我的问题，所以我又大声重复了一次。他看着我，问应该回答哪一个父母。我说，就是您自己的父母，不是配偶的，配偶的父母我们会单独问。他告诉我，他从小就被送给别人养了，他有养父养母和亲生父母。听到这里的时候，我突然怔住，和我的搭档对视了一下。我内心很复杂，对于他来说，这应该是很私密的事情。后面的访问中，我都很小心地去问他其他的问题，特别害怕会再次问到对于他来说很敏感的话题。

可能做调查就得有始有终吧，在最后一个社区的时候，我再一次遇到了这样的问题。当我向受访者询问家庭收支的时候，他什么都不清楚。由于问卷数据需要，我又继续追问，他直接告诉我："我才坐牢出来，所以屋头很多事情不清楚，你晓得不嘛。"后来问到社会宽容态度时，我翻到那一页示卡，上面有很多个选项，但是他的眼睛一直盯在刑满释放者上。我问他对刑满释放者的态度时，并没有看着他的眼睛，就像是问一个基本的选项，没有语气的强调，也没有快速跳过，他也真实地表达了自己的想法。

调查过程中，我们要在敲门的一瞬间与受访者建立起信任关系，并由浅入深地进入他们的生活场景，同时又要保持理性的价值中立。很多时候我都想表现出自己的共情，想表达出我很尊重他们，但是我害怕这样会让他们觉得尴尬。他们将自己的"秘密"告诉我时，我由衷地感激。我们素未谋面，在这样一个社会信任度急剧下降的时代，愿意接受我的访问，就是对我最大的肯定。

我们这次访问大多数是在农村社区进行，农村社区一般很少会出现拒访的情况，但是也有一个很棘手的问题：目前农村空心化很严重，农村青壮年人口大多数外出务工，剩下的访问对象也由于政治、经济、文化，以及社会生活等因素的影响对问卷的理解程度不高，有的访问对象甚至不识字。这个时候示卡根本起不到作用，只能通过口述解释进行访问。我记得我们做过的最长的一份问卷，是由我们三个小伙伴轮流提问，花了接近 4 个小时才完成。中途，我甚至由于口腔溃疡引发的半边头痛在阿姨家睡着了，醒来时问卷才进行到后半部分。

还有一次，受访者是一位 68 岁的婆婆，所有的问题都要给她通俗地解释一遍，比如问到"您是否能接受同性恋"时，她说："同姓啊，同姓我们这里多瑟，那有哪样不可以得咧？"我们解释，不是同姓，是同性，就是男娃娃和男娃娃耍朋友，女娃娃和女娃娃耍朋友。她又说："要的瑟，就是要多交朋友得嘛，多个朋友多条路哦。"到后来，我每问一道题，她都要问我一遍是什么意思，她说："哎呀，妹妹呀，你今天来问到我嘛，才是搞不规意哦，你怎么不去问他们那些懂得起的人哦，才不好意思哦，答都答不起你。"后来说到一些她的理解偏了很远的题目，她自己笑得板凳都快要坐不住了，我也被逗得哈哈大笑。我知道她一直在坚持，那我们又有什么理由不坚持呢？在访问过程中，我们应该时刻用优势视角的理论去相信我们的受访者有足够的能力完成问卷，在受访者觉得自己不知道、不理解的时候及时给予鼓励和支持是至关重要的。

调查能够得到社区工作人员的支持非常重要。有一个社区，因为我们每两年都要去一次，所以村干部很配合，联系社区的网格员"专车"接送我们，在我们进行绘图工作时告诉我们哪些是空户，并且还带领入户，给受访者解释，说我们每两年来一次，我们问什么如实回答就是了。得益于此，绘图、核图、核户、抽样调查2天就完成了。然而在另一个社区，我们经历了访问史上的"滑铁卢"。社区工作人员从确定边界时就屡次更改约定时间，好不容易沟通成功，他却建议我们下次不要来了，换一个地方做调查。从绘图到入户，工作人员从来没有出现过，在所有的样本用完之后，问卷还没做完，不得不开始第二次核户。

在农村社区的调查中，有公信力的社区工作人员起到关键作用。正如费孝通先生所说的，乡土中国是一个差序格局的社会，农村社区的工作干部大多数和村民都沾亲带故，但也会产生不可调和的矛盾。我选择从农村居民最感兴趣的低保政策来分析基层政府的公信力。低保政策属于社会保障政策的重要组成部分，保障的是在社会资源分配中处于弱势地位的群体。通过实行最低生活保障制度，一部分在国民收入初次分配中处于不利地位的弱势群体从中受益。我在这次调查过程中发现，农村地区居民对低保政策更有发言权，对于有的家庭来说，政府发放的最低生活保障就是全家主要的生活来源，但仍然不乏家庭贫困至极却未能成为"低保户"的现象。

最后，结合在城市社区访问期间的经历来看，拒访是常态。正如齐美尔在《大都市与精神生活》中所表达的那样，大城市一直是货币经济的中心，因为商业活动的多面性和集中性赋予交换中介一种重要性，而这是乡村生活的商业状况达不到的。但是，货币经济与知性的统治处于最为紧密的关系之中。它们在待人接物方面共有一种纯粹就事论事的态度，这种态度常常把形式上的公正与一种冷酷无情的僵硬结合在一起。纯粹知性主义的人对于一切个人化的东西漠不关心，因为从中发展出来的关系和反应不能由纯粹的理性手段得到充分的理解——正如事件中的独特因素从不纳入金钱原则。人与人之间的所有关系都停留在他们的个性上，也就是说，那些与他们本身无关紧要的元素，只有当提供了他们客观上可以理解的某种东西，才会引起他们的注意。大城市的居民正是以这样斤斤计较的方式对待身边的人，由于问卷涉及他们的私人问题，又对他们没有实质性的、可立即生效的重大利益（由于在城市社区我们赠送的礼品是抽纸，我们还经常被当作推销卫生纸的），而由此付出的成本有可能无法估量，这促使他们产生有互动式的拒访。在大城市之中，他们提高警惕性，其实是一种消极的社会行为，而由于现代大众传媒的发展，消极的社会热点事件被尽可能地放大，在考虑成本和收益的基础之上，在综合其他客观因素的相互作用之下，拒访也成了理性思考之后的选择。

三　对 CSS 的总结和评估

作为一项公益项目，CSS 收集到的调查数据是一笔丰富的学术资源。每期调查结束的两年之内，项目组都会将原始数据免费向全社会开放。所有对 CSS 项目感兴趣的学者、学生乃至普通公众，都可以通过向项目组申请获取调查数据。人的行为和人与社会的关系是社会学研究的重要组成部分，而这项调查中很多问题关乎人的行为和人的心态，它可以从一定程度上反映民众的真实态度，为政策的制定提供可靠而真实的数据，这是它最重大的意义。接下来我想从几个方面来讲一下本人对于 CSS 的建议。

第一，应该提高调查结果的影响力。我认为，从这项社会调查向公众展示的结果来看，其影响力只局限在一个小小的圈层里面，难以得到扩散。调查最终形成的各种数据具有不可磨灭的重要性，但是我们不可否认的是，这些数据只有一部分人能够接触并利用，对于如何让更多的人了解这项调查，我觉得提高 CSS 的影响力是很有必要的。

第二，数据的真实性与受访者的文化水平有关。作为一个访员，从访问过程中的种种经历以及对真实场景的体验来说，我觉得这份问卷意在反映不同层面的个人在经济、政治和文化上的态度。但其实问卷填答本身更适合文化水平较高的民众。举个例子，在一些农村拆迁社区，当社区志愿组织在组织社区活动的时候，他们针对农村老年人所采取的活动更多是让老年人闻不同颜色的液体的气味。我觉得，可以在问卷中添加相应的方言注释，或者采用通俗化的说法，从而减少由访员主观解释所造成的偏差。另外，有无社区工作人员的支持对访问工作有重要影响。项目组可以先制定一些和社区有关的项目，然后和被选定的社区协作，定期开展活动。

第三，应该加强访员的心理建设。大多数访员都是第一次接触真实的社会，社会的不同层面一下子被剥离，呈现在面前，访员们需要一定的心理建设。除此之外，项目结束之后的总结大会也是必要的。

第四，可以将绘图和入户抽样这两个环节合并，由同一个小组完成。因为在绘图核户的过程当中，绘图员差不多对每个建筑有了一定的印象，这能够提高入户效率。但是，面对如此大的工作量，我觉得可以适当地增加每一个小组的人数。

第五，我们应该与访问过的每一个社区建立起可持续的关系。比如在访问结束、离开之前应该做好与社区的沟通工作。在我们访问的过程中，出现过这样的情况：社区居委会的工作人员直接向我们表明"下一次麻烦你们不要再来我们社区做访问"。对于对工作人员有强烈抵触情绪的社区，我觉得可以考虑更换一个更合适的SSU。

第三部分

有　言

导语：在社会调查中感悟生活

田志鹏　中国社会科学院社会学研究所

所谓"有言"，一者"与人言"，一者"抒心言"，前者是与人互动中的言语表达，后者则是对互动经验的个体反思。所谓"感悟"，自然是因感而悟，有感而发，所感发之内容，可谓之"成长"。成长主要体现在以下几个方面：其一，不得不走出"舒适区"；其二，建立如"战友"般的社会关系；其三，丰富对于真实社会的认知；其四，切身体验实践的重要意义。读者可从以上四个方面把握这部分作者"所言"和"所感"之内容。

感慨之一：不得不走出"舒适区"。郑晓文和陆陈馥两位督导不约而同地提到了"舒适区"，何谓"舒适区"？按部就班地完成学习任务，暑期在家吹着空调，享受惬意的生活，而且这是每年都在重复的生活。走出"舒适区"则意味着离开熟悉的学校和家庭，顶着烈日，躲着台风，爬着楼梯，吃着泡面，防着恶犬，还要微笑着面对拒访和误解，完成一件最初看似不可能完成的任务。毫无疑问，入户访问的艰辛跃然纸上，但风雨过后会有彩虹，督导们的收获更是溢于言表，须得亲身经历后才解其意。督导所言或可视作一种激励，让更多人敢于走出自己的"舒适区"，去体验别样的精彩。其实，走出"舒适区"并不意味着放弃原来的领地，而是要开疆拓土，扩大自己的"舒适区"，"舒适区"的大小与能力高低大致相当，阅读督导们的肺腑之言相当于同他们一道开疆拓土，共同感受一个不一样的夏天。

感慨之二：建立如"战友"般的社会关系。"团队"无疑是感言中所出现的高频词。例如，性格内向的田瀚轩不禁感慨CSS带给了他"美好的团队体验"；又如，梅州督导李婷叙述了在培训期间毫无交流的"小组"如何蜕变为披荆斩棘的团队的故事。只身前往异地读书的同学们必定能够感受到齐美尔（G. Simmel）所说的大城市的"冷漠"，在日常生活中缺少哈贝马斯（J. Habermas）意义上的"真诚沟通"。但实地调查为同学们提供了一个难得的机会，一行几人在两周左右的时间里共同收支，同吃同住同劳动，为同一个目标而奋斗。这样一次微型的演练，让每一位团队成员学会了如何与人相处，收获了"战友"般的情谊。这些革命友谊固然令人向往，但更为重要的或许是同学们在调研中第一次真切体会到了团队合作的实践意涵，这包括团队的重要性、领导与组员的关系、集体利益与个人利益的关系，等等。因此，调研带给同学们的不仅是收获了几个挚友，更重要的是加深了同学们对"团队"型社会关系的理解，而这在分工虽细密但团队仍重要的时代，无疑具有独特的价值。

感慨之三：丰富多彩的真实社会。正如汕头市督导陆陈馥所说的："田野调查，入户访问肯定是辛苦的。但只有经受住这些困难，才能看到基层的真面目。因为基层劳动人民也是同样的辛苦，我们只有跟他们站在同一个角度、同一个水平，才能更真切地体会到基层，体会到社会的新陈代谢。"督导"所言"皆源于其实践中的真实感受，可谓有感而发。所言之内容，对常年于社会中摸爬滚打之人来说，或许几乎近于"常识"，但正是这些"常识"在实践中以鲜活的形式成为同学们经验的一部分，变成了同学们言语中的"真实"。当然，真实的对立面并不一定是虚假，也可能是另一种在书本中以抽象形式呈现的"真实"。对于习惯后一种"真实"的同学而言，调查实践提供了别样的"真实"，而这种"真实"，对习惯于从书本、教室乃至互联网获得知识的同学们格外重要。在看过同学们对实地惊奇感受的呈现后，相信读者再次听到"城乡差别""人口老龄化""文化差异""空心化""产业转型""就业""医疗"等概念时，会多出许多直观的认知，而这些鲜活的知识终将汇入个体对社会的认知中，形成更加清晰且完整的"社会"图景。

感慨之四：实践出真知。正如社会工作专业的硕士研究生刘静在文中所说的"纸上得来终觉浅，绝知此事要躬行"，相信她基于督导经历对社会工作这门学科的反思能够启发同专业乃至相近专业的同学们。高校在持续扩招，虽然我们倡导大学生广泛参与社会实践，但如李婷所感慨的，社会实践的供需不平衡，实践机会甚是有限，而大型社会调查无疑是很好的实践机会。从效用的角度来看，对于尚在校园的学生，参与社会调查能够丰富履历、增进阅历、积累关系、获得谈资，等等，但这些"软实力"仍需要以"知识"这一硬实力为基础。实践的价值并不限于督导们在文中所提及的，更多的价值和意义还有待时间的发酵，等待一次又一次的不期而遇。这或许是读到某段文字时的会心一笑，或许是未来听课时产生的联想，或许是某次发言时不经意的引用，抑或是某次面试时的侃侃而谈，不一而足。总之，身处信息时代，从书本、老师、互联网获得间接知识既高效又无可避免，但社会实践是尤为珍贵的"解毒剂"，可以用来对抗米尔斯（C. Mills）所说的"抽象经验主义"。

正如韦伯（M. Weber）所言，"要理解恺撒，并不一定要成为恺撒"。同样，在快节奏的时代，认识社会也不一定要事事亲历，为同龄人群体提供易于共情的文本，这或许就是督导所言的最大意义，读者亦可尝试将督导们各具特色的感受片段编织成一个整体，形成对社会调查乃至对社会生活更完整的认识。虽然阅读无法完全替代实践，但饱含经验感的文字叙述却能提供一种特殊的价值，读者在阅读中可以将自己置身于作者所处的具体情境，加以"再体验"，并想象自己如何应对各种困难，化解各种矛盾。希望读者在阅读他人之言时，能够想人之所想，困惑人之所困惑，惊奇人之所惊奇，进而收获属于自己的独到感受。

看山看水看人间

王　涛　中国社会科学院大学文法学院

2019年 12 月 21 日晚，我和其他几位小伙伴从中国社会科学院大学南门进来，经历了一天的筹备、总结、庆功、晚宴，带着疲惫和微微的醉意走进校园。看着前方闪着亮光的建筑，不知是谁说了一句"前边的楼，属于什么类型"，一阵阵笑声传到上空。CSS 2019 似乎结束了，又似乎永远没有结束。回到宿舍，坐在昏黄的台灯下，我极力想写点什么，将这一刻记录下来，却不知道从何处下笔。我拿出两张通向过去和未来的信封，任凭记忆的浪花浮现，我向 CSS 走来，看山看水看人间。

一 欲穷千里目，更上一层楼

　　和 CSS 的相识属于缘分。一日，远在上海的好友给我发了 CSS 2019 招募督导的推送，由于上海和北京相距甚远，她无缘参加，于是询问我有没有意愿参与。带着犹豫和试试看的心态，我报名参加了面试。本来只是打算增长一下见识，学习一些调查的知识，没想到我居然有了如此大的收获和成长，而 CSS 则成为我脑海中不可磨灭的印记。

　　培训阶段是很苦的。一方面，培训地点在良乡，从海淀到良乡，我们成为地铁早高峰的逆行者；另一方面，培训的内容都是调查领域最新的知识和技能，电子化问卷、绘图、核户、抽样、入户、访问、传输、审核、反馈，全流程精细化又严格的控制，让我们必须打起十二分的精神来学习。4 月份到 6 月份的每个周六日，项目组的老师和同学都在一起，寻找问题、探讨知识、弥补漏洞，本着"做中国好调查"的愿景，一起默默努力着。

　　怀柔试调查对我而言是一次巨大的磨炼。试调查是大调查开始前的最后一次"练兵"，每一个环节都按照正式调查的标准严格执行。我作为 BY 的组长，虽然对调查的难度有一些认知，但是初始阶段的艰难仍超出了我的想象。一个上午，十一个人的小组，仅仅成功入户了两家，其中一家的中途拒访，更是把我们小组的士气全部打散。看着另一组在另一个社区以更少的人完成了更多的问卷，组里有人哭了，有人吃不下饭，一种深深的无力感萦绕在我们心头。挫折没有把我们组打倒，反而更加激起了我们的斗志。一遍遍地摸排走访，一天之内经历了无数次的拒访，命运的天平终于逐渐向我们倾斜。当我们用一天半的时间把怀柔"最难啃的骨头"啃下来的时候，整个小组的人都露出了苦笑，这里面隐藏着疲惫，隐藏着一次次被拒绝的泪水，隐藏着不被人理解的委屈，隐藏着我们不服输的劲头。试调查带给我们的成长，是后来在各地督导时的临危不乱，是面对拒访时的坦然自若、从容化解，使我们可以像一根苇草一般坚韧且有力量。

　　欲穷千里目，更上一层楼。我们就这样带着自信与期待，迈向新的征程！

二　人生如逆旅，我亦是行人

2019 年 6 月 23 日，我结束了大学生涯，拖着大包小包的"家当"去中国社会科学院大学参加最后一次的培训，24 号傍晚就到达了天津——CSS 2019 的第一站。作为天津组的组长，压力与离别的愁绪一起涌来。一切都是新奇的，一切都是陌生的，联系地方督导、商定培训地点与时长、安排培训、建立账号、模拟、试访，直到培训结束，一颗心才慢慢放到肚子里。所幸，天津是顺利的，天津的下一站是山西，接下来是湖北、山东、吉林、黑龙江，终于在开学前回到了家。开学报到后再次启程，在北京市东城区参与且完成了整个 CSS 2019 的最后一部分问卷。

旅程总是孤独的，近两个月走南闯北的督导生涯，让我从害怕孤独，到逐渐能够与孤独和解，再到最后享受孤独。人总是要学会自己长大，学会自己去面对人生、管理自己的生活。从在天津时遇到事情四处求援，到在湖北时已经可以独立处理一些突发情况，甚至能援助其他省市的小伙伴，这种蜕变，是一种成熟，也是一种成长。当然，在这样的旅行中，我也收获了很多感动：我们遇到了偷偷塞纸条让我们给她孙子介绍对象的奶奶；遇到了热心带我们去每家每户的村主任阿姨；遇到了动员全家齐上阵、认真计算每一笔开支的大爷；遇到了访问到深夜，与我们一起在门口的路灯下等待的其他组员；遇到了培训期间带给访员每人一杯奶茶的老师；遇到了时刻在线的抽样组成员；遇到了给我们打好每一次前站的绘图组；遇到了在中国到处留下足迹的培训组和巡视组；遇到了全天随时答疑、回应的项目组老师；遇到了像一个大家庭一样的 CSS 2019。

人生如逆旅，我亦是行人，幸亏，路上有你们每个人。

三　莫道桑榆晚，为霞尚满天

"宝剑锋从磨砺出，梅花香自苦寒来。"由于对督导的精心培训、对访员的严格要求、对数据的精益求精、对调查质量与程序的严格把控，CSS 的数据获得诸多赞誉。10268 份问卷，每一份都饱含着访员的心血。这些数据，明天将会成为佐证社会发展与民生进步的关键，展现我们社会主义的大好时代；这些数据，明天将会成为凸显社会问题的证明，为问题的深入分析与解决提供路径；这些数据，明天将会成为推动民生政策的动力，取之于民，反哺于民。

　　CSS 既是一个熔炉，也是一个平台，让督导和访员能够在社会的大舞台上真正体验社会，去感受社会发展的变迁，感受农村"熟人社会"与城市"陌生人社会"的差异，感受政策发展带来的深刻变化，感受东西南北中不同区域的风土人情。我在巡视的过程中，也在观察访员的变化与成长。调查刚开始时，访员多是新奇与激动，随着难度的增加与时间的延长，访员情绪会有一些低沉，甚至有的会出现一些抱怨。但是结束时，除了如释重负与苦笑，访员更多的是觉得不虚此行：虽然汗水和泪水已经洒到了这片土地上，太阳的印记也深刻地留在了身上，但大家收获更多的是成长的快乐与坚持的欢愉。

　　莫道桑榆晚，为霞尚满天。CSS 2019 可能已经结束了，但它远没有结束，我们在各处都能够看到它的影子。

　　记忆的潮水退去，我将两个信封慢慢叠起时，仿佛看到一封飘向了过去，一封飞向了未来。我仿佛看到，在大学的某一个午后，有一封信慢慢飘到我的窗前，我慢慢打开，发现"CSS 2019，欢迎你的加入"；我也仿佛看到，在未来的某一天，我可能已经白发苍苍，一封信飞到我的手边，写着"CSS 2085，欢迎你回家来"！

你只管向前走，成长与收获都在路上

郑晓文　首都经济贸易大学经济学院

"CSS是中国社会科学院社会学研究所发起的一项全国范围内的抽样调查项目，采用的是概率抽样的方法，抽样调查中最重要的是要获得抽样框，即覆盖该村/居委会的全体家庭或个人的清单。由于我国人户分离状况严重，无法利用户籍资料进行抽样，所以在我国国情下，要建立一个尽可能完善的抽样框，较为可靠的方法是对村/居委会中的所有住址进行抽样。我们借助中国社会科学院社会学所CSS项目组于2019年成功研发的计算机辅助住址抽样CASS-CARS系统，在604个村居的卫星图上完成绘图工作，深入村/居委会的实地，用地图法绘制出村/居委会所辖区域内所有住宅类建筑物，并进一步列举出建筑物中的所有住址，以此作为抽样框来抽取家庭作为调查对象。"这段话在 2019 年的夏天被重复了无数遍，我亲口说出或亲耳听到，地点在北京、在内蒙古、在甘肃、在河北、在广东，在祖国的大江南北，陪我一起的还有几百名 CSSer，这句话、这段经历也成为我那个夏天抹不掉的记忆。

我在抽样组，负责到实地去对地方访员进行培训和巡视，给他们讲解绘图方法并对其工作进行审核和监督。用咱们内部人的话来说，我是培训督导工作结束后，摇身一变成为抽样督导，陪他们进入实地绘图，空闲时间兼职后台审核与数据导入，可以说是把抽样组的工作流程全部体验了一遍。

在 7 月份 20 天的出差时间里，我先后去了内蒙古医科大学、兰州大学、河北农业大学、河北省社科院、广东海洋大学，给各高校的同学进行抽样培训。他们中有本科生、研究生，大多是社会学专业，最开始我很担心自己经济学的专业背景和本科二年级的资历会压不住场子，后来在项目组老师不断的鼓励下，一次次勇敢地挑战了自我。

"人总是要走出舒适圈，才会发现自己的无限可能。"现在真真切切体会到了这句话的意味。起初参加大调查是因为受到学长的影响，觉得能去全国各地见识不同的风土人情，也是一件很有趣的事。2019 年 4 月，我看到了 CSS 项目招募督导的公告，由于地方同学大多是本科生，因此项目组招募督导的要求是本科三年级及以上。但是我很想参加这个项目，于是抱着初生牛犊不怕虎的心态打出了一个电话，接电话的是项目组的胡玉淑老师，胡老师非常热情，说完全没问题，你来面试吧。然后我认真地准备了面试，同时也在面试的时候向老师坦诚地表达了自己的担忧，担心到时会因为年龄太小镇不住场子。记得面试我的崔岩老师说："你看你在学校参加了这么多组织、社团，也算是个中层干部了，我觉得这一点你完全不用担心。"这大概就是我在走出舒适圈后得到的第一个肯定。

作为督导下到地方，首先要学会沟通，入乡随俗。跟不同身份的人打交道需要采用不同的沟通技巧。和我们合作的地方老师有位高权重的党委书记，还有从社科院毕业的亲切的师兄；有上下级观念严格的老师，也有自掏腰包补贴学生的老教授……跟不同的人打交道要学会随机应变。我第一次上台培训是在兰州大学，当天台下是由近 70 名本科生和研究生组成的团队。由于我们不了解地方团队的情况，在培训开始前还被地方老师批评了。但是一天培训下来，地方老师对我们两个小姑娘倍加赞扬，我们用实力证明了自己。我也深刻地体会到，作为一名督导，从北京去往全国各地，你代表的是整个项目组，你的工作是为了帮助地方顺利地完成调查。但在这个过程中，也要时刻注意自己的身份，跟老师沟通要得体大方，和学生要打成一片，还要牢记自己作为项目组督导的使命——监督和协助。

有了几次培训经验后，我出差去到河北省保定市，一个人负责河北农业大学的抽样培训和实地绘图督导工作。我从早上 8 点 30 分一直讲到下午 6 点，赶上身体不适，一天讲下来快要站不稳了，但是一想到我面前的是 16 个村 / 居的绘图人员，还是要在培训的时候尽可能多说几句，避免到实地遇到问题而耽误工作。培训结束后，第二天紧接着和他们去周围的县城绘图，我们拿着 2017 年的纸图给当地人看，发现当地这两年变化很大，纸图跟实际严重不符。当时太阳很晒，大家也都很疲惫，但是为了鼓舞士气，我还是要展现出自己精力充沛的一面。后来，地方老师表扬我，说觉得我的工作状态特别好。我也很惊讶自己能一直保持战斗力，仔细想了想还是归结于作为督导的责任感，我们把调查的基石打好，才能盖起数据的高楼，想尽可能帮助地方完成工作，就要用自己的态度和热情去带领大家。

在一点点切身体会 CSS 的过程中，我发现绝大多数老师和同学都不会因为你是大二的学生就对你有所看低，反而会称赞一番。一路上我和地方同学们结下了深厚的友谊，感受到居民的热情。在这个快节奏高速发展的时代，CSS 让我对社会、对世界有了新的认识。

后来在和项目组的郤昱老师交流时，我问她为什么这么放心地把河北省的培训和绘图工作全交给了我，她说："你记不记得我第一次见你的时候，跟你们说给我提供一份时间表，你们每天有几个小时的时间可以用于绘图。当时你们三个人之中只有你一个人给我发了，我觉得只有知道自己在做什么的人，才会有时间管理观念。"后来我仔细地回想了一下，也是因为自己平时在学校的积累，偶尔"007"的工作模式，竟也能让我改掉了拖延症，成了一个具有时间管理观念的人。所以啊，你只管向前走，成长与收获都在路上等你。

我喜欢这种每天都要面对未知挑战的生活。面试的时候，老师问我作为一个经济学专业的学生，为什么要来参加这个项目，我说想用经济学的视角去理解和感悟这个世界。调查的根本也是为了民生，接下来我想要尝试用调查的数据撰写论文，真正把它和所学专业联系起来。作为新时代的新青年，作为首都经济贸易大学的学生，希望自己能发扬首经贸"崇德尚能，经世济民"的校训，为社会调查献力，为祖国发展献力。

我的 CSS 2019 江苏之行

刘　静　中国社会科学院大学文法学院

2019 年夏天，我有幸成为一名 CSSer，7 月 4 日至 7 月 28 日，在共计 25 天的时间里，认识了一群热情认真的小伙伴和亲切负责的老师，也有幸认识了江苏。第一次耐下心回顾已经是 8 月 24 日，距离调查结束已近月余，记性越发不好，生怕没留住过往，而使它真的遗失在岁月里。终于闲下来，静静地敲下这些文字，好好回忆一下这段时光，如果言不达意，贵在真挚。

7 月 4 日启程南下，我从北京南站到无锡东站，5 个多小时的高铁，经山东、南京到无锡，一路上未知的忐忑和惊喜交织，还有卡卡老师的云南趣闻相伴耳边。终于，我从黄河边到了长江桥上。一路所见的湖泊、河流、水草、小船，真真切切地与我出生的北方有很大不同。这不是我第一次到南方，却是第一次以非游客的身份近距离地去了解一个省份，这种经历很珍贵。

无锡坐落在太湖边上，有着 7 月份南方特有的潮热，我安顿好后逛了周边的小公园，乘兴而去带一身"包"归，等小伙伴罗祥艳、郝楚语到齐。晚饭由卡卡老师接风，相约白桦林，江苏小组正式成立，晚饭后就开始为第二天的培训忙碌准备。说实话，培训的这 3 天是我在江苏度过的最艰难的日子，团队 4 人每个人都很累，起早贪黑地准备各自负责的部分，每次想起这几天，内心总会很愧疚。就个人而言，准备不够充分，影响了团队工作，内心很过意不去，真正站在讲台上时，会因紧张而词不达意，我一直以为自己掌握了一个东西，但直到我需要把它讲给别人时才发现，这个东西必须经过反复的锤炼，否则，连自己这关都过不了。这是此行最让我遗憾的一点，毕竟上台之前是信心满满的。卡卡老师做事非常严谨细致。与其同处几天我的确收获很多，最触动我的是她认真的态度，每每想起，我都会暗暗提醒自己要认真。同行的两个小伙伴也很认真负责，楚语幽默，祥艳开朗，短短相处 3 天后就各自奔赴不同的城市。3 个人互相支持，共同完成了江苏的巡视工作，虽然楚语只是短暂地待了两天，但是我们在这一个月里依然会彼此帮助。

第一站是扬州市宝应县 ZG 村。我虽然出生在农村，但是这样通过调研深入接触村民的机会也是鲜有的。扬州小分队有 5 名同学、1 名巡视督导、1 位地方督导，大家都是 CSS 的新人。所以，为了真实掌握同学们的动态，我所有的督导工作都是陪访完成。第一天从早上 7 点到晚上 10 点，一整天下来的感受是：江苏农村的空心化要甚于北方，留守老人、留守儿童的现象非常普遍，没有适龄访问对象成了调查开展的阻碍因素。村委会成员非常配合调研工作，但是在两天打交道的过程中我也发现不少不可思议的现象。观察到的这些现象也促成我开始留意空心化村庄中的基层民主问题，并在本学期另外一门课程的结业作业中着手写了相关看法。在实地调研中，扬州小分队的每位同学都很认真，为了适应农村人的作息时间，我们早出晚归：经常早上 5 点就出门开始访问，吃饭时间都会被占用，晚上也会做到很晚。

小团队的合作意识很强，分工也很明确，跟其他组比起来进度虽慢但是过程真实努力，这是非常值得肯定的。地方督导老师盖老师在整个调研期间对我非常照顾，亦师亦友，偶尔调侃的诙谐幽默也让我迅速跟同学们打成一片，没有距离感。这非常难得，对此我很是感激。村子里的农民非常朴实，递东西给我们吃，拿水给我们喝，生活困难的难免对着我们吐一番苦水，还会非常感谢我们能把他们真实的生活状况如实反映出来，生活不易和中国农民典型的吃苦耐劳形象一直深深触动着我，并印在脑海。

第二站是南京。一下车，蒸腾的热气扑面而来，高铁提示室外温度为41.2℃，实在令人震惊。找酒店、安排住宿，一天的时间都浪费在周转上。第二天与南京组汇合，第一个点是 XL 社区。在城市社区，入户难是非常大的阻碍，但好在社区居委会较为配合。不过，因非周末，城市居民在时间上还是会存在比较大的协调障碍。这组是江苏省完成速度最快的一组，组员们对问卷的掌握程度、熟悉程度都比较好，组员之间的分工也非常合理。由于城市社区耗时比较长，于是我们就两个社区同时做，顶着高温的天气，从早做到晚。正好我们的 SSU 都是城市的老旧社区，住户一般都是附近工厂、企业的退休职工。我们敲开一户人家，一问年龄 70 多岁，家中无合适的受访对象，老人家热心地跟我们讲"去找隔壁吧，他们家人年轻，才 60 多岁"，真是让人忍俊不禁，又是严重的老龄化。离开象牙塔，走进田野，书本上的概念才更直观。我跟随南京组一周，完成了整个南京的调研，由于扬州的进程相对较慢，又返回扬州。

第三站在扬州市区。还是熟悉的成员和地方老师，不存在适应、磨合过程，于是我在第二天便跟着队伍进入社区。扬州，又被称为"巷城"，小巷蜿蜒曲折，即使按着地图找起来也非常有难度。印象最深的是 JZ 社区，居委会主任对我们的工作非常配合，坚持挨家挨户送入户，给予了我们调研工作巨大的支持。由于进入社区比较着急，组员第一天没有来得及张贴调查海报，这个看似不起眼的失误也为调研带来了一个插曲，也在不断提醒着我时刻注意团队中的小事情，不能只盯着问卷的访问情况。总体情况还算顺利，江苏省的问卷（612 份）访问在 7 月 27 日全部完成，28 日回京，真是迫不及待。

回顾整个过程，时间如白驹过隙，转瞬即逝，我每天都过得很充实。能结识一群认真的小可爱，开心地完成工作，让我颇为感恩。日后对待工作，也不断地提醒自己要认真，要付出心血，以"力学如力耕，勤惰尔自知"再次警醒自己。暑假的时光总是不够用，时间关系，还有实习和毕业论文的关系，只能与 CSS 相伴到这里，从 5 月份的培训开始，也相识相伴了 4 个月的光景，李总督旁征博引、学识渊博，崔岩老师智慧与颜值并存，邹老师温柔体贴，王卡老师严谨认真，田志鹏老师温和可靠，胡老师是坚实后盾，盖老师童心和真挚并存。回想起来，总会觉得自己很幸运，CSS，不悔相识。

落笔及此，我不禁感慨转眼间自己在中国社会科学院的学习已近尾声，两年的专业学习即将结束。硕士时期的两年，应该是人生中不可多得的学生时光了。很多老师都以学长的身份告诉我们，此间年少，正当年！是啊，年少时总会有梦，幸运的是遇到守护你梦想的人和滋养你梦想的沃土。于我而言，中国社会科学院便是这样。院里的学生和老师身上都有一种独特的、沉稳低调的气质。老师们都是学者风范，耕耘于学坛，坚守着自己的信念，课堂讲授总是侃侃而谈、娓娓动听，知识有高度，实践有深度，所以我总是觉得听不够。因为学到的不仅有知识，还有启发。这些有思想的知识和有思考的启发，每每总会令我感动，感其难能可贵。人生路上处处都有老师，育我知识已铭心难忘，予我思考实属幸运，更何况还有恩师指点人生路上的迷津，唯有感谢，唯有前行。感慨总是万千，待慢慢静下来我写下这些收获。

收获之一：CSS 与社会工作的专业价值观高度契合，社会调查与社会工作者密切相关。

第一，建立关系。访员在接触被选中的受访者时，首先要明确应得体地介绍自己的身份和此行的目的，以表明来意，降低受访者的怀疑。这与社会工作者在初次接触案主时主动建立关系是一致的，既要表明自身的专业性，赢得对方的信任，也要平易近人、热络大方、言语得体。

第二，重视环境。在问卷访问过程中，既要考虑受访者个人，也要兼顾访问环境可能产生的影响。因为"人在情境中"，对环境的有效观察和把控，有助于推测环境对受访者过往产生的影响，以及在当时情境中应如何尽量减少环境对受访者的干扰，提早采取干预措施，减少无关人员的干扰。多名访员一起入户时，应默契配合，有意识地排除干扰。例如，对需照看孩子的母亲来说，一人访问时，一人可帮忙照看孩子，等等。

第三，同理心。访问过程中需要适度地表达同理心，积极地体会受访者的感觉，了解和觉察受访者的想法、感受、经历、状况，拉近与受访者的距离。这当然离不开前两条，即积极主动建立关系和观察环境因素，在此基础上尽可能全面地了解受访者，敏锐地觉察其感受并做出恰当的表达，从而在心理上拉近与受访者的关系，促进调查的顺利进行。但这并不意味着访员可以不加控制地对受访者进行干预，同时也需要访员在访问过程中时刻保持清醒，紧紧围绕访问主题，如若谈话偏离，及时拉回正题。

第四，价值中立。在访员的访问过程中，经常会存在念读性问题，在念读过程中，访员必须语气中正平和，不应该出现启发引导性的提问甚至不耐烦等情绪。同时，不表露出对受访者回答的赞成或者不赞成的态度，由衷地尊重受访者独立个体的地位，这既是访员和社会工作者的专业素养要求，也是与人相处的基本之道，需认真对待。除此之外，还有隐私保护、接纳、专注等问题，不胜枚举。所以在实际访问中，以社工学生为主体的督导们在这些潜移默化的专业知识内化的影响下，出色地完成了全国的调查工作。我相信，在后续的调查过程中，拥有社会工作背景的学生也一定会以更加优异的表现胜任这项任务。

收获之二：CSS 具有科学严谨的特点，包括抽样方法科学、访员训练有素、问卷设计逻辑严密。

CSS 是一个全国性的大范围连续性抽样调查，它的顺利开展必然离不开各地高校的得力配合。CSS 2019 联合全国 30 余家高校及科研院所，调查范围涉及 151 个县（区），604 个村（居）社区，完成问卷 1 万多份，调查规模宏大，需要耗费极大的人力和物力。社会科学很难像自然科学一样做到对变量的精准控制，这是因为"人"的因素是最难控制的，一旦实验过程中出现"人"的因素，各方面不可控的因素都有可能出现，且个体是不断变化的，不同时间、不同地点的结果都有可能出现极大差异。所以，几乎可以说手册中的所有设计都是在克服误差，就如同李老师所讲过的那样，在过去的几十年间，他始终在同误差做斗争。

因此，CSS 2019 采用严格科学的抽样方法，包括地图抽样、分层抽样、简单随机抽样等多种抽样方法，充分保证样本的代表性。其中，地图抽样是我第一次在项目中听到并在实际案例中见到的。地图抽样是针对村 / 居委会等二级抽样单位而设计的，需要在了解抽样区域的基础上绘制地区总图以及分图，绘制出区域内的建筑物，完成样本总体的编号工作，最终制作出抽样框并完成抽样。虽然实际操作会相对烦琐且费用较高，但这一方法可以尽可能地覆盖区域内的流动人口，提高样本的可靠性和准确性。除此之外，CSS 还有系统的针对访员、督导的培训，总计时长有 1320 多分钟，将调查过程中的人为因素尽可能降至最低，从而尽可能地降低由访员带来的结果偏差。CSS 2019 还创新地使用了计算机辅助面访系统（CAPI），克服了传统纸版问卷的诸多弊端，大大提高了调查效率，这也是社会调查领域的一项重大革新。

收获之三：世事洞明皆学问，人情练达即文章。

从 5 月初督导培训开始到 7 月底与项目暂时告别，只有短短 3 个月的时间。除了学到的知识技能，我更觉得让自己受益匪浅的是情商。因为抛开项目本身对于访员要求较高以降低访员误差这一角度，我始终觉得手册中充满着久经世事、处事圆润的项目发起者们对一群涉世未深的孩子们的谆谆教导。就入户接触常见问题及回答的建议来看，手册中列举了访员可能会出现的多种疑虑，甚至针对每种被拒绝的问题揣测了受访者不同的疑虑出发点从而设计了不同的回答模板。这既让我想到社会工作者在面对不同群体时要考虑到的接纳原则，又让我明白"世事洞明皆学问，人情练达即文章"，如何在表述中既做到回答完备又可以口语化，符合双方面对面交流的语境，这看似是课本之外的知识，是因人而异的处事方式，但这同时也是"人"不可控的因素。由于问卷必须依靠访员现场完成，访员的质量将直接影响受访者的回答进而间接影响问卷的质量。所以，CSS 项目组也在手把手地教给我们处事的本领、说话的技巧，每每有了这样的感悟，总会觉得自己长时间在象牙塔中仍有太多的学问需要去学习，但也会感慨自己是多么幸运，能在这么棒的团队中学习、成长。

收获之四：纸上得来终觉浅，绝知此事要躬行。

社会工作是一门以实践为导向的学科，每一名合格的社工都需要有对社会的直观认识和真切感受，而这些最真实、最直接、最有效的来源就是社会调查，走进田野，走进生活，更走近真实。在社会调查中，我们遇到了拒绝，更遇到了真实，正是这些真实的贫困、疾病等问题才最需要社会工作者的关注。我想，如同我所在的江苏省一样，其他省份的同学们也一定遇到了真诚和接纳，得以见识不同地方的社会风俗和文化人情，与不同的团队共同磨合、共同奋斗。或许，我没能想到的还有很多，但所有这些都将激励着我不断去回味反思 2019 年的夏天，也激励着我遇见未知的人和事。所以，我一定会以一颗虔诚、谦虚的心去对待它。好幸运，遇见中国社会科学院，遇见各位老师，遇见 CSS。

落笔之时总是会想起李老师在 CSS 2019 督导总结会上的寄语。"要去灵山莫远求，灵山就在吾心头；心中有个灵山塔，便似灵山塔下修。"一路求学到底在求什么，我好像一时也讲不清楚，但又坚定地认为这必是自己应该做的。求学便似问道，无须多寻，寻个自我便是。多谢吾师传道授业解惑，其幸。感恩 2019 年的夏天遇见 CSS，祝福各位老师、各位同学，天高海阔，任君翱翔。

行走小记

李 佳 中国社会科学院大学文法学院

一 作为抽样督导

熬人的温度，聒噪的蝉鸣，它是否考验着你的耐心？自我的成长和学习总是一个充满痛苦的过程，就像老师在作文课上所讲的：好的作文是你思考出的思想结晶，思考的过程是痛苦的，忍受这个痛苦，才会有所获得，才会有所进步。

暑假期间，我作为主要处理后台数据工作的抽样督导，要先熟悉计算机辅助住址抽样系统的绘图规则。检查前方人员的绘图要点，这考验了我的细心，更考验了我的耐心。之后，我在安装Stata软件时，第一步就被绊住了，安装不成功；安装成功后又无法切换成中文语言状态；使用过程中又遇到文件无法打开的问题……不管怎样，可以说一个接一个的小问题也练就了我以后应对各种问题的能力，虽然内心惊慌失措，但也能做到面不改色，问题总会被解决，办法总是比问题多的，纵使现在解决不了，明天也可以解决。

这一为数不多的经历，也锻炼了我遇到困难时的心态。一开始会焦急、不安，但盲目着急于事无补，不如静下心来思考问题如何解决：有多少种解决办法？可不可以依次去尝试？如果时间紧急如何解决效率最高？可以去哪里寻找解决问题的办法？怎么找资源？怎么问别人问题？一步一步去做，在努力解决的过程中，问题就没有想象中的那么难了。

二　作为核图员和绘图员

在系统中进入图层，找到地址，然后到实地去走街串巷看一看。先在纸上绘制每个区域的住户走向，再回到公共区域绘制每个住户的细节地图。小巷细而悠长，蜿蜒曲折又柳暗花明，常使人分不清南北，转不清方向，纵使万般复杂混乱，也要自己区分一个大杂院里住了几户人家。通过看电表、看厨房、看卫生间来判断，与队友不可大声喧哗、肆意讨论，被人当作可疑人员问起时，还要保持微笑，派口才良好的公关人员上前解释一番，在怀疑警惕的目光中镇定走开……没错，我们是细心的小专家，尽职的绘图员！

作为临时核图员，可以说核图要比绘图轻松一点点，但要更加仔细。在绘制好的地图系统中，找到与地址名称相匹配的实地所在，就要晕头转向了——万万想不到找单元楼大门的位置也是需要技巧的，有时绕着这栋楼走了一圈也没看见入口在哪里，还要找个看着好说话的大爷或大妈询问一番。

进了楼，差不多就能找到住户地址了。准确找到系统中绘制的地址，到实地去判断每户人家是否有人居住，但又不可敲门询问，是考验我们细心程度的一项工作。我们学会了通过听门里面有没有说话声来判断；看门把手有没有灰尘来判断；看门口是否有垃圾来判断；看门上是否贴有水电燃气账单来判断……找着找着也会想到，这仿佛就是益智类迷宫游戏——现实版、真人版的！我们从中既锻炼了体力也锻炼了脑力，不是吗？

我担任绘图员和核图员的时间很短，仅仅几天而已，但真实体会到了一线绘图人员的不易。对比自己作为后台地图检查人员，我似乎也有了几分理解，理解绘图出错，理解绘图时的烦躁情绪，可以说绘图人员最怕后台工作人员的反馈，怕被要求做出修改；后台检查人员也怕看见杂乱无章的图，同一图中绘制规则不一致也会为紧张枯燥的工作增添一丝急躁，大家都会期待整齐一致的图出现。这小小的感慨也提醒着我，工作也好，生活也好，人们要互相理解和体谅，紧张着急的情况会把我们的情绪放大，而只要淡定、镇静地面对，我们就会发现其实问题没有想象中严重，不能一叶障目，被局部所迷惑。

三 在北京的短暂调查

有机会作为一名小小的调查员，在金秋时节，去走街串巷，完成自己的工作，也是很有使命感的！有人说，不要以为在南锣鼓巷随大多数人纵向走几条人流如水的大道就对它了解一二了，要想真正认识小巷，就要横着深入每条胡同小道，看看每一户真实住在这里的人家，有机会的话倾听家常朴实的讲话。

我做问卷访问的时间很短暂，和小伙伴们在一起，辛苦的事情都融化在了青春活力的欢声笑语里。在这样的年纪，我们年轻，我们有活力，我们也不知所谓，也会不清世事，也有责任，也有很长的路要走。幸福的模样千篇一律，现实中每个人却都有着各自的烦恼。烦心事不分大小，可以是至亲重病，家徒四壁；可以是意外不幸，悯天忧人；可以是血亲分隔，相见无期；还可以小到挚爱的狗狗不见了，门前的花朵没有去年鲜艳了，种下的蒜苗怎么没有发芽……这是百态的人生，这是各色的生活。行走在繁华的声音里也好，行走在寂静的桥边也好，总要有颗思索的大脑去感受身边流淌的温度。正可谓，人生如逆旅，我亦是行人。行走天地间，感受脚下的泥土。

四 一些个人体会

首先，是科技支持学术进步。这次实践锻炼，让我感受到科技支持带来的做调查的方便。科学是互通的，没有一个学科会孤立地发展，就像物理进步推动医学进展。老师讲之前绘制住户地图都是在纸上，随后再整理总结，要相当细心，工作烦琐，要认真且细致，现在我们在平板电脑上绘图，可谓简便了许多，推进了我们调查工作的进度。工欲善其事，必先利其器。科技的力量，不仅推动了学术的进步，更会影响我们的生活，提高我们的生活体验。

其次，是我见证了年轻人的力量。调查中我感受到了年轻人的力量。在父母眼中，我们是孩子，不懂事，要学习许多道理，出门让人担心，时刻要被嘱咐；在老师眼中，我们还是孩子，小大人一样的孩子，需要老师的教导，需要引路人；而出了校园，我们每个人都是独立的个体，需要承担应有的责任，需要做正确的、应该做的事。学生的身份可以容许我们犯错，但这不是错而不知的理由。正是这群年轻人，正在努力成长，希望可以做得好，期望做得完美，尝试独自担当起自己的责任。他们接触到的受访者，可能各有各的不幸，不幸也好，幸福也好，作为倾听者，他们努力做出积极正面的回应，鼓励对方要有对生活的期望，相信未来会变好。这些话语可能会给泥沼中挣扎的人带去一时的欣慰，却无法帮助这些人脱离困境。可以说，那年轻人说了幼稚话，可是，认识到了自己无论努力做什么也无济于事，这些话语或许便是我们能给到的最大帮助了。

每代人都有着自己的时代烙印，"80后""90后"的差异不是人的差异，而是时代的差异。每一代年轻人都需要成长，需要时间的沉淀。这次经历，我感受到了年轻人的力量。年轻人也希望做一些事情并把事情做好，希望更有担当，希望在昏暗中发出微弱的光，希望找到自己的人生理想，尝试努力成为一个大人！

五 我们的幸福——任重道远

2020年即将全面建成小康社会，大地方的温暖解决不了小角落的温饱，细微之处的事情依然需要我们脚踏实地地去做，任何事都不会一蹴即成，需要一步一步去做，一点一点去改变。

这次的经历让我感受到我们确实在进步，但依然有一些不足，不足之处要去改正，这就需要认真、踏实做事的人。不论在山顶上还是在山脚下，都会有阳光照不到的地方，或许还会有刺骨的寒风。年轻人要做的不是一腔热血想要吹起燥热的风，试图温暖每一个身在角落的人，而是要静下心来思考如何实际地将温暖带给需要的人，使其自食其力地解决问题，实现长治久安的温饱，这可能需要走很长的路，更需要一颗坚韧的心。

六 平凡的一生——需要信仰

人的一生，终究了了，大部分人依旧普普通通，所谓平平淡淡才是真。

人类最原始的信仰是天地和祖先，所谓"万物本乎天，人本乎祖"。我们寻找生命的价值与意义，都知道生命只有一次，想要自己的生命实现自己满意的价值。小时候爸爸妈妈教给我们规则和道理；上学后老师要我们遵守规则，告诉我们什么是对的什么是错的；现在我们走出校园，也会有人告诉我们规则是什么。以前我们不会问为什么规则是这样，只是一味地遵守；现在可能会想，为什么要是这样的规则。我们开始有了自己的看法，在心里对于事、物有了自己的衡量，对于标准、对错开始重新审视。我们的看法可能与传统不同，可能与正统不同——人只有具有真正的、发自内心的信仰，灵魂才能立足，做事才可笃定。

随着生命体会的层层深入，我们不断地苦苦思索，相信有更高的存在，这是一个建立信仰的过程。"盈满则亏，至有则无。"到了最后，我们只相信自己，相信自己是最强的存在，这是一个有力量且无法击垮的存在。因为每个人都需要独自面对生命，独自面对抉择，独自面对死亡。现在说来，到最后却好似舍弃了信仰，只相信自己，这可能有些唯心主义了，可相信自己的力量，不也是一个人的信仰所在吗？

七 发声——我们需要支持

做问卷，遍布全国各地大大小小的住户家庭，会发现很多问题，也会倾听到很多朴素、真实的声音。研究的结果，不仅在学术上有很高的价值，对政府的政策制定、社会发展也具有推动作用。沧海一叶，诸如此类科研、学术、科技发展产生的影响，远不如资本流量支持下的一点新闻产生的轰动。媒体掌握更多发声机会，出现在我们的视野当中，它们仿佛也掌握了更多的社会话语权，主导着我们整个社会的风评走向。我们的生活中充满了资本掌控的媒体发出的声音，或者哗众取宠，或者有意制造，而真正需要发出声音的，为社会默默无闻做出贡献的，无声地为生活而努力的人们，没有得到镜头的一点关注，也无法发出一点能够博得眼球的声音。

希望认真做好事的人，可以发出他们的声音，做慈善也可以高调；希望真正有利于社会、推动社会进步的科学知识，进步的理念、技术、观点，都可以发出声音；希望辛苦生活、无闻奉献的人，同样可以发出声音。发声需要支持：需要精神的支持，需要实实在在的物质的支持，需要品格良好的人的支持。

一片肥沃的土地，没有了小麦的生长，野草也就长满了。

八　一些拙见

在短暂的访问中，听到受访者抱怨最多的不外乎是问卷太长了，怎么问一些没用的呢；又或是这个不好说，这个没话说，这个没啥可说的……我们是否可以改进问卷长度，在适度的访问量下也能够做出好的研究呢？当然，每个问题的设置都有其原因、有其存在的价值，但若受访者带着逆反心理接受访问，一方面，能否继续做完问卷大概率依仗于访员的高超技术；另一方面，回答的真实性——是否为了快速结束而敷衍回答也存疑了。

另外，问卷设计存在因个人主观判断而有失偏颇的问题。受访者理解的、访员提问的、问卷设计者想要问的，可能有些许差异，事情只要是人做的，就会有"人"这一影响因素，但如果过于纠结于此，那么仿佛所有问卷调查都多多少少存在这类问题，也没有进行的意义了。

读书与行路的问题探讨也引人深思，读了很多年书，懂得了好多道理，当我们自以为明白许多时，不如出去走一走，见见书中所说的世界是什么样子的，听听众生平凡真挚的声音，我们可以从中受益，之后继续在人生之路上前行！

海风吹过鮀城 ①

陆陈馥　广东金融学院

在写这篇文章之前，我要先感谢去年夏天里陪伴我在那座被台风和烈日"眷顾"的海滨小城完成调研任务的师兄师姐。多亏他们的帮助和配合，我才能圆满成功地完成督导工作，度过那段在汕头市调研的"峥嵘岁月"。他们的名字分别是卢琳、蔡旭璇、陈琳衔、陈钰娴、林裕敏、林跃腾、李桂生。

一　开始

汕头北靠凤凰山，南邻南海，榕江韩江穿城而过，在这里汇入大海，汇集了天时、地利、人

---

① 历史上，汕头市区的前身是鮀浦三都府辖鮀江都、鳄浦都、蓬洲都三都，民间俗称为"鮀浦城"，简称"鮀城"，1861年前后正式称为"汕头"。

和的发展优势。这里曾经是广东省第二大城、经济特区之一，为天时；这里面南洋、拥良港，为地利；这里侨胞多、巨贾集、人多且团结，为人和。恩格斯就曾说过，汕头是中国唯一具有商业意义的口岸。然而，坐拥如此多优势的汕头，并没有像广州、上海这些老牌商业口岸一样成为闻名遐迩的海滨大都城；没有像深圳等其他经济特区一样，坐上改革开放的列车飞速发展。它如同一辆老旧的蒸汽火车，伴着嘶吼的汽笛声、浑浊的浓烟，缓慢前行。

作为一名在一线城市求学的潮汕学子，我十分清楚家乡与北上广深宁汉渝杭等顶级城市的差距。作为一名学习社会学类专业的学生，我也很渴望有机会深入潮汕大地进行社会调研，去探寻这一地区繁华褪去的秘密，去倾听这里的人们的难处和诉求。所以，当看到中国社会科学院的"中国社会状况综合调查项目"时，我义无反顾地报了名并有幸地通过了考核，成为汕头市金平区调研队的督导，开启了这段在汕头市的调研之旅——一段带有苦涩甜味的旅程。

"许多老一辈的潮汕人民可能会比较排外，所以我们的队员最好都要会说潮汕话。用潮汕话去访问，被拒绝的可能性会低很多。"这是我们这群土生土长的潮汕孩子得出的第一条潮汕地区田野调查的真理。所以，我们的调研队里的8位同学，都来自潮汕三市。盛夏八月，我们一行人离开了灯红酒绿的羊城广州，坐上了和谐号高速列车，来到了广东最东边，也就是我们的目的调研城市——汕头。

二 花园小区里的无奈

我们一行人的第一站是 GX 街道的 HH 社区。这是一个建筑排列极为规矩有序的社区。以社区中间的花园为中心，CY 园、HH 园、BC 园和 JH 中学如同展开的荷花花瓣，整个社区的鸟瞰图活像一朵荷花。我们之所以选择这个社区作为第一站，是考虑到它的建筑排列规则有序，想必寻找住户地址会比较容易。的确，在这个社区，住户的住址通过导航很容易寻得。但是，存在另一个令我们十分无奈的问题：这片社区里都是花园小区，小区居民一天里都是房门紧闭，他们的警惕性也很高，不会随意开门。而且，小区居民有一部分是上班族，只有在晚上才会回家。考虑到我们团队有一半的女生，晚上入户访问显然是不安全的，所以我们在这个社区感受到的较多是夏天汕头太阳的火辣和任务的艰巨。最开始的那一两天，我的手机收到的信息基本都是"HH 园 X–Y– 地上 –A–B 住户拒访""CY 园 X–Y– 地上 –A–B 地址为空户"之类的信息。一天下来。我们全队完成的问卷数量少之又少，更多的时间用来敲着那厚重紧闭的不锈钢防盗门，爬着那幽长绵延的楼梯。HH 社区固然整齐规划，但方方正正排列的楼盘似乎在向我们宣布它们是坚不可摧的堡垒。更为困难的是，当时金平区登革热流行，居委会工作人员要去做预防登革热的工作，帮不了我们的忙……夕阳西下，我们有时候会坐在楼道里等着住户回家，这时，那飘香的饭菜，那放学路上嬉戏的孩童，那窗外的斜阳和微凉的晚风，很容易让我们想家，想起爸爸妈妈做的可口晚饭。

"看，前面漆黑一片，什么也看不到。也不是，天亮之后便会更美。"田野调查，入户访问肯定是辛苦的。但只有经受住这些困难，才能看到基层的真面目。因为基层劳动人民也是同样的辛苦，我们只有跟他们站在同一个角度、同一个水平，才能更真切地体会到基层，体会到社会的新陈代谢。深入 HH 社区，我们或许可以看到当今汕头的一个普遍状态。高高的楼房中间有一棵老榕树，估计是拆迁之后老村子留下的遗物。老榕树下，一群老爷爷、老奶奶围着谈笑，听着收音机里的潮剧，喝着那沁人的凤凰单枞。日复一日，皆是如此。

在这个社区里，很多年轻人都外出至深广工作，留下老人住在这高高的楼房里。他们或许并不喜欢一直待在楼上，或许更喜欢出来，跟以前一样和大伙在树下品茗畅谈。一次，我们在寻找住户的时候，发现该住址无人居住。好心的邻居阿姨告诉我们，这家里只住着一位老人，他平时都是不在家而是跑去楼下的，说完就带领我们下楼寻找。果不其然，那位老爷爷正独自坐在树下乘凉。我们上前搭话，却发现老爷爷不符合受访者年龄要求，儿子也在外地打工没在家里。虽然这种情况下这个住户地址就已经作废了，但我们还是在树下与老爷爷聊了起来。从交谈中，我们看出他其实并没有对自己现在的孤独处境感到悲伤，更多的是担心儿子在外工作是否太辛苦，希望他在外能照顾好自己……年轻的人们，当你们拼搏在北京上海的出租屋里，迷茫在广州深圳的地铁人潮中时，你要知道，千里之外的故乡，会有一个老人，默默地坐在老树下担心着你……故乡的榕树将夕阳的余晖分割得零零散散洒落大地，或明或暗中，老人不知不觉已经在这里坐了一个下午了。他睡眼蒙眬，恍惚中，好似看到了一列鸣着汽笛的火车，一个背着行囊的年轻人走下了车，并向他走来……

或许是因为北上广深有着无可比拟的发展空间，或许是因为汕头的确没有吸引人才的潜力，许多汕头年轻人纷纷选择外出发展。这给汕头这座城市留下了巨大的难题，这座城市的发展，该由谁来带动？城里的老人，该由谁来赡养？

三　台风吹散，海水如天

"预计明天起到 26 日，我市陆地和海面将会受到台风白鹿影响，有明显风雨过程，汕头市气象台于 8 月 23 日 8 时 05 分发布台风白色预警信号，请注意做好各项防御工作。"我们的第二个社区是位于汕头港附近的 RP 社区。汕头港水域是汕头的内海，这里再往东边就是海湾大桥，大桥另一侧就是浩瀚的南海。所以，这个即将登陆的台风对我们的影响将会很大。

"今晚和明天我们应该是出动不了的，所以我们必须在今天之内尽可能地多完成问卷。"我们当天本来打算做到傍晚就进行战略撤退，回酒店泡茶看海保存全军有生力量。但是计划总赶不上变化，我的搭档旭璇师姐预约了一户晚上再接受访问的住户，所以我和师姐必须遵守约定，赴约访问。偏偏受访的这位阿伯又很是健谈，访问结束时已经晚上 11 点多了。我拿出手机，里面都是师兄师姐们担心我们的安全、催我们回去的消息，信息提示从我们出发持续到访问结束。这时，汕头港的风出奇的大，整条海滨走廊空无一人，外出的船只也都已经回到了港湾，安详地停靠在自己的泊位。远处达濠岛上的金山似乎是这座城市抵御台风的最后屏障。在回去的路上，风里飘洒的雨点洒在我的眼镜镜片上，使得眼前的霓虹灯光摇曳而迷离。回到酒店，大家像是看到从战场幸存归来的亲人一样帮我们泡好了热茶，并为我们准备了点心。我洗完澡后，喝着大家泡的热茶，看着窗外在风中凌乱的棕榈树，顿觉温暖无比。我们这样的一支团队，还有什么困难克服不了呢？

或许是"运气守恒定律"发挥了作用，或许是我们在不断的失败中掌握了应对困难的方法，台风过后，我们的入户访问成功率提高了许多。在访问中，我们遇到了汕头基层各式各样的居民，也更加深入地认识到了这座城市，还有生活在这里的那一群普普通通的人。在这里，我们遇到了一对老党员夫妇，他们是当年"文革"下乡的知识青年。在交谈中，老爷爷不时地跟我们开自己的玩笑，说自己当年的同学现在是华师暨大的教授，而自己却在这座小城碌碌无为；在被问及家庭是否请家政服务时，老爷爷看了看老奶奶，微笑着说他请了一位一辈子的保姆……的确，老爷爷那一群人，代表了那个时代。他们在最美的青春年华遇到了"文革"，不得不放弃追求知识的机会。"文革"结束后，他们依旧毫无怨言地投入社会重建当中。他们遵循国家的计划生育政策，把自己的孩子培养成顶尖大学的人才，而到头来自己老去后却很难得到远方孩子的照顾。那一代人，那一群人，是时代重建的工程师，是求知奉献的榜样，无论是失意者还是英雄，他们的命运交织在一起时，都是时代最美丽的赞歌。

四 城市里的迷宫

我们访问的最后两个社区是 CC 社区和 DJ 社区，它们一个位于汕头的老城区中，一个位于城区边沿的城乡接合部。不过，它们有一个共同点，那就是这两个社区的建筑都很老旧，排列十分不规则。有些区域里，两排建筑之间的巷子的间隔很小，活像一线天的感觉。在这些如迷宫般的街道和楼房里，住着南漂的回族小姐姐，她的真诚与微笑让我们懂得了什么叫作奋斗者的快乐；住着一对 80 多岁的老夫妇，他们以为我们是政府派来看望他们的，苍老的脸上露出了慈祥的笑容；住着一位中年丧夫的阿姨，生活虽然艰苦，但她还是爱笑、健谈，告诉了我们一些像迎宾馆大火之类的这个城市的秘密和传说……迷宫般的昏暗街道、年久失修的建筑、缠绕的电线；物价上涨、教育费用高、医疗负担重、社会保障程度不足……老城里有许多故事待我们去倾听，这座城市也有很多问题待我们去解决。

五　市井生活的真切感人

这次长达 10 天的调研和之前接近 20 天的绘图工作，使我能够近距离地去感受和体会汕头基层的市井生活。我最喜欢的作家之一汪曾祺曾经写过一篇叫作《职业》的文章，用了近一半的篇幅写了 20 世纪 40 年代昆明的市井风情，语言看似平淡，但读起来却回味无穷。因为，市井生活包含着人的感情，人的生活，人生命里的点点滴滴。

调研的时候，阿琳曾带我去她母校旁边的一家汤面小店吃午餐，这家店虽然小，却是阿琳母校的学子们不可磨灭的青春记忆。一进门，店里的老板娘就亲切地和我们交谈起来："回来了呀，你们这些大学生啊，一放假很多就跑回阿姨这里吃面。外头那些店啊，他们都开在地下，吃的东西都不新鲜，还是我们本地这里好啊。""在这里这么多年，你们一批批地走了，又一批批地回到阿姨这里吃这碗面。前几天，有一个你们的师姐，还带着她的丈夫来了呢。"这些亲切中带有几分土气的话语，却是最暖人心脾的话语，是市井生活最好的展现。

费孝通先生在《乡土中国》中提到，中国社会是具有乡土性的，在农耕文明长期作为发展主流的中国，许多在乡土社会中形成的人际交往和社会关系，都对今天的中国有着深刻的影响，甚至可以说，这些沿袭下来的乡土特色是中国社会的根基。而"乡土"在我的理解里就是家乡和故土，也就是基层的居民和群落。所以，去理解基层的社会动脉，体会最质朴的市井百态，不仅是一次皈依真我的旅程，也是一段具有价值意义的调查。

顿觉眼前生意满，须知世上苦人多。眼前的繁华只是表面，市井生活中，更多的是一个个家庭的无奈与烦恼。在这次调研中，许多居民纷纷表示希望我们把他们的难处反映上去，希望政府能来帮他们解决问题。但我很是遗憾和愧疚，因为我也没办法保证这些问题的反映能够使他们的困境得到解决。汪曾祺曾经在一首打油诗中说自己是"人间送小温"，没办法为生民立命，只能通过文字来传达一些相互的理解。或许，我的能力也是如此而已吧。

六　鮀城的老去与无奈

在整个调查过程中，我不仅体验到了汕头集市街坊的市井风情，也看到了这座城市的建设布局，看到了这座城市曾经的繁华和如今的残旧。鉴于汕头市社会民生状态的分析，我们可以在 CSS 官网上申请到详细数据进行查看了解，我在这里就不再多描述。接下来，我要着重描写我所走过的街区的建设情况，以及我的所见所想。

汕头的城区范围其实很大，但真正算得上现代化市区的只有海滨路和人民广场周围那一小块区域。其他地方如大华路北段、中山中路一带，都是建筑老旧却人口密集的老城区。虽然说繁华的海滨路一带是汕头的名片，但在这高楼林立的海滨路上，与车马如虹的海湾大桥一街之隔的却是一栋栋年久失修的老房子。狭窄的楼道、缠绕不清的电线，仿佛是在诉说着这座城市老去的无奈。

在我看来，汕头是百年商埠，但这些从民国甚至清朝年间留下的传统产业、传统建筑却制约了汕头腾飞的脚步。汕头乃至整个潮汕都是极其注重宗族礼制的地区，一些老旧产业、老旧建筑，就算已经失去了经济价值，他们的后代依旧会将其保护起来，因为这些在潮汕地区，叫作"祖业"。改革开放以来，这些老旧的产业、老旧的建筑并没有给新兴产业让路，反而挤压了新兴产业的发展空间。而在其他如深圳之类的城市中，新兴产业才得以在那些空白的土地上生根发芽，迅猛发展。所以，这或许是汕头发展停滞的一个原因吧。

七　甘甜的人间真味

整个调研过程中吃苦是难免的，但总的来说，还是快乐和具有意义的。

就像大仲马在《基督山伯爵》里面所说的："人类的全部智慧，将包含在这两个词里面——等待和希望。"在苦苦等待住户受访时，要是得到接受访问的回复，我们便会觉得宛若抵达人生巅峰。我们的努力终于没有白费，这是一件多么幸福的事啊！

在这期间，温暖人心的一幕幕时常出现。很多受访的叔叔阿姨会给我们饮料和零食，并叮嘱我们天气热，在外面要多喝水；或是我蹲在路边绘图时，一个卖草药的老奶奶向我递来的一张凳子和亲切的问候关心；或是当我们敲门发现家里只有一个小孩子在家时，总会叮嘱他们以后遇到这种情况别开门；或是举手之劳，帮助一个身高不够的小朋友拿一下快递柜里的东西，然后小朋友答了一句"谢谢叔叔阿姨"；或是在风雨中，旭璇师姐还特地跑去小卖部里换十块钱现金给一个没钱坐公交车的老奶奶……中国乃五千年的礼仪之邦，从古至今典章礼制优雅完善，人民也淳朴善良。在这段深入基层的调查经历里，我们体会到的不是冷眼和排斥，更多的是真诚和接纳。正如《三字经》的第一句话"人之初，性本善"。这或许才是中国社会、中国基层劳动人民的本质。

八　团队的力量和温暖

管理学中提到，一支7个人左右的队伍是效率最高的。而我们的这支调研队刚好是8个人，理论上属于效率最高的那种队伍。我作为队伍的督导，却是各位队员的师弟，这种情况有点类似年轻的康熙和四位资质老、经验丰富的辅政大臣（索尼、鳌拜、苏克萨哈和遏必隆）

图1　志同道合的伙伴

之间的关系。这个比喻可能不太恰当，因为四位辅政大臣并不是一条心的，而我们的团队却是铁打一块的。在调研期间，我会按照大家的实际情况安排工作任务，阿琳则会帮我完善这些任务的安排和分配，然后师兄师姐们也都毫无意见地完成分配的工作。每当大家完成任务时，都会来到"战时指挥中心"领取新的任务或者前去支援友军。虽然日子过得忙碌而且辛苦，但是大家乐此不疲。

在每天调研结束的休息时间里，我们大家则会从工作狂变成天真可爱的学生。这座城市的人们是可爱的，而我们大家也是。回到酒店，桂生师兄会说："琳姐真是福将啊，我跟她搭档都能抽到答话人。"晚上日常，跃腾哥会说："什么时候来一局'狼人杀'。"工作完成，裕敏师兄会说："走走走，我们快点去海滨路看海吃柚子。"……汗水与欢笑，夹杂在太平洋的海风里，吹过了我们这个普通又特殊的夏季。

九 关于 CSS 的优势

首先，从 CSS 的基础装备说起。CSS 有一个很明显的优势，那就是访问时使用的电子问卷，并带有后台质控的系统，这在很大程度上能够避免访员作弊（但我还是认为我们整个调研项目的访员都是有职业精神的）。另外，相比较广州社科院 GZSS 项目所用的纸质版问卷，CSS 的电子问卷还有一个很大的优势就是问卷答案不会引起歧义，因为纸质版问卷上用笔写下的答案可能会因为访员的字迹而产生歧义，而电子问卷就很完美地避免了这个问题。不仅如此，电子问卷的后期数据录入也比纸质版问卷轻松很多。此外，CSS 项目给我们访员的访员证、宣传册、预约信、感谢信等能很好地证明我们的身份，这对我们成功入户访问有着很大的帮助。

其次，从访员的角度来看。这次深入社区的田野调查，不仅使我们能够体验到基层社区的风俗百态，还让我们走出校园，真正地去社会当中历练自己。或许在校园里，社会学、社会调研只是书本上冷冰冰的几行字，但当我们走出校园，社会学、社会调研那些干巴巴的学术理论就会变得亲切且残酷。一方面，我们通过深入社会，看到了社会里感人的市井风情；另

151

一方面，我们深入社会，必将会受到社会的洗礼、质疑、排斥。但也正是因为调研的这些特点，才显现出它的迷人之处，让我们这些象牙塔里的学子，能够带着自己学的知识走出校园这个舒适区，去探寻社会的真相，发现真正的自己。这正是 CSS 项目带给我们的，也正是它的迷人之处。

最后，从国家的角度分析。习近平总书记说："人民对美好生活的向往，就是我们奋斗的目标。"而 CSS 项目介绍里提到，我们的目的是通过对全国公众的劳动就业、家庭及社会生活、社会态度等方面的长期纵贯调查，来获取转型时期中国社会变迁的数据资料，从而为社会科学研究和政府决策提供翔实而科学的基础信息。由此可以看出，CSS 项目正是国家倾听人民声音的一种方式，正所谓，"民心所向，政之所行"。在我们这个幅员辽阔、民族多样的国家，天南地北的呼声和诉求不尽相同，而通过 CSS 项目，国家就可以从不同的地区、不同的人们口中听到他们所需要的、所希望的东西。

"窃闻致理之要，惟在于安民，安民之道，在察其疾苦而已。"CSS 项目，正是察民众疾苦矣。所以，这也是它的巨大发展优势，想必 CSS 这个项目会发展得越来越好！

十　关于 CSS 项目的一些不足

从政策国情，以及我们个人体验到的宏观方面上来看，我认为 CSS 项目是毫无瑕疵的。但在一些微观执行和操作层面，我们的项目仍然存在一些不足。

首先，是给每个访员装备的平板电脑和绘图、问卷系统的问题。我们调查使用的平板电脑或许是老旧的缘故，运行流畅度比较差，慢慢悠悠的，有时候会把我们急得想要把它吃了。而且，它有时候会耐不住南方高温的炙烤而进入黑屏休眠模式，无论我们怎样试图唤醒它，它也毫无反应。另外，就是问卷系统和绘图系统的问题（也可能是平板的问题）。我们在访问住户填写问卷的时候，平板的反应十分缓慢，有时候会出现翻页翻了好几秒的问题。还有就是导航系统，我们的导航系统的失灵现象也不罕见。我记得有一次在 RP 社区的时候，导航系统把我定位到了海里，吓得我赶紧看看脚下，确认是否安全。

其次，是 CSS 项目培训和时间进度的安排问题。我们广东省的培训时间是在 8 月 18 日到 20 日三天，然后调研时间就是 21 日到开学前的这段时间。由于南方天气多变，尤其南海之滨的夏季时常会受到来自太平洋台风的袭击，我们的调研任务时常被迫中断，中断的时间少则一天，多则两三天，这为我们"开学前赶完调研工作"的进度目标带来很大麻烦。所以我在思考，若是把培训时间往前调一点，我们的调研时间也就会更长，对于我们在开学前完成任务的这一目标也比较友好。

最后，是社区居委会的行政配合问题。在我看来，汕头市 4 个社区的居委会工作人员的配合度还是比较高的。虽然说大家的工作都会受到登革热和台风的影响，但居委会工作人员还是会抽空协助我们工作。在这里，我要向所有在调研期间帮助过我们的居委会同志表示感谢。但据我个人了解，在广东省其他地区进行调研的小伙伴，会遇到没有居委会行政配合的情况，这使得他们的入户访问变得十分困难。所以，在我看来，像 CSS 这种大型的官方学术调研项目，前期的行政沟通应该要做好，让各地区的居委会工作人员能够给予我们调研队些许帮助，这样才能使调研项目更高效地进行。

任何一个项目都不可能是完美的，但 CSS 项目做到了尽可能的完美。我相信，CSS 项目会在发展中寻求突破，在突破中接近完美。作为一位 CSSer，我衷心希望我们这个项目能越办越好，为祖国的发展提供真实的信息，贡献出自己的力量。

十一　结语

在 CSS 的经历中，我走过了汕头市 4 个社区；结识了 8 位志同道合的伙伴；从绘图到调研一共在汕头市待了 25 天；带领队伍完成了 68 份问卷；绘制了 1161 栋建筑……现在回想起那段时光，回想起发生在调研期间的点点滴滴，遇到的形形色色的人，都感觉亲切可人。感谢师兄师姐们，感谢他们在这里陪我蹲过楼道，陪我看过海，陪我尝遍鮀城八月的喜怒哀乐；感谢受访的各位居民，感谢他们的耐心与真诚，让我完成一份又一份复杂的问卷；感谢居委会的工作人员，是他们的配合和帮助，使得我们的调研任务高效地展开；感谢田老师、郗昱师姐、戴军伟师兄等在大后方的老师和前辈们，是他们的远程支援和指导，使得我们能顺利地完成任务……

或许，几十年后，我再次走过当年调研过的那些社区，看到的会是一栋栋拔地而起的新建高楼；停在当年驻足过的海滨走廊，看到的会是满眼的巨轮停泊在港口；在街道上走过的人们，换了一批又一批……我也许会伤感，怀念当年的建筑、当年的街道、当年的人们。但也可能不会，因为我怀念的，更是当年的心情，当年怀着"晓国情民意，推知行合一"的心情而进入田野调研，这份心情永远都在，它不仅不会消失，还会伴着我永远地存在我的回忆里。

最后，就用北岛的《波兰来客》一诗的前半句作为结尾吧。"那是我们有梦，关于文学，关于爱情，关于穿越世界的旅行"……

南海有鹏

田瀚轩　广东金融学院

CSS项目是我永远忘不了的经历！虽然时隔半年，但那一幕幕的往事依旧浮现在我脑海里，清晰而又真实。有时候晚上睡不着，打开手机翻着保留的照片，眼眶不由得会湿润。调查是辛苦的，在那期间总想着早点结束，可现在结束了，又想它永远也不要结束。8个人组成的佛山南海小分队中，每个人都是鲜活的个体。我在和他们朝夕相伴的日子里，每天都很开心。

一　迷宫般的村庄

我们的故事从这里开始。

还记得我们那天是下午到达南海 HJ 村的，那是一个城乡接合部。我第一次去画地图的时候

图 1　调研的悲欢离合

都惊呆了，这里的建筑和排布真的让人难以捉摸，简直就是迷惑人类的居住区域。最开始，我和小黄同学到达那里时，先绕村一周，看了看大体情况，我们估摸着要画的区域不算大。谁知一旦画起来，光一个分区就花费了我们半天时间，那是角上的分区，我们俩一起完成的。还记得最后我们画了 10 个分区，一共在那里画了 5 天。HJ 村作为城乡接合部，周围有很多饭馆、服装店、理发店，但村子里面简直就是迷宫。我敢说，不在里面走个 3 遍，你绝对走不出来。我们俩手拿电子地图，在里面兜着兜着，就迷失了。

　　我们的调查小分队是开局第一天中午到达的，吃了快餐，到酒店放好行囊，我们就深入这村子了。我已记不清那天下午有没有村委会的村民带路，但那天下午战果丰厚。一共完成了 5 份问卷（其实一开始我们都觉得很少，但结合后面的情况看，才觉得第一天运气真好），记得欢欢同志是最后入户成功的，本来她是第一个入户的，于是我们把她留在受访者家中访问，我们到后面继续发力，谁知这时她来了个微信电话说自己被赶出来了。我让她在原地等着，等我把所有人都送入受访户家中再回来找她时，差不多过了 1 个多小时。我依旧记得，当时她可怜兮兮地在那户人家外面徘徊，那样子在她变成"老油条"之后再也看不到了。我带着她找能入户的人家，最后终于成功，当天的第五份问卷就有了着落。

把欢欢赶出门的那一户，我们后面又拜访了四五次，每次都是好言相劝、好话说尽，就为了 1 份问卷。我突然发现原来我的脾气也能这么好。为了 1 份问卷，我们每个人都在坚持。真的只有坚持，才能完成任务，只有不断地被拒绝、被阳光暴晒、被汗水浸湿衣服，我们才能得到一份珍贵完整的问卷。说起 HJ 村，现在最怀念的，就是那里的肠粉了。虽然在那里画地图加访问一共历时短短的 9 天，但是那里肠粉的味道已经深深烙在我的记忆里，薄、香、咸淡适中。

记得在 HJ 村的一天上午，鉴鉴和婷婷入户 4 个多小时，到中午集合吃饭时都没回复消息，我打电话也不接。当时以为他俩遭遇了什么，急得我从外面的饭馆跑去他们入户的人家，进去确认他们还在访问后我才松了一口气。因为正常访问也就 1.5~2 个小时，而这 4 个小时竟然让我怀疑自己的认知。后来听他们解释我才知道，那个大叔特别能说，4 个小时已经是他们很努力地转移话题，拉回正轨后才得到的结果，他们在那间屋子里，手机也没有信号，我们自然联系不上他们。

经历过大雨和数不清的拒访，还有很多次美味的早餐后，HJ 村的 17 份问卷终于完成了，一共花费了 4 天半。那天上午，我们在祠堂跟带我们走街串巷的大叔合了影，真的很开心！

二 风景如画的村庄

WZ 村是南海城郊边的小村子，风景美如画。WZ 村与 HJ 村相隔甚远，迫于人数和预算的压力，我们 8 个人可怜兮兮地坐着公交转了两次车才到达。还记得所有人拖着沉重的行李从公交上下来的时候，每个人都是晕晕乎乎的。到达的当天下着小雨，我们顶着雨来到住宿的小旅馆。出发入户的第二天早上，漫步在小雨绵绵的村庄里，古朴的房屋，静谧的气氛……让我永远也无法忘记。

不知是否因为远离喧嚣，这座古朴小村落里的村民都更加热情、真诚。这里的人，也像这里的景一般，和善而有礼。不管是否说明来意，只要是被我们敲开门，户主都会邀请我们进门坐坐。也有少数村民确实没时间，或是戒心依存，但也都会礼貌地拒绝。

我记得，这里是我第一次得到馈赠的村子。在画地图的时候，有热情的村民给了我牛奶和龙眼；做调查随访时，在村民家又得到了自家种的玉米，真是香软可口啊。对一位老奶奶的访问是我们续访一次才完成的。一天晚上敲开她家的门后，婷婷、炳壮和我，就边访问边帮着奶奶剪胶皮。我还清晰地记得，奶奶说剪一个胶皮可以赚一分钱。我们边剪边问，不知不觉到了晚上 10:15，奶奶说要睡觉了，约好第二天早上 10 点继续，最终，我们完成了这份问卷。还有一份问卷抽到的是一位老奶奶的儿媳妇，我们约好晚上等儿媳妇下班后再来访问，但最后家里人意见不一，儿子很反感，好在儿媳妇较为配合和理解，问卷还是完成了。让我记忆最深的是一个婴儿。在访问的时候，他拿着我的手指吃，我本来怕他一口咬疼我，后来才发现，他没有牙齿。在这个村庄里，我们每天都访问到很晚，白天大部分住户都上班了，只有老人和小孩还在家。每当夜晚最后一份问卷完成，披着星辉从受访者家中走回宾馆，每个人都带着满足和笑容，有一种很特别的轻松感。

我们在这里第一次花大价钱吃了一次烤鱼，梓欣和婷婷不能吃辣，只能就着不辣的洋葱下饭，真是难为她们俩了。还有这里的牛肉，兴锦师兄说像注了水一样，有点膨胀，口感很差，真是开了我这个小白的眼界，第一次听说牛肉还能注水造假的。在这里，我们只花了两天半的时间就完成了 17 份问卷，还创造了我们队一天 9 份的最佳纪录。最后依依不舍地离开时，鉴鉴说以后要带着女朋友，重返这里游玩一番。如果有机会，我想我也会回来的。

离开 WZ 村的那天，我们刚好赶在大中午出发，在烈日下等了 40 多分钟的公交 。那天真的太煎熬了，坐公交车坐了 3 个多小时，每个人才花了 4 块钱……本来还剩最后一次转车，但大家都挺不住了，刚好碰到包车司机，价格也不贵，美中不足的就是车小。颠颠簸簸 1 个多小时，最后到宾馆已是晚上 7 点。

三 蜿蜒曲折的村庄

LH 村的命名真的跟村子的地形有联系。村子呈条状，中间一条大马路，住户分散在马路两侧，从一个样本到另一个样本，往往要花很多时间。更要命的是，这村子里有很多恶犬，有一些胡同被恶犬封锁，我们没有"打狗棒"根本进不去。村子里没有一间饭馆，只有一个简陋到只能买水的小卖部，食品稍微齐全点的小卖部都在村子外面。在这里的日子是最苦的，中午我们只能吃着买好的干粮。烈日当头，我们只能在小卖部的棚子下小憩。

这个村子也和其他村子一样。白天大部分住户都在上班，因此白天的入户率极低，我们只得预约，到了傍晚，才渐渐有问卷完成的果实。因为白天很辛苦，晚上自然就要好好地犒劳一下自己——美食安排上！我吃了人生中第一次粥底火锅，原来世界上有以粥为底的火锅，跟着"吃货"欢欢和师兄走，真是大开眼界了。

最后大功告成，星空下，我们 8 个人坐在大马路边的桩子上等着"滴滴"到来。神奇的是，接我们单的司机连续两晚是同一个人，看来这里的"滴滴"也是很少啊。在最后完工的庆祝夜宵上，因为不能吃辣，梓欣把所有辣的烧烤都在茶里面涮一下再吃，我也是第一次见这种吃法，直呼神技。对于同样辣功不够的我，矿泉水也是一瓶接着一瓶，最后买单也是吓了我一跳！不记得欢欢是吃啥被耽误了，反正就是没吃到好吃的。

谢谢你们，因为这段经历，我觉得我的大学有了意义。因为你们，这段旅程才变得有趣；因为你们，这段记忆变成了我人生的宝藏。南海小分队，fighting！

四 当好"大哥"

CSS 真的是很棒的经历，我从没有想过我能获得如此美好的团队体验。性格内向的我和陌生人相处总会不自在，第一次担任队长的我要协调队员的关系、带领一个团队，这对我来说真是难以想象的困难。有幸担任队长，给我最大的感触就是得到队员的信任，自己的决策和想法都指挥着这支小队，这支队伍的进度、凝聚力、调查氛围，都把握在自己的手上。

当队长的经历也让我感受到，无论是在什么时候，身为一个领导者，首先要有的就是"勇于担当，敢于负责"的态度。其实作为领导者，做出的决策很多时候不需要最正确或有最大化的效益，但一定要敢于决策，做好决定了就带着队伍走下去。即使这条路可能不是最直、最快的，它也一定可以通往你想带领他们到达的地方。很多时候，犹豫、不决策，往往让队员感觉到队长的无能。队员需要队长指引出一个方向，有了方向，大家才可以前进。而"在没有方向的时候指明方向"，是我在这次实习中最大的收获。当然，我也要感谢 7 位伙伴的信任，让我有勇气去指引我们小队前进的方向，没有他们对我的包容和信任，我可能只会做一个迟迟不敢决定的缩头乌龟。

入户期间，我一直没有让各组员单独去寻找可以入户的人家。我们的模式一直是带领入户，即我和副队小黄同志带着组员，确保组员敲开受访户的家门，并且入户成功后，再带领剩下的组员继续寻找可以入户的人家。因为问卷调查有一个户内抽样的环节，所以即使开门人已经愿意接受我们的访问，但如果真正的受访者不是开门人，那么入户的队员此刻就需要寻找下一个可以入户的人家，等被抽中的受访者回家后，再次拜访这户人家。我们会找到出户的组员，然后再带领他进入能做问卷的人家。只有当所有组员都成功入户，我才会跟着最后入户成功的组员进行陪访。这样的模式，可以最大限度地维持团队的凝聚力，也最大限度地保证了组员的信心受挫程度的最小化。

不管对于访员还是被访者来说，相互之间都是陌生的。在没有信任基础的前提下，能答应接受访问谈何容易。我们作为陌生人，笑容和热情是我们挂在脸上、展露在行为中的常态。只有凭借这两者，我们才有使受访者放下戒心的资本。我们在一个陌生的社区里走街串巷，需要保持热情，向遇到的住户问好，向这个陌生的社区散发我们最大的善意。即使走了一天，在疲惫不堪的状态下再遇到拒访的户主，我们也只能笑脸相送，连说"抱歉"。

每一份问卷的要求都是苛刻的。随机抽选建筑物，敲开被抽中地址的家门，户内抽样，严格的控质，定位检查，完成一份问卷是何其艰难，这让我们在做问卷时格外严谨。当户内抽样抽中的是开门人时，真的不夸张，感觉像中了小彩票一样。也正是因为完成的不容易，在完成每一份问卷时，都能感受到深深的自豪。当听到又有伙伴入户成功时，喜悦的心情直跃脸颊。问卷的高难度，让我们每天都过着充实而富有挑战的日子，也正因如此，一个团队才有了高度的凝聚力和相互鼓励的力量。

五　关于调查的总结

CSS虽然是属于中国社会科学院的一项社会调查，但对被抽选到的社区没有下达配合调查的行政命令，甚至对大多数居委会来说，调查的知晓度都是很低的。但是在证明材料上，我们有统一的背包、帽子、感谢信、预约信、宣传册、访员证，这些物品在一定程度上增加了我们的可信度。虽然在调查之前，老师已跟当地居委会进行过沟通，但实际上和居委会接触的大多还是我们学生自己，相较于老师，居委会对我们学生的认真程度就会大大降低。实际调查过程中，前期的沟通换来的只是居委会对我们的不阻拦，想让居委会因此派人协助我们，没有行政命令是难上加难的。

受访者拒访，最大的影响因素就是信任程度较低。刚进入一个社区，与在一个社区访问几天之后相比，村民对我们的信任度是完全不同的。社区对外来人员的提防心也是随着经济发展程度呈正相关。令我感到有些诧异的是，不管是何种社区，都存在一些受访者因为担心自己接受访问后，惹上不明不白的麻烦而拒绝接受访问的现象。这样的受访对象，表现出对社会极大的不信任，有不愿意接触陌生事物的情感倾向。

除开信任程度，效用较低也是导致受访者拒访的一个因素。一些受访者会在提及访问时说"这种调查都没什么用，都是浪费时间"等，或即使接受了访问，在访问中途依旧有类似的抱怨。可见这些受访者之前接受过类似的访问，但对访问的效用产生了怀疑。还有其他的一些因素，例如忙于干家务、带孩子等。如有这些情况，通常可多次拜访。

想降低受访者的拒访率，我觉得可以从两方面入手：第一是扩大 CSS 的知名度，使其成为一个冠有官方头衔、广为知晓的调查，像人口普查的知名程度一样，若有这样的知名度，受访者会很容易接受我们的访问，甚至会将调查当成自己应尽的义务；第二是以行政命令告知相关社区配合调查人员的工作，若有居委会等社区工作人员带路敲门，拒访率会大大降低，从而极大提高调查的可信度，特别是在城市社区，有无居委会协助完全是天差地别。

关于社区问卷，一共收集了两次，一次是在画地图的时候，另一次是在调查后。虽然两次社区问卷内容不同，但我觉得可以将内容都融合到一起，画地图的时候就让居委会协助填写。社区问卷里的一些内容应该明确填写标准，因为有一些数据是居委会没有统计过的，填写时，访员让居委会给出大概数字，其实也多有不准，甚至有较大的偏差。

"中国社会状况综合调查"是一项很严谨的全国性调查，从项目经费、人员选用，到最后的数据整理，在我看来已经做得很完善了。在调查中，对象跨阶层、跨年龄，每个人都有不同的答案，存在一些地域分化很明显的问题，若都以全国为单位把答案统筹到一起，结果可能会缺失应用性，因为差异明显的答案汇集到一起会中和。即便从科学方法上讲，答案对全国来说是有代表性的。

总之，很幸运能够参加 CSS 项目，能够认识一群伙伴，能以我以前没有想过的方式度过那一个月，希望 CSS 能越来越好！

吠与"废"至斐

李　婷　广东金融学院

夏日的烦闷亦如高压锅，人就如米粒一般，黏稠至极，而此时行走五华的调查，宛如一汪清水，带来一丝清凉。

一　调查经历

　　结束了紧锣密鼓的三天前期培训后，我们马不停蹄地赶往五华，历经五个小时的舟车劳顿之后，终于在傍晚到达了目的地——TP村。由于担心语言不通、口音差异、问卷不熟悉、害羞恐惧等问题，我们一到酒店便立马开始组内试访，模拟访问的全过程，猜测可能出现的突发状况，扮演听不懂普通话的客家大妈"你讲脉介？"，不顾旁人的聊天侃地的中年男子，着急去打点滴的老大爷等。积极浮夸的扮演，各出奇招的刁难，与生活这一最好的编剧相比，也只能是相形见绌。

是否能寻找到合适的样本点是访问能否开始的关键性因素。有人说，TP 村很大，要根据实时分配的不同样本点，在几个分区之间来回跑动。各分区之间相距七八百米，没有任何遮挡物，只走一趟就感觉后颈火辣辣地疼。当走遍这一分区第一轮开放的所有样本点并且确认全部作废，收到指令去下一分区等待时，却又接到指令说新开放的样本点还在上一个分区。最累人的不是来回奔跑，而是奔跑后无果、无法开始调查，毫无盼头……终于找到合适的样本点后，受访者的第一个问题往往是"这个问卷要花多久？"对此我们只能自欺欺人地回复："很快，估计也就二三十分钟。"由于问卷的科学性和完整性，CSS 的访问时长往往取决于受访者的认知水平。在互联网时代成长的我们，可以在互联网上随意拾取我们想要了解的信息，比如"互联网""志愿服务"等，并且冠之以常识，但对于年近古稀、大字不识、大门不出二门不迈、不看电视、不了解互联网的老人们来说，调查问卷如同天书，令人感到无比茫然。我们需要花上成倍的时间来解释名词，有时还需要通过编故事才能够使受访者真切理解其含义并做出回答。可以说，一开始的入户成功是偶然，长时间的访问期间发生中途拒访成了必然。拒访的理由无奇不有：如一个阿姨说她心脏不好、不能久坐，尽管这个阿姨刚刚还在隔壁楼上楼下地搬砖，忙得不亦乐乎；再比如一个大叔说他生病了，急着去打点滴，没时间做问卷，但在下一个样本点，我们又"碰巧"看到他在那里喝茶。双方的尴尬，尽在不言中。还有很多理由同样略显浮夸，但我们还是一本正经地"相信"了。因为拒访是受访者的权利，我们能做的，只有用真诚打动他们。

又有人说，其实 TP 村很小，只有一桥、两街、数条狗。虽然不知道会在哪一次的拐角处遇见多少条狗，但即使是八条狗围堵、企图用犬吠声把你吓退，在访问的店铺街角处，也总会有"小导游"善意地等着我们，给因为中暑几近晕厥的队员带去零食与安慰。另外一组队员也是肩负重任，在找到合适的被访者并完成了前期采样后，由于阿姨要去做水泥零工贴补家用，所以问卷不得已中止，我们与阿姨约好在她下班后继续进行。无奈最终由于接近夜晚，任务指标告急，两位队员不得不在邻居的指引下前往阿姨的工作场所，在一处正在建房子的施工地点，我们找到了她，但当时的阿姨正忙着将沙子从一楼搬到二楼，队员们只得在一处空地静静等待。夏日当空、蝉鸣难断。终于，阿姨下班了，她面带歉意，不好再让我们久等，于是在回家的路上，我们继续开始了问卷填写。阿姨虽然大字不识，但是对问卷中的问题都格外珍视，以至于要求我们解释清楚每一个问题，并且在她充分理解后才给出选项。三人一起闲散地走在乡间小路上，云彩消失殆尽，月光取而代之，流水与犬吠齐鸣。

一天的工作接近尾声，有的队员收获颇丰，而有的还卡在"开户"的瓶颈期。一位队员心力交瘁地蹲在桥头，看到了两个小妹妹在桥头卖自家的番薯，因为没有任何遮挡物，她们被晒得大汗淋漓，辛苦至此却毫无收获，宛如此时此刻的他。此时，一位骑着摩托车的阿姨经过，在她们的摊位前停了下来，问道："多少钱一斤？"他本以为那阿姨是一个平常买菜的，顶多也就买个一两斤，便暗自感叹小女孩还得接着熬。意料之外的是，她说："全买了，能够微信支付吗？"小女孩一开始的高兴转为失落，因为她们没有手机，这下又要卖不出去了。这个队员见状走了过去，他说："阿姨，我这儿有现金，您扫我，我帮您把钱给小妹妹吧。"是的，举手之劳便帮到了她们：小女孩可以不用带着妹妹顶着烈日等待，而热心肠的阿姨也能如愿回家。在那一刻，我深刻地了解到了赚钱的不易，何况那只是一个小女孩，小小年纪便迫于生活压力为家里赚钱。那一刻，所有的烦恼都被抛脑后，只有一句"好人一生平安，贫苦人家平安喜乐"。望着女孩远去的脚步，他重燃希望，继续投入了调查当中。最终，我们找到了一位55岁的老大爷。他第一次见到我们的时候，我们迷路了，他很高兴地把我们拉到他家门前，给我们指明方位。经过地图比对，我们第二次路过他家，这时我们发现他正是我们要找的受访者。然而，此时的老大爷有了一丝的迟疑。我们表明身份，说我们是大二学生，代表中国社会科学院进行本次调查，同时出示了相关合法证件，最后还拿出了通过村委会盖章的通行证。但是老大爷还是很迷惑：为什么会抽中他家？我们拿出卫星地图，从投屏到演示算法，一步一步讲解，慢慢的，老大爷打消了最后一丝疑虑。我们正式开始了调查，老大爷也十分认真地听我们的问题，坐在椅子上一动不动，认认真真思考并在消化后给出自己的答案。虽然过程十分艰难，但是与老大爷也十分交心，宛如忘年交，以至于一个问卷开展了三个小时，最后在依依不舍中告别离去。

二　为受访者动容

给我留下深刻印象的，还有这样几个受访者。

一个午后，我们来到一个样本点，发现那里住着一个年迈的老婆婆，听到有人来访，她拄着拐杖、步履蹒跚地走到了我们面前。我们询问她家中是否有其他家属，她解释说，家里只剩下她一个老年人，没有其他人。在说明来意后，她紧紧地抓住我的手臂，用浑浊的双眼直勾勾地看着我们。我能够感受到她努力想要看清我们、记住我们。耳朵听不清的她，一度以为我们是回来看望她的晚辈亲人。她一直用客家口音浓重的普通话说："你们太有心了。"在那一刻，我鼻子一酸，眼泪就要落下。是多久没有人与她说话了啊，以至于她是如此的感激与珍视。

另一位受访者是一个80岁的单身老大爷，我们推开他家的门，发现全是竹子。老大爷闻声急忙放下手中正在编制的簸箕，起身迎接我们。听我们交代完事情原委后，虽然已经知道自己不符合调查范围，但是他仍然拉着我们坐下，讲他的生活经历：从战乱到建国、从大饥荒到现在的全面小康、老伴的逝去……讲述过程中，他磕磕巴巴、中气不足，但是仍然坚持讲述，而我们，不禁红了眼眶，感慨生活就像一把修容器，渐渐地掩盖了老大爷的原貌，同样也夺走了他本应该完整流利的表达能力。当前，在已经步入中期老龄化的中国，养老问题成为热点问题，尤其是在农村，独居老年人、失能老年人或者半失能老年人因为慢性病等问题而药不离身、步履蹒跚，使得养老矛盾日益尖锐。他们常常眉眼低垂，在暖阳中蜷缩着身子，往往在门口一坐就是一个下午，在孤独和死寂中，谁也不知道下一秒是不是他们生命的终点。对于我们这一代，如何解决农村老年人的养老问题是时代责任。

最后一个被访者是一位 55 岁的中年妇女，虽然她有很强的配合意愿，但访问中断超过 5 次，每当我们按照预约时间返回她家打算继续访问时，她总是因为一些生活琐事无法抽身：做饭、洗碗、打扫卫生、带小孩、喂食等。她不是特例，而是普遍案例。难以想象，在同一片天空下，仍有一部分女性囿于当时的种种原因，没有接受过教育、不识字，有些甚至连电视也不曾看过，小时从父、嫁人从夫、老了从子。一辈子埋头于小山村的田间地头，虽然包揽所有家务，也尽责地赡养公婆、抚养子孙，但因为不是家庭收入的来源，即使为家庭做出了巨大的贡献和牺牲，也不受重视。因为在传统观念中，在原生家庭里，经济的依附性决定了其人身的依附性。

走完三村一城区后，我直观地感受到，就业是民生之本，医疗是民生之需，而现实是，有工作的地方没有家，有家的地方没有工作，他乡容纳不下灵魂，故乡又安置不了肉身，于是乡愁成了所有追梦人梦里的牵挂。对于平凡人，平安即是福，最怕一场大病，旷日持久的治疗，足以拖垮一个家庭，高昂的医疗费成为一些家庭最沉重的负担之一。

三　为团队所幸

常说"人生仿如围城，人心或似孤岛"，但是，没有人是一座孤岛。在为期 10 天的 CSS 期间，我们一行七人同吃同睡、共同收支、分享快乐。有唠叨如保姆的督导我，活泼认真且朋友遍地的志城，路痴又不懂客家话的依晴，总遇到高龄老人还被无情拒访的伊玲，嘴上抱怨却坚持不懈的袁涌，老想亲手摘别人柚子的晓琳，以及生活小百科伟城。白天，恶狗成群、犬吠难停，叹乡路难走。还没来得及回到酒店，便早已在饭店累到趴下，成为"废人"，甚至有时候根本顾不上好好吃上一顿，只能在村委会的办公室里，用一盒泡面或一个面包随意对付。晚上回到酒店后，队员们逐个开始洗澡、洗衣服，而我每天回去的首要任务，是接收北京总部新开放的样本点，并且根据相关分区分布图进行组内分配。还有每晚 12 点准时开始的总结会议：一方面是为了公布第二天的样本点以及任务；另一方面是方便大伙在这个时间段增进交流。会议中，大家可以分享一天的趣事或者心得，也可以讨论最快速的行走路线，最优的开门交际模式，还可以吐槽受访者拒访的理由有多么浮夸不合理。交流中，也不乏有人分享受访者的故事与热情，低迷情绪随之在谈笑间被淡然抹去，团队的默契度在不经意间得到提高，我们谈兴高涨，会议常常进行到凌晨1点。曾经也许还会心存芥蒂，但最终必定不计得失、披荆斩棘。

在忙碌的工作中，我们仍然能够自娱自乐、一起高歌。旅途中，最能够得到大伙赏识的，便是我们的征途战歌——《白龙马》。其他歌曲似乎都不足以说明我们的心境，只是唱上几句便作罢了。每到饭后消食的娱乐环节，我们七人便一起到超市进行果冻采购，而果冻也在不知不觉中成了我们访问成功的利器，可以在一定时间内俘获小孩子的心，能够尽可能安抚母亲担忧孩子的心情，进而提高我们的效率。当然，我们快乐工作的动力源泉，还来自给认真工作的队友拍照留念，最后集成了一个又一个有味道、有记忆的回忆相册。

瓜果热茶，闲话家常，我们在一起；冷脸拒访，心情低落，我们也在一起；恶狗成群，乡路难走，我们还在一起。

四 个人的收获

成为梅州的督导，压力巨大但也收获斐然。为期三天的培训，我们小组虽坐在一起，但毫无团队交流。在那一刻，我的心是慌张的，毕竟我一人要带领着七人下乡，假若每一个人各有风格、无法团结，那么团队任务将无法完成。另外，为保证CSS问卷的随机性，如何敲门、如何入户、如何组织语言成为我们不得不去面对的难题。要完成任务，势必要解决如何"开户"的问题，由于当时缺乏沟通，致使队员们给我留下的印象都是腼腆、害羞的，我不禁暗自着急。可幸运的是，这一群小伙伴都是外冷内热的慢热积极型。拉近我与队员距离的，我想应该是我们的第一餐——"猪头壳"。听着是不是十分吓人？我的队员们第一次听到这道菜的名字时，也是惊慌失色。如果你真的认为这道菜是猪的天灵盖，那就错了。其实猪头壳是当地的特色菜，用猪肚子的精瘦部位烹饪而成。当菜被端上饭桌，货真价实的肉放在你的面前，鼓足勇气吃上第一口后，便处之淡然了。但这控制情绪的短暂几分钟，却成了我们开玩笑、拍表情包、拉近彼此距离的好机会。在这一刻，我学会了尊重他人的情绪，引导他人交流。

第一个目的地 TP 村，是我们最狼狈的一站，同时也是最独立的一站。由于车辆出现状况，随行的带队老师没办法及时到达。为了提高效率，大多时候男女队员分开进行访问。不仅如此，为了完成指标，督导也常常亲自上阵做访问。当该村指标完成需要转战时，我发现队员们根本没有时间整理内务。最后，我提枪上阵，兼任临时保姆和保镖，帮每一位队员收拾衣物、检查财务状况，终于在包车到来时，准时搭乘赶往下一站。在这一刻，我学会了如何充分地利用碎片时间，预想并处理好任何一个可能出现的突发情况，并且用最快的速度，实现站与站的无缝衔接。同时，我学会了关心他人，可能由于从小受到了"事不关己，高高挂起"的教育，我往往会忽略别人的感受。但是在那一刻，我深刻体会到我们是一个整体，落下任何一个都无法继续前进，只有每个人都在管理好自己的同时也想着别人，我们才可以走得更快、效率更高。

走了三村一城区之后，可以直观地感受到农村居民更加质朴，城市居民更具防范意识。在农村，即便有陌生的面孔行走在乡间小道，居民也只是多瞥几眼就与其擦肩而过。但若走到城区，即使有居委会工作人员做伴，也免不了敲门声落便吃个闭门羹；抑或是被开门人小心防备，你可以很明显地看出其拒访的理由毫无根据。但是作为访问者的我们没有放弃，相反，我们尊重其选择。只是事后不禁反省，到底是什么让城市居民与农村居民的防备心如此不同？归根结底，是"信任"二字。

五 对"中国社会状况综合调查"的评估和总结

对于大学生来说，参加由中国社会科学院举办的"中国社会状况综合调查"可以开阔视野、提升能力、增进才干，并且可以做出贡献，进而产生成就感。从理性人的角度去思考，大学时期参加社会实践是学生在有限条件下最大限度地参与实践、增长阅历、积累人脉的最佳途径之一。由于高校提供的实践机会有限，这种供需不平衡反而往往刺激学生参与社会实践的意愿，因此，CSS 是一个很好的补充。再者，"中国社会状况综合调查"属于典型的集体行动，往往存在集体利益与个人利益发生冲突的情况，如何平衡好个人利益与集体利益是行动能否取得成功的关键。而帮助队员平衡好团队利益与个人利益也体现了督导的领导能力，在此过程中，如果处理不当，便会出现"搭便车"的现象，最终导致团队军心溃散、任务失败。

"黄金无足色，白璧有微瑕"，CSS 这一项目在一些方面还有待完善。第一，"中国社会状况综合调查"的调查问卷过于书面化，对认知水平较差的老年人不友好。尤其在农村，许多受访者属于留守老人，而且很多农村由于经济不发达或与外部交流不频繁，其居民在日常生活中并没有接触过核心概念，进而导致无法理解许多调查内容，访员也需要将更多的时间耗费在名词解释上，这会间接拉长访问时间，最终导致受访者因为时间长、内容复杂而中途拒访，致使问卷无法继续开展。第二，问卷内容有重复，导致受访者耐性耗尽而随意作答。在前期的户内抽样环节中，我们对家庭信息已经进行过一轮采集，然而问卷 C 部分的家庭情况询问中仍存在相当一部分重复问题。这会拉长访问时长，也会让受访者误以为我们并没有认真地听其回答，进而造成其逆反心理，最后导致受访者随意作答或中途拒访，样本作废。由于家庭情况对于社会综合状况起到关键性的参考作用，建议删减部分重复的家庭问题，或者直接通过 APP 平台的后端设置增加链接填写功能，以求节省访问时间，尽可能地保持受访者对于问卷的兴趣与耐心。第三，城区的联络人不具威望，前期宣传不足。城区的当地联络人是居委会工作人员（有时候因为时间关系，居委会不会安排人协助），他们的管辖范围广泛，工作人员可以精准辨识地图，协助找到对应地标，但在入户过程中，小区物业管理人员并不配合，导致调查工作难以开展。第四，地缘因素影响强烈，缺乏团队文化建设。由于各地的方言存在差异，尤其是入村后因口音的问题，曾多次出现过沟通障碍并最终导致受访者不信任而样本点作废的情况。虽然这是不可避免的人性弱点，但是同时也体现出我们自身能力的不足，除了语言，人与人之间的交流不畅也影响了信任的建立。第五，激励机制匮乏。本项目具有严格的时间限制和任务指标，所以在短时间内工作强度大、压力大，然而相应的激励机制却十分匮乏，进而导致访员积极性下降。

个人认为，首先，需要完善相关的激励机制。建立多种激励机制，采取阶梯式的报酬机制，如修改每份问卷可获得固定的劳动报酬，在此基础之上引入如水价、电价般的阶梯型报酬以资鼓励。其次，增强社会信任。一方面，通过团建活动（如复盘会议）增加队员间的信任、增进队员凝聚力；另一方面，我们需要通过加大宣传力度，从根本上提升受访者对本项目的信任度。再次，甄选更多联系人。一方面，保留居委会以发挥对于地标的指引作用；另一方面，增加如"城管"等行政力量，获取更多的支持。这样既增强了地区联络人的威望，又进一步加大了项目的宣传力度，有利于降低项目开展难度。最后，加大宣传力度。在城区，有效利用互联网充当信息的"扩音器"，通过公众号推文转发至业主群或业委会群获取群众信任；在农村，利用村委会公告栏或文化广场宣传栏，尽可能广而告之。

争分夺秒的绘图质控工作

申光明　中国社会科学院大学文法学院

一　参与经历

我在 CSS 中负责抽样督导，暑期在后台值守做绘图质控和样本导入，9 月以后在两个社区做了实地核户工作，在另外两个社区做了问卷调查工作。

2019 年 7 月 5 日中午，吃过午饭的我懒洋洋地在家里歪着，不停地刷着手机。突然间，我留意到一条朋友圈的消息：由于项目需要，CSS 抽样组现招本科生 7~8 人，从事抽样质控工作。免费培训地图地址抽样的相关知识、Excel 及 Stata 软件的部分应用。工作时间为现在到 2019 年 8 月中旬，每天早 11 点到晚 11 点。没有工作地点限制，只要能联网，在家里、宿舍等均可完成，有报酬。报名请加微信××，注明"CSS抽样督导报名"。那时候我正好大学毕业赋闲在家，等待研究生入学。于是我按照此消息上的联系方式添加了郄昱博士的微信。自此，便开启了一段特别的调查经历。如今回头看，竟是如此不寻常。

当日下午2点，郄昱博士对我进行了一个单独的电话面试。我做了简单的自我介绍，当被问及"你听说过'地图地址抽样'吗？"时，大四毕业的我对此竟是一头雾水，深觉自己见识不足。随后的7月8日下午，郄昱博士给我发来了《CSS 2019抽样培训PPT》《CSS计算机辅助住址抽样手册》《CSS 2019绘图抽样质控操作手册》、谷歌浏览器及Stata安装包等文件。当天下午，我自学了一下这些文件，接着，郄昱博士开始对我进行断断续续的远程网络培训，主要内容是CSS的基本情况介绍，如何使用CAPI和CARS两个系统，如何做绘图质控等，直到晚上11点多才结束培训。

经过几天的自我练习之后，7月12日，我第一天上岗，下午在后台值守了4个小时，质控审核了2个SSU。7月14日晚上8点到11点，任莉颖老师亲自给我培训了如何进行样本导入。自此便一发不可收拾，一直做到了8月下旬。

七八月份我在家远程工作，工作内容主要有两项。

第一项工作是对全国各地身处一线的绘图员们绘制的电子图进行审核，有问题的及时指出并以Word形式反馈给一线绘图组长，待一线绘图员修改后，我把该村/居的地图审核标记为"通过"并同步更新至系统，然后分发抽样图层给绘图员，绘图员拿到后去核户，我再在线上查一下核户的情况。因为一线绘图员在恶劣的实地环境中忍受着酷暑和风雨，所以我们后台质控要做到及时。一般来说，每个村/居必须在30分钟内拿出审核意见并反馈给一线。具体来说，实地绘图小组在完成一个SSU的建筑物绘制和住址列举后会在微信工作群里通知抽样督导进行评审。评审采用计分的方法，80分以上为评审通过，随后进入抽样环节。由于绘图员在实地等待，抽样督导需在半小时内完成评审，如需修改，则在微信工作群中与绘图员沟通。质控内容包括两个方面：绘图的质量和系统可能出现的问题。审查内容则主要包括：是否有漏画的建筑物，建筑物编号是否连续，非住宅是否混入样本等。抽样督导需要打开图层（村），查看村/居信息登记表，确认表单填写是否完整，如否，则联系绘图员补充。查看表单中"2017 年 8 月以来村/居变动情况"及以下四个字段的信息，是为了对村/居绘图变动情况有大致了解。

查看表单中的"住宅楼建筑数"，同时查看纸版地图上住宅建筑物的总数（一般可通过住宅建筑物最大编号确定），比较并计算二者差异是否超过 10%，再查看是否有备注信息，判断是否有疑似错误，必要时向绘图员确认；查看表单中的"总户数"与"总住址数"，比较并计算二者差异是否超过 10%，依旧再次查看是否有备注信息，判断是否有疑似错误，必要时向绘图员确认，还需检查是否填写了"给访员的提示"，如否，同样联系绘图员补充；打开图层（建筑），检查是否有未标注的建筑物，如有，需要联系绘图员标注，再点击左下角"系统汇总"，确认非住宅类住址数是否为 0，如不为 0，需点击图层（建筑）左上角图标，在弹出的下拉框中选择"导出"，将建筑物列表下载到本地，然后在 Excel 文件中利用函数筛选检查建筑物编号是否存在不连续的情况；打开抽样图层，点击左上角图标，在弹出的下拉框中选择"导出村/居住户信息"，将住户列表下载到本地，最后在 Excel 表格里筛选"建筑物特征"，查看是否有非住宅类建筑物混入。以上便是整个检查过程，因我经历不多，故在此详述了一番。

临时招募的绘图质控数据组由 5 人组成，分别是蒋诗琪、邰永康、李佳、谭诚和我。大家分班上岗，轮流值守。每天从早上 11 点到晚上 11 点，分三班人员，每班 2 个人同时值守。整个暑假大家虽然不曾见面、各自在后台工作，却也是其乐融融、不乏故事。

第二项工作是将抽好的样本导入 CARS。因这第二件事，我有幸接触并学习了 Stata 这个日后令我又爱又怕的软件。做长久了才发现，相较于第一件事，第二件事做起来颇为容易。

9 月研究生入学后，我有幸得以继续参与 CSS 2019 的后续收尾工作。9 月 20 日前后，先是利用周末的时间到 XH、NM 两个社区核户，又体验了 JE 社区的画图工作，真正体会到了一线绘图员们绘图和核户工作的辛苦。11 月又参加了逄晓庆师姐带队的 QS 和 NM 两个社区的问卷访问，至此我才得以对 CSS 的庞大运作系统有了一个整体性的认识和体会。

　　我参加 CSS 2019 的调查工作不是很多，初期也是临时上岗，后来才听说大家都是经历过三天培训的，我只是在线简单学习了一下如何操作，其背后的道理也是不甚了解，直到后来深入实地才渐渐有所领悟。

　　时光给了我故事，纵观这些经历，皆是终生难忘的体验。许多年后，不管从事什么行业，只要想起昔日所学所经历，都会忍不住一阵窃喜吧。

二　个人体会

　　我的调查经历很少，只在 QS 和 NM 两个地方做过 5 份问卷、在 NM 和 XH 两个社区做过核户。剩下的都是线上的事情，且就我这有限的经历谈谈吧！

　　我仅仅做了 5 份问卷，但已觉这 5 份问卷来之不易。还记得有一次在 NM 社区，我被分到一个住址后，一个人拿着平板和礼品前去拜访。这家的老阿姨一听说是跟社区打过招呼的，就热心地邀请我进家，言辞间透着关切，听着十分受用。我向阿姨解释来由后，阿姨十分热情地同意了我的访问，然后进入户内抽样环节。能接触到的只有两个人——这位阿姨和大叔。遗憾的是，最后这份问卷还是废弃了。事情是这样的，我随机抽到了大叔，虽然阿姨十分客气地招呼我坐下喝水、吃饭，可天不遂人愿，随机抽取还是选到了大叔，我只好悻悻地去找大叔聊。大叔脾气十分暴躁，态度十分不屑，十分不乐意、不情愿，并把这种情感表现得淋漓尽致。无论如何，对话还是在艰难的氛围中展开了。每个人都有痛处，有感情上不愿提及的地方，我按照问卷提示，不幸地戳到了大叔的痛处，大叔的反应更加激烈了。他一边干活一边回答我的提问，渐渐的，我不自觉地提高了音量，可能他也感受到了来自我的敌意，并依然故我。接下来我打同情牌，失败；感情牌，失败；可怜牌，失败。我仍然在坚持，对于他不愿回答的问题也没有深究，这已经是一份质量不高和题目应答率不高的问卷了，我的脑海里闪过一丝动摇：把这个样本号废了吧，做不下去了，这态度，没法办了。可我俩的对话还是在艰难地继续，一直到了 G 部分，题目开始变得敏感起来，大叔觉得这是政治题目，拒绝回答。我终于在此刻崩溃了……于是问卷做了一半就终止，访问到这里也结束了。我想，也许访员可以较轻松地找到更愿意接受访问的人，可那样就会有一些人——那些情感上不愿意接受访问的人，就永远地被排斥在我们的调查之外了。他们有他们独特的生活境况，也许他们的信息更重要呢。

还有一次是晚上，我和翰飞两个人约了两位受访者，明明约好的 8 点，可我俩等到了 9 点受访者也没出现，通过向社区打电话询问才知道是受访者忘记了。于是，第二天我们只好再跑一遭。拒访也好，爽约也罢，访员总会遇到这样那样的麻烦，而如何有效处理这些麻烦就十分考验访员的能力了。

核户的时候也是，最大的感受就是进不去楼里。老旧的小区还好，居民楼的门禁早就形同虚设了，我们可以直接进入单元楼然后找到目标住址，偷偷地考察一下目标住址有无人居住。而一些新建的现代化居民楼则对我们十分不友好，每次都要在单元楼门口偷偷摸摸地等人刷卡或输密码进去，以便悄悄地跟在他们身后混进去。夏天的中午不适合核户，因为楼里的人大都在睡午觉，进出单元楼的人相对来说少了一些，我们免不了要在楼门口多等一会儿。当然，如果我们鬼鬼祟祟待的时间过长，难免会遭到社区保安的"问候"，如此一来也只好悻悻而归，换个时间再来。在实际的调查执行中，我们绘图的时候会认真仔细地把每栋建筑物都画上，但到了核户的时候，我们常常会遇到进不去的住宅，有的是别墅，有的是高级住宅，尤其是在北京这样的城市，这就会使我们接触不到这部分人。

相比于一线工作，后台的在线工作要容易些。只是千万不能把我们后台人员的电话泄露给一线的绘图员们，我们在紧张的审核过程中实在遭受不住前方电话的催促和"轰炸"。记得有一次我正在审核一个建筑物特别多的社区绘图的情况，这时候突然接到一个电话，原来是某个村/居的图画完了，绘图员正在现场等着审核通过好转移到下一个地方。于是我赶紧给他们审核了一下，结果就把手头工作耽误了。现在想起来也是深觉经验不足，记下这些经历和感受或许可以对以后做事有些借鉴吧。

后来在总结会上我才知道，我们抽样组负责质控的 5 个人是临时组织起来的，原先的计划里并没有这个安排。我们得到的培训是整个调查中的一个小环节的培训，我们不知道每天处理的数据是从哪里来的，也不知道要往哪里发送，更不知道这些数据的含义，只是较为机械化地审核这些绘图，直到后来我们才渐渐明白，深感自己所负担的任务的艰巨性和重要性。就像是一个大机器上的螺丝钉，虽然只是在发挥一丁点的作用，却也在确保整个调查系统的正常运转。我想，未来的调查执行也许会完善整个系统，在人员配置上提前计划安排，提前做好系统培训。

我们学社会工作、社会学的学生，更应当深入实地了解社会。和社会上的普通人打交道，了解他们的生活，在此过程中提升自己的社会能力，才算是一个合格的社会学学生。CSS 给了参与者这样一个机会。我们的绘图员和访员走在祖国大地各处。我们走在深山里，走在都市间，走在乡野的田埂上；了解各处的风俗生活，了解普通人的日常生活和家庭情况，了解调查的意义和实践学习的道理。

CSS 2019 的相关工作已经结束了，虽然我只参与了两个月左右的时间，但这段时间中发生的故事足以让我铭记。不知道以后会不会遇到来我家调查的 CSS 访员。我想，如果真的有一天被我们 CSS 的访员敲开家门，我一定会非常乐意并耐心地向访员提供我的信息，谈笑之余，我或许会拿出我的实践证书和督导证展示给他们看一看呢！

第四部分

有　动

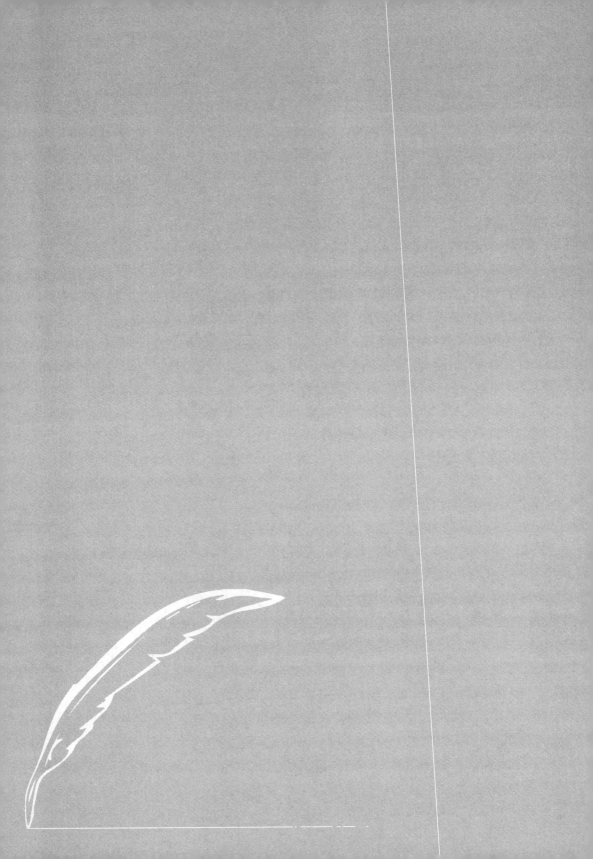

导语：有动

高海燕　中国社会科学院社会学研究所

在"有动"部分，我们可以看到访员通过参与社会调查实践，实现对个人的认知和行为方方面面的改变。其中，从张彬这篇图文并茂的《我的 CSS 2019 成长之旅》中，我们看到了一个赤诚、勇敢的少年从初入 CSS 团队的小心翼翼到坚持到最后一站的成熟担当。在他的文章中，你既可以感受到少年初次成为一个社会人、项目协调人、督导、团队领导者的那份小心、责任和担当，也可以体会到在社会大调查中与形形色色的陌生人打交道的千奇百怪的遭遇。在他的一趟趟行程中，湖南人做事的"疯魔"、海南入户的"难"、江西的两宗"最"、广东人的"粤语归属感"，以及西藏的热情，一方面让我们体会到了各地的风土人情，另一方面也用最直接、最质朴、最动人的语言为我们刻画了一个调查员路上的艰辛、聪慧与收获。这篇文章除了有细腻的经验介绍之外，还有理性的总结，主要从如何推进调查进度和保证数据质量两个方面展开。可以说，这是完成一项大调查的非常关键的两个方面。张彬以访员的视角，从提高入户率、问卷培训、团队建设、问卷审核等方面提出了宝贵的意见，这些意见对于保证调查进度和数据质量是非常具有参考价值的。而本部分的另外一篇感性文章——谭诚的《记录我的"第一次"》，则是以"我"的视角出发，从面试开始到CSS结束，非常详细地记录了这一路的人生"第一次"旅程。文章记录了CSS工作和生活中的点点滴滴，充满了风趣幽默。而在第一次"猛男落泪"和且行且歌唱部分，谭诚则总结了大调查中他个人的成长的收获和改变，这包括调查中对细节的关注，以及遇到困难时灵活调整、转变思路的必要性，这些都将对他以后的生活和工作产生积极的影响。

如果说张彬和谭诚的CSS之旅是感性之旅，那么张丹的旅程则是一场充满反思和总结的理性之旅。对于张丹的这篇文章，非常值得一读的是她对计算机辅助面访系统（CAPI）的建议以及她在调查过程中对于所见所闻的社会学反思，这两点都非常难能可贵。首先，不同于教科书中关于CAPI系统的介绍，张丹作为实际使用CAPI系统的实践操作者，从系统在实际应用中存在的技术难点、操作难点，对操作者的培训要求、素质要求，资金耗材、质控督导等实操层面提出了很多有价值的反思和建议，对于计划使用或者正在使用CAPI系统的老师和实践工作者来说，都非常具有借鉴意义。此外，作为一名社会学出身的学生，她不仅仅是带着CAPI系统和问卷去做调查的，她还用她的眼睛、心灵去捕捉调查过程中的社会现象、民生民意，其中尤其值得阅读的是她在张家口调查中对冬奥会建设如何加剧环首都贫困地区发展不平衡现象的观察、对不同类型社区面临的治理困境的总结，尽管只是比较简单的现象观察，但是让我们体会到了费孝通先生所倡导的"行行重行行"田野调查的意义所在。

而石星宇这篇文章，除了记录个人的工作职责、收获及反思，还对地图地址抽样、入户访问、问卷设计等环节进行了较为全面的总结，能够帮助读者了解到一个使用 CAPI 系统的全国性社会大调查的全貌。在个人反思部分，有对调查的非常细微的总结，例如，对风险的敏感、交通靠双腿的吃苦精神、关注访员心理健康问题等；也有对社会纷繁复杂的感受，接触不同受访者带来的人生冲击，遭遇拒绝、危险后发出的感悟。通过阅读这些文字，可以获得非常感性和全面的社会大调查体验。此外，石星宇还总结了概率抽样、入户访问、问卷设计的优劣势，对于初步了解社会大调查的读者来讲，是一个非常好的普及性知识介绍。除此之外，他还对问卷设计与 CAPI 系统的融合提出了一些建议，例如在 CAPI 系统中增加注解帮助访员现场理清问题等。这些建议能够很好地帮助完善使用 CAPI 系统的调查。

在社会调查中，大家通常对访员的角色比较熟悉，但是在开展一项大规模社会调查的过程中，还有几个同样重要的角色，例如督导员、抽样员、质控员等。张静源的《关于 CSS 2019 的一些感受和建议》，就是从督导员的视角出发，从督导的培训、抽样督导和巡视督导之间的衔接与配合等角度对 2019 年的 CSS 项目做出了反思和建议。对督导的培训环节，从优化督导培训和精简培训内容的方向，她提出了纸质问卷和电子问卷两个模块相结合、抽样绘图的理论和实操相结合的培训模式。此外，文章中还反馈了调查实际中人员不到位、沟通不畅、一人身兼数职可能导致的问题，以及农村人口外流、受访者无法理解问卷等情况，这些观察和反思能够极大地帮助进一步优化社会大调查的培训和实施。

而董良平的《绝知此事要躬行》与王艺璇的《心怀己任，无畏艰辛》两篇文章的题目可以说很直接、很精准地把少年们参与社会大调查的感悟概括出来了。董良平首先从流程上介绍了调查督导员参与社会大调查的过程，从参加培训及前期准备，到实地对地方访员进行培训、带领访员进行实地调查，董良平的介绍可以让读者清楚地了解到督导员参与调查的过程及注意事项。此外，他还总结了实地调查中的几条感受："天将降大任于是人也，必先苦其心志……""千里之行，始于足下""三人行，必有我师""纸上得来终觉浅，绝知此事要躬行"。这些感受非常贴切地形容了社会大调查为参与者们带去的经验和印象，与王艺璇在调查中的感受非常相似，说明

CSS 给学生带来的行为和思想上的改变具有共同性。王艺璇的文章，一方面在系统设计和问卷设计方面提出了一些非常有见地的意见。另一方面，她在大调查中学到了如何与陌生人打交道，如何与村/居委会沟通协调，以及如何与团队进行合作，这些经验对访员们以后个人的成长和发展都具有重要意义。

我的 CSS 2019 成长之旅

张　彬　上海大学社会学院

一　播种

    我与 CSS 的缘分或许在 2018 年的时候就已经结下。那年我刚考上上海研究院的研究生，兴奋地联系到邹宇春老师想要成为她的学生，邹老师半开玩笑地说："跟着我会很辛苦哦，你要做好准备。"但我并未放在心上，以为那是导师惯用的劝诫话语。当时还不清楚邹老师是 CSS 项目组的成员，后来与同门的张丹聊天时才知晓，项目组老师每两年就要组织一次 CSS，作为学生的我们自然是要参与的，不过我人在上海读书，导师在北京教学，是否有机会参加还两说。我以前从未参加过任何大型调查项目，对此既紧张又期待，一颗种子就此埋在心间。

研究生开学后，课程排得满满当当，其间还忙着导师的其他项目，自然将 CSS 的事慢慢遗忘。差不多是 2019 年 2 月的时候，某天下午我突然收到邹老师的微信消息，大意是今年的 CSS 项目已经在筹备中了，询问我是否参加。我没有立即回复，而是从图书馆走到操场上，边散步边思考，下定决心后，我拿起手机回复老师说"好"。也许是命运的安排吧，因为正常来说我是不太可能抛下课业，千里迢迢去北京参加 CSS 的。然而研一选课时没注意时间安排，上半年竟将学分修了个七七八八，下半年仅两门课程可上，退课去参加调查对学习的影响并不严重，研二辛苦一点便可补上。学业上没问题，也就没有了后顾之忧，又考虑到 CSS 两年一次，如果今年不参加，下次调查开始时我已经毕业，或许再也没机会参加这种大型调查项目。当时还不清楚，我简单的一句答复就改变了自己全年的生活基调。如果当初选择不去参加 CSS，老老实实待在上海，可以想象每天的生活就是吃饭、睡觉、上课，日常的轨迹也只是宿舍、食堂、图书馆三点一线的循环往复，不可能有后面丰富多彩的经历，也不会认识那么多可亲可爱的老师和同学。

二　发芽

3 月初，我退掉在上海大学的课程，乘坐 5 个小时的高铁从上海来到北京，借住在贾聪师兄家中，睡在沙发上。大家一听睡沙发，可能觉得好辛苦，其实不然，聪哥的沙发又软又舒服，再加上师兄有一手好厨艺，时不时炒两个拿手小菜，我很乐在其中。刚到北京的这段时间，由于 CSS 项目刚启动，我能做的工作不是特别多，就一边蹭中国社会科学院的课学习进修，一边协助老师进行调查前期督导的招募工作。刚开始特别紧张，因为第一次参与大型项目，总担心自己哪里做得不好。你们可能想象不到，仅仅是发一封简单的面试通知我都琢磨了一个下午，生怕措辞不当会影响 CSS 的形象。

5 月督导招募完毕，老师们开始对我们进行为期一个月的培训。在此之前，我从未想到一项大型调查竟然有那么多的知识要点。CSS 项目介绍唤起了我们的责任感和使命感，激发了我们对调查的兴趣；调查流程让我们知晓必备物资与实地安排，不再对实地工作一头雾水；抽样培训让我们学会了地图地址抽样的知识，见到了国内领先的电子绘图技术；问卷培训不仅让我们熟悉了问卷内容，还让我们窥探到问卷背后精密复杂的操作技巧；访员须知教给我们提高成功率的入户技巧以及保障人身安全的社会经验。这一套调查知识"组合拳"下来，我觉得自己已然"神功告成"，老师和师兄们在培训中还讲述了许多以往调查中的趣事，听得我跃跃欲试，恨不得马上飞到全国各地开始调查。

图 1 督导培训现场

三 开花

7 月初，CSS 终于进入实地调查阶段，我和几位小伙伴跟随邹老师来到湖南。这是我调查的第一站，大家一起负责该省的培训和巡视工作，激动有之，焦虑有之，主要是担心访员培训部分。以前只是听老师们讲课，现在要把自己刚学会的知识教给别人，心里自然忐忑不安，每天都和小伙伴熬夜备课到一两点钟，互相试讲挑错。培训结束后，我们按照事前的分工与访员们一道前往各地正式开展调查。实地调查时间正赶上雨季，连续一周都是阴天、大雨，雨天路滑，调查点又多是山区，因此访员们统一装备，穿雨衣、雨鞋入户访问。但下雨也不全是件坏事，至少山上烟雾朦胧，让人仿若置身仙境。

湖南的普通话、美食、暴雨、山景通通给我留下了深刻的印象，但记忆最深的还是一次访员进村绘图。傍晚回来后，我看到访员们面色发白，走近，一股热气夹杂着汗水的味道一齐涌来，他们疲惫到话也不想多说。出去时都是很健康的人，回来就病倒三个，我心疼得要命。调查期间的食宿安排、交通往返、疾病预防，看起来只是无须在意的小事，但对实地调查的顺利执行来说非常重要，尤其是在农村地区，村子一般交通偏远，饭店旅馆全无，此时务必提前备好药品和干粮，规划好往返时间。在湖南期间，有的访员一入户就跟"疯了一样"，饭也顾不上吃，水也顾不上喝，炎热的天气下不停奔波，在中暑的边缘徘徊。须知身体是革命的本钱，万一累坏了身子，调查进度反而会被拖慢。或许是湖南民风淳朴，或许是调查团队兵精将强，总之湖南地区的调查一帆风顺地结束了。

湖南的调查结束后，因为兜里没钱，我们返回北京报销。然而只待了一天就收到新的调令，我们又马不停蹄地赶往海南。湖南虽然也带了"南"字，但调查还蛮顺利的，而海南是真的难，后来的数据统计显示海南正是CSS 2019拒访率最高的省份。原本我在海南结束培训后就出发去了广西，但是由于海南的调查进度特别慢，所以在广西的培训结束后我又折返支援海南。调查困难的原因首先是海南的社会文化。当地人对外地人的信任程度很低。听到访员用普通话敲门入户，受访者基本不会开门接受调查，有访员本着负责的态度反复上门接触，甚至被受访者指着鼻子骂。农村地区还好，海南城市的入户成功率简直惨不忍睹，必须依靠居委会的工作人员一位位去劝说才能勉强完成规定的访问量。其次是方言问题。在海南，不管是城市还是农村都有相当一部分的受访者不熟悉普通话，尤其是年纪较大的人，沟通交流十分困难，有时要连手带脚地比画才能和受访者继续沟通。最后是访员管理问题。海南地区调查团队的老师外出学习，没人"镇场子"，在一些安排上访员内部出现意见分歧，再加上项目时长超出预期，结果有一半的访员中途退出调查，不得已重新招募了一批访员进行培训，也多亏这批访员中有几位海南人，调查因此顺利了不少。在海南期间发生过一些糟糕的事情：丢过背包、拉坏过行李箱、遇上过台风过境。但也有很多难忘的回忆：蔚蓝的大海、奇异的热带植物、每晚调查结束后的夜宵……

　　完成海南调查任务后，时间已经到了8月。我顾不上休息，继续奔赴江西进行巡视工作。到达南昌的第二天，就和访员一道出发前往调查点。经历过前几个省份的磨炼，此时的我已经没有了刚开始的紧张和生疏，如何与访员相处，如何与村/居委会打交道，如何敲门入户，心中自有定数。在江西，我遇到了个人调查生涯中的两宗"最"。一是生活条件最差。在石城县的某个农村调查点，村子和附近的乡镇都没有宾馆，如果住在县城，光往返时间就要四个多小时，再加上最后一班公交是下午5点，留给我们的有效调查时间太短。为了尽快完成调查，没有条件也要创造条件。首先是住宿问题，与村干部沟通后，我们决定居住在村委会，两张桌子拼在一起、铺上凉席就成了床；吃饭问题好解决，每日与村干部一起到村民家中就餐，费用等调查结束后结算；个人卫生问题需要特别注意，8月的江西热得像个蒸笼，差不多每天都要喝下1.5升的矿泉水，简直是人型自走饮水机，这种天气下每天洗衣、洗澡是必不可少的，我们将就着蹲在厕所里用水龙头勉强冲洗……真是难忘的经历！二是个人最晚入户记录。因为受访者凌晨5点就要外出工作，下班后还要去地里照料庄稼，晚上12点才回家，她主动提出晚上再来进行访问。考虑到安全问题，半夜我们四人一起到了受访者家中，此时受访者正在洗衣服，她欣然接受了访问。受访者文化程度不高，整个访问过程断断续续地艰难进行，直到半夜1点多才完成这次访问，感谢受访者一直耐心地协助调查。受访者家境并不好，房子是政府征地补助的，连像样的家具也没有几件，但是她在访问过程中表现出的积极向上的生活态度实在令人动容。

　　江西之后我再次启程前往广东湛江，广东的居民对粤语有着很强的归属感、认同感，因此该地调查也面临着方言问题，不同的是广东访员基本都是本地人，交流没有障碍，问题只出在我身上。虽然我喜欢听粤语歌曲，但是完全听不懂粤语，只能尴尬地在旁边等访员咨询问题。在广东，我更多的是发挥问卷审核的作用，在实地入户方面实在是无能为力，可讲的故事也不多。不过令人开心的是，在广东真的会被人喊"靓仔"！湛江调查结束时已经是9月，经过连续两个月的出差，此时的我已经非常疲惫，而且新学期开始，我必须回上海补课，CSS之旅暂时告一段落。

　　10月的某天，听说因为开学无人参加西藏的调查，我立马报名参加。一开始CSS征集巡视地点意见时，我选填的是西部地区，如云南、四川、甘肃、贵州，结果一个都没选上，这次能去西藏算是圆梦西部。西藏地区的调查培训与其他地区有着很大的不同，访员都是藏族同学，普通话不是特别流利，这就要求培训时语速不能太快，也不要过多使用成语，语言越通俗越好。访员常常不理解问卷问题，此时一定要模拟访问情境，帮助访员记忆，尤其是联系记录填写和户内抽样部分，常见的几种状况需多次模拟，确保访员在现场可以正确筛选出符合抽样资格的受访者。模拟访问需要讲解一部分就模拟一部分，以免中途理论讲解时间过长导致访员遗忘问卷重点，而且要汉语模拟与藏语模拟交替进行，以便访员熟悉问卷的藏语表达。培训时还要请访员们讨论问卷的翻译问题，藏语中没有的语言表达以及翻译成藏语后不好理解的地方，必须形成统一的解释口径，减少因问卷理解偏差导致的数据质量下降。此外，由于西藏地区与其他地区生活习俗的区别，要多与访员们讨论如何处理问卷设计时没能考虑到的特例，比如藏传佛教在宗教信仰一题中应该如何处理等。总之，进行西藏地区的培训时应

图2　广东调查团队的培训场景

该把自己当成学生，多向访员请教西藏地区的风土人情，多思考当地习俗与问卷问题的融合，大家在培训时讨论得越充分，访员在现场遇到特殊情况时就越能妥善处理。

西藏地区调查执行过程中印象最深的是藏族同胞骨子里的热情。这里没有出现过一次拒访的情况，有时甚至还没介绍自己的身份就被邀请进屋，在其他省份被千百次拒访所锻炼出的厚脸皮在这里竟没有用武之地。访问期间，受访者会不停地倒酥油茶，恭敬地送到面前请你喝，让人无法抗拒。当我们在最后一个村庄完成最后一份问卷时，太阳已经慢慢躲在山后，天色昏沉，大家赶紧坐车回县城。道路越走越颠簸，四周也一片黑暗，看不到一辆同行的车辆，仿佛世界上只剩我们。开到半路时师傅忽然停车，原来是路过了一位访员的家，访员家人正拿着食物在路旁等我们。为了赶时间，一天的访问中间没有停下来休息过，我们早已饥肠辘辘，此时此刻大家围成一个圈用手电照明，开始在路边野餐。我左手抓着蒸土豆，右手端着酥油茶，看到远处村庄灯火暗淡，不小心抬头望见漫天星河，整个人都快融化了。即使只剩这幅画面，西藏之行也是不虚此行。

西藏调查一结束，全国只剩下上海地区尚未开展调查。上海是我的"大本营"，合作机构又是我就读的上海大学，可以说督导之位舍我其谁。上海作为我国数一数二的特大城市，是典型的陌生人社会。面对可能出现的高入户难度，我们已经做了好心理准备，可真到了实地，还是很有挫败感，几乎一直走在被拒访的路上，居民拒访的理由也是五花八门，几乎可以出一本书"论拒绝访问的一百种方式"。不过大城市也有大城市的好处，上海国内领先的社区建设为我们的调查提供了不少便利。村/居委会通常存有详细的住户名单，平日里也与居民互动频繁、关系密切，彼此间信任程度较高，基于此，我们与村/居委会沟通后，决定利用他们的办公室电话远程和受访者沟通预约。有熟悉的社区干部为我们背书，受访者的戒备心理明显降低了不少，入户成功率大大提高。上海地区调查的另一个难点在于调查时间短，这个时间短不是指访员没有时间，而是受访者没有时间。上海的外来务工人员特别多，周一至周五期间，敲门应答率低得可怕，白天入户是不可能的，只能打打电话、发发预约短信，只有晚上6点之后才能尝试敲门，这就导致调查进度根本无法加快，只能辛苦访员利用晚上和周末的时间抓紧入户。幸而上海的调查团队十分专业，有着丰富的调查经验，上海地区的调查进度一直缓慢而坚定地推进着，终于在 12 月 10 号这天完成。

四 结果

对一篇总结来说，只具备感性的认识是不够的，还需要理性的归纳。作为一名巡视督导，调查中我最关注两件事情，一是调查的进度，二是数据的质量。

在调查进度方面，入户率是很重要的一个指标，毕竟入户成功率越高，调查进度越快，说服受访者接受访问的具体话术在访员培训时都有讲授，我主要分享一些实地的感受。入户是很考验个人社会生活经验的一件事，讲究对人情世故的把握，在未知环境中如何快速让受访者信任你一个陌生人，这很能反映出情商的高低。无奈的是，入户技巧虽有很多，访员的入户成功率却大不相同。我不是一个特别擅长和陌生人打交道的人，入户成功率也谈不上特别高，这是一种天赋，很难有办法速成，但在多次的实地调查中我总结出入户的两点原则：真诚与勇气。

首先，在与应答者沟通时，一定要抱有真诚的心态，我们不是在机械地完成工作，而是真切地希望与受访者沟通交流，了解他们的真实看法与处境。受访者或许是敷衍的，但我们一定是真诚的，态度会在言语行动中体现出来，受访者感受到这种真诚，自然会被影响。记得在湖南调查期间，有一位受访者编了两三个谎话推托，我们不依不饶，受访者无奈使出"购药遁"，说十分钟后回来，结果我在楼道门口喂了一个多小时蚊子才等到人，受访者惊讶道："你还在等啊。"终于愿意接受访问。为了调查，我帮受访者搬家，陪受访者外出散步（被误认为是其儿子），和受访者一起健身，给受访者的孩子辅导功课，跟随受访者买菜砍价……类似的例子太多太多，为了做调查，CSSer 什么都愿意做。

其次，入户总是有失败的可能性，被受访者拒绝后，就体现出勇气的重要性。理论上被拒访四次才能放弃该样本，实际上访员被拒绝一次后就不愿意再接触该受访者。遇到拒访不要害怕，厚着脸皮再来一次或许有意想不到的收获。我在海南调查期间意识到了勇气的重要性。前期海南的访员都没有调查经验，不敢敲门入户。有一次，访员指出一户拒访两次的受访者问该怎么办，我说："总不能直接放弃样本，硬着头皮上呗。"受访者开了一个小卖部，我来到门前介绍了一遍身份和调查意义，受访者生硬拒访；拿出礼物，受访者继续拒访；帮忙搬运整理货物，受访者还是拒访，但语气有所松动；再买一个椰子边喝边聊，受访者终于同意接受访问。访员觉得"督导真棒，一出手就拿下受访者"，其实受访者已经两次拒访，我也害怕，但是访员尚且可以求助督导，督导又能向谁求助呢，只能鼓起勇气再试一次。有些城市地区的入户率实在不高，被多次拒访后可别丧失敲门接触下一户的勇气，毕竟有尝试才有成功的可能。

　　在数据质量方面，访员作为冲锋在调查一线的执行者，对数据质量的影响特别关键。这种影响集中体现在访员本身的能力上，访员对问卷的理解，对入户技巧的掌握，责任感强烈与否，都与调查收回的数据质量密切相关。一般来说，知名院校的访员团队质量较高，培训和实地中都秉持认

图3　访员帮受访者搬家、买菜

真负责的态度，而且学校的知名度本身就是一种社会资本，访员入户时更容易被受访者信任和接纳，其调查不论是在数据质量还是执行效率上都有优势。当然，地方合作机构的选择不是督导所能决定的，但是我们可以想办法弥补访员能力的不足。

第一，是问卷培训阶段。据我观察，问卷中容易出现理解错误的不是培训时强调的客观题部分，反而是主观题部分，常常闹出乌龙。由于我国各地社会文化背景存在巨大的差异，部分题目很难事先形成统一的解释尺度，访员在解释受访者难以理解的题目时握有较大的自由权。但是如果访员对于如何解释心中并没有把握，就会存在解释错误的可能性，特别是当访员不是社会学专业、自身缺少生活经验，且对社会问题的关注度不高时，常常无法正确解释问卷所陈述的现象。极端情况下甚至会出现"访员误解题目本意，解释时受访者又误解访员表达"这样尴尬的双重误解，导致该题目未能很好地捕捉受访者的真实意图，影响数据质量。因此，当督导发现该区域农村调查点较多或访员能力不高时，最好适当增加主观题部分的问卷培训时间。

第二，是在实地阶段，巡视督导需要着重关注访员的团建工作。一个村/居访问工作的完成，离不开团队中每一位成员的努力付出。正常来说，

图4 湖南调查小分队

访员团队的维护由地方督导负责，但我们也要帮助访员团队建立凝聚力和归属感，刚到团队时不要立即指手画脚，先用一两天的时间观察该团队的组织工作和权力关系等。慢慢地、有针对性地弥补不足，加强成员内部团结，大家一起吃顿饭、玩游戏都是很有效的团建方法。访问的完成需要成员相互配合、互帮互助。入户能力特别强的访员，就多陪其他访员敲门说服受访者；对问卷的理解特别通透的访员，就更多地承担访问部分，合作互动的过程也是友谊建立的过程。访员的凝聚力出来了，遇到再多的问题也不必担心，访员会自觉地利用集体智慧予以应对，实在攻克不下时，大家互相吐吐槽、倒倒苦水，困难也就一笑而过了。最怕分配完访问量后访员各自为战，互不相帮，这样的团队即使完成了调查任务，失去的恐怕会更多。

此外，社区问卷的数据质量也应当得到重视。实地访问中关于社区问卷的问题层出不穷。一是未明确规定访问方式的问题。现场既有村/居委会负责人自填，也有面对面念读式访问。观察发现，自填式问卷的应答率较低，常出现题目无应答、跳答的情况，这些未被回答的问题并非因为负责人不知道，而是他们不愿意花费时间回忆或搜寻相关资料，如果采取面访念读的方式，工作人员出于被访员追问的压力，应答率会大幅提升。二是社区问卷的理解问题。社区问卷的理解问题较之居民问卷可能更严重，居民问卷尚且针对疑难题目的解释进行过相关培训，而社区问卷从未进行过任何培训与解答。当村/居委负责人不理解问题、需要解释时，访员也处于迷茫的状态需要人来解释，此时收集来的数据质量自然不高。三是社区问卷的问题及选项设计问题。部分如"您所在的社区何时通路、通水……"之类的问题较为老旧，往往是几十年甚至近百年前的事，村/居委现任负责人根本不清楚，基本都是不答或只给出模糊的年代。此外，社区问卷中有很多问题未设计"不清楚""不好说"等选项。当受访者确实回答不出问题时，由于没有"不清楚"的选项，也没有事先规定如何处理，访员只好根据居民问卷的经验，填答奇异值，回收的社区问卷数据需额外花费精力来整理。

CSS项目组的老师在调查中设计了诸多环节来提高数据质量，但这些设计本身还存在有待改进的地方。首先，是入户阶段的监控手段效果有限。

CSS 项目要求访员必须按照绘图系统抽出的地址入户，并利用 GPS 信息及电话回访、入户回访的方式检查监督访员是否如实入户，但是实际上，如果访员不按照给定的地址入户，刻意挑选易接触的住户作为受访者，以现有的监控方式和技术手段难以发现。GPS 信息仅能在二维平面图上确定位置，如果访员在楼房的不同楼层随意入户，GPS 定位信息就失去了监督的功能，而电话回访和入户回访在质控中占比不高，在调查现场也常常被陪访所取代，其威慑作用有限，这就给访员钻空子留下了机会。目前，入户阶段的质控很大程度上要靠访员的自觉，只能在培训时突出调查的科学性、规范性，以及调查的重要意义，增强访员的责任感和使命感。另外还要反复强调入户作弊的严重后果。例如，发现一例则该访员的问卷全部审核，情节严重者取消访员资格，以此减少访员的侥幸心理。

其次，是地方督导的 100% 一审覆盖率难以达成。CSS 要求地方机构做到问卷的 100% 审核，由地方督导承担此职责，然而在现场很少有督导能做到问卷的 100% 审核。地方督导往往名义上由地方院校的老师担任，不过多数合作院校的老师并不跟着访员进行实地调查，即使下实地也只负责访员管理、行政联系等工作，地方督导的职能实际上交由学生组长负责。该学生既要履行访员职责入户调查，又要履行督导职责分配样本、审核问卷，两者无法兼顾。现实情况是经过一整天的奔波入户后，组长已经很疲惫，最多拿出部分休息时间匆匆审核几份问卷，有的甚至审也不审，直接点击审核通过，这种情况下问卷一审的价值完全不能体现。问卷 100% 的一审覆盖率工作量比想象中要大得多，一份问卷大概需要 20 分钟的审核时间。如果地方督导严格执行审核职能，会占用大量的休息时间，影响第二天的入户工作。可以考虑将问卷审核的职能从地方督导身上剥离，在访员团队中专门设置一位审核督导负责该职能。当然，审核督导也需要实地经验，半天入户、半天审核的设计较为合理。

五　成长

因为 CSS，我有幸走过全国许多地方，不止一次听到各地访员对我说，调查期间最想看到的一句话就是平板上的"问卷结束，辛苦了！"这是访员对完成一份问卷的期盼，一个村 / 居 17 份问卷，完成了也就结束了，但对巡视督导而言，这只是下一个征途的起点。煎熬也好，不舍也好，CSS 2019 终于迎来了落幕，回首这一年的经历，我几乎把所有的时间和精力都用在了 CSS 上，吃了不少苦头，当然也得到了丰厚的回报，收获许多成长和学习的机会。

贾聪师兄说他之前参加 2017 年 CSS 的时候，穿坏过鞋子，用坏过行李箱，甚至在宾馆里默默地流过泪。我一开始还不太相信，直到自己扔了第一双鞋，行李箱的轮子也掉了下来，可惜的是还没有品尝过眼泪的滋味。参加 CSS 最初的考虑是 2019 年如果不参加的话，到下次 2021 年的 CSS 时，自己已经研究生毕业，将没有时间和精力再来体验这一切，希望能借这次机会从 CSS 里学到大型调查的运作流程、不同环节的衔接，包括问卷设计、入户技巧等调查知识。但是如果现在再有人问我为什么参加 CSS，我会回答说是因为 CSS 大家庭本身。是因为参加了 CSS，我才有幸认识了一群工作上认真负责、生活上关心体贴的老师，认识了一批可爱的、聪明的、没那么完美但至少真诚的小伙伴。

事实上，整个调查中难忘的事情有很多，第一次入户成功的紧张喜悦，第一次被拒访的手足无措，第一次培训前的熬夜备课，一路上吃过的美食、看到的风景，这些记忆之所以深刻，是因为有一群小伙伴陪在我身边。调查顺利的喜悦一同分享，入户拒访的挫折有人分担，食物一起吃才尝得出美味，风景一起欣赏才觉得美好，我们 CSSer 真正诠释了有福同享、有难同当，感谢一路上有你们一起成长。

记录我的"第一次"

——参与 2019 年"中国社会状况综合调查"有感

谭　诚　中国社会科学院大学管理学院

作为后加入 CSS 团队的本科生之一，我现在回想起去年的经历依然觉得很"魔幻"。从阴差阳错去面试，到参与紧张的后台质控工作，再到只身前往四川省内江市担任巡视督导……在回京的列车上，我看到窗外远处风云变幻，夕阳洒落在我晒黑的手臂上，周围的旅客都在热闹地谈天论地，我内心却感到很平静——那个夏天留给我的笑脸与歌声、汗水与疲惫，都让我感到珍贵与满足。在返程列车上的梦里，我仿佛又把这40 多天的经历重播了一遍，我看到我们前行的背影，我听到我们在爽朗地歌唱……

一　第一次在"火锅局"前的线上突击面试

今天是 2019 年 7 月 5 日，我刚结束期末考试不久，正和朋友们乘车前往火锅店，准备大快朵颐，庆祝一下假期的到来。在车上，我们聊起各自在大二暑假的实习工作，听到朋友们都已经找到了实习方向，我顿时感到一阵焦急——我还没有确定去哪里实习，该怎么办？这时突然有人说："你听说过 CSS 2019 吗？有同学分享了 CSS 项目组的招聘信息。"我又惊又喜，忐忑又兴奋地回答："是吗？那我快点去了解一下，免得错过机会了！"

想到自己大二时刚好学习了社会调查、社会学、统计学以及数据分析的基础课程，并且对社会调查的具体运作流程很感兴趣，我鼓起勇气添加了 CSS 数据组学姐的微信，并成功预约了线上的面试（由于我在北京市房山区，离中国社会科学院本部较远，故安排了线上面试）。

原以为面试会安排在当天稍晚的时间或者次日，所以我一路上毫无顾虑，心里想的只有"毛肚""肥牛""贡菜"……没想到我们刚到店落座，学姐那边就发来消息："你好，请问你现在有时间参加一下面试吗？"

我当时想：这么快就安排了吗？完蛋了，没有好好准备啊！但由于害怕错失良机，所以我还是一边嘘声招呼朋友们安静下来帮我出谋划策，一边硬着头皮回复了学姐："啊，好的，学姐，我现在可以参加线上面试。"一个在线电话打过来，我和学姐相互问候了之后，学姐开始了数据组基本情况的介绍，并对我进行了相关问题的询问。幸好此时火锅店中的人并不多，我在火锅店的角落里结束了我的线上面试。面试的具体内容已经难以想起，挂断电话之后我只记得一个关键信息：7 月 7 日到北京大学廖凯原楼参加数据组的第一次培训。就这样，我在一个火锅店里全程两股战战地完成了我的面试，在朋友们一边憋笑一边凝神等待之中拿到了我的实习 offer。后来我才知道面试我的就是可爱的郜昱师姐。我胃口大开，今天的火锅必须多点些菜！

二　第一次线下见面——愉快而紧凑的培训之旅

今天是 2019 年 7 月 7 日，是我第一次参加数据组面试的日子。下午 5

点左右，我出发前往北大政府管理学院，一路上想着要记好培训笔记，不然在实操过程中频繁出错会给大家带来不必要的麻烦。总之我的神经很紧绷，但是想到能见到微信群里的小伙伴，又觉得也还不错，或许没必要那么忐忑。果不其然，当我在北京大学门卫处见到前来带路的尚师兄时，我想："这个身材高大的学长就是群里那个活泼的师兄吗？"师兄很友善，这让我觉得今晚应该没有那么难熬。

进入会议室后，陆陆续续有参与培训的其他小伙伴进来，我认识了王学民、薛诗琪、台永康等小伙伴。人到齐之后，尚师兄打开PPT，开始对项目以及质控流程进行介绍。从程序到格式再到需要注意的质控点，尚师兄化繁为简，让我明白了应该如何完成一个地方绘图团队发来的质控请求。我们大家偶尔会提出自己没听明白的点，通过提问与解答的方式，我们记下了不少笔记，也对整个质控流程有了更清晰的理解。原定两个半小时的首次培训，我们只用了两个小时左右就结束了。培训结束后，我匆匆赶上地铁，深夜里回到房山区，整理好笔记后倒头大睡，并对明天的首次质控实操满怀期待。

三 第一次"接单"——尝试回应地方的质控请求

2019年7月8日，我在师兄师姐的指导下第一次完成了一个质控请求。本来我正式上岗是在7月9日，但是为了防止我们过快遗忘培训的内容，师兄师姐们在7月8日给我们分派了少量的质控请求让我们练手。在此过程中，师兄师姐们不断纠正我们的操作，同时我们也熟悉了绘图质控与抽样导入的基本操作，对于独立开展质控工作有了一定的信心。在正式上岗之前，师兄师姐们给我们规定了上班时间，同时让我们自由选择每周的上班日期，整个过程轻松且愉快。

四 第一次"熬夜"——感受到了地方团队的"热情"

正式上岗后，工作之余我们在群里也会吐槽打趣，整体氛围是非常轻松愉快的。但同时我们也保持着自己的专业度，每天准点上岗前先要在群里发一句"in position"，换班时则是"leave"。在7月中旬开始的抽样工作高峰期，我们组内时常会同时出现多个"in position"，以应对连续不断的质控请求。

记得2019年7月14日晚上11点多，我已经结束了从中午开始接班的质控工作，正准备休息，不过睡前我又看到了电脑上不断闪烁的微信对话框。我们一般是晚上10点下班，下班之后收到的质控请求交由师兄师姐们处理。但在7月中旬绘图作业的高峰期，我感到晚上10点之后的任务压力也在增加。于是我的神经又紧绷了起来，一句"in position"发出就又开始投入核查工作。首先，在群里接收绘图质控请求；然后，在CARS抽样系统内检查区划是否完整准确、村/居信息是否填写完毕；接着，导出实地绘图数据表，进行筛选后开始核查序号是否断裂、重复或者错误；过了序号这一关，开始核查住址类型是否填写正确；最后，把所有的绘图不规范总结到Word文档返回给实地执行队伍。通常经过二审、三审便可进行抽样。而对于补抽请求，我会先排查是否已核户完毕，如果全部核完，再对空户地址进行补抽；针对核户完毕后的抽样质控请求，我会检查住宅图片、单元号、门牌号、户主姓名等信息，一切无误后，开始运行Stata将数据导入CAPI系统。至此，单次抽样工作才算完毕。我记得当晚一直到深夜1点多，还收到过实地发来的质控请求，不得不说实地的伙伴们真的非常努力地在工作。在整个7月中旬的高峰期，这样工作到深夜一两点的情况成为师兄师姐们的日常，我也通过这次经历更加感受到了大家的认真与负责。

7月中上旬是抽样组工作的高峰期。我留守北京后台参与抽样质控工作，协助完成了江苏、福建、内蒙古、河南、河北、贵州、湖北、宁夏、安徽、四川、广东、广西等地区的抽样质控工作，逐渐熟悉了抽样环节的要点，为之后前往地方执行小队担任巡视督导奠定了一定的基础。同时，在这段"坐岗"盯屏幕的日子里，我也收到了地方发来的一些积极的信息。地方访员们每日经受风吹日晒并且还要与农村的狗斗智斗勇，这些充满了幽默与阳光的日常深深地感染了我，一颗想到地方体验访问过程的种子在我的心底悄悄埋下。

五　第一次"跳槽"——为前往地方参与督导培训

7月下旬，抽样工作已度过高峰期，实地访问工作正如火如荼地开展着。受到地方访员们朋友圈日常的感染，再加上收到郗昱师姐的邀请，我借着督导培训的契机，从抽样组转到执行组，于7月23日与24日参与了李炜老师和贾聪师兄组织开展的巡视督导的培训活动，之后前往四川内江担任巡视督导。

7月24日晚，为期两天的高密度培训结束，大家都要前往不同的省市开展巡视与质控工作。在分别的当晚，原四川地方督导张静源师姐为我们大致梳理了四川省工作开展的进程。经过讨论，我们最终决定由郗昱师姐前往简阳市，我前往四川省内江市，而范瑞青师姐前往四川省自贡市。

7月25日，范瑞青师姐提前去往四川省。7月26日，我与郗昱师姐正式前往四川组，开展巡视工作。

六　第一次"说走就走的旅行"——前往四川省内江市的督导日记

2019年7月26日，我出发前往四川省内江市。内江市位于四川省东南部、沱江下游中段，东邻重庆、南界泸州、西接自贡、西北连眉山市、北与资阳市相邻，东汉建县，曾称汉安、中江，距今已有2000多年的历史，被誉为"甜城"。内江同时是成渝经济区的中心城市，素有"川南咽喉""巴蜀要塞"之称。我带领的访员队伍由8人组成，均为四川成都中南民族大学社会学专业的大一、大二学生。小组长为袁子彦同学，副组长为罗倩同学，组内财务工作由姚明春同学担任，其余成员有黄承龙、胡雪扬、陈洁、李娜，另有两名成员因为身体原因在我来时（或之前）中途退出了小队，陈洁同学在SY社区绘图工作结束之后也由于家庭原因退出了小队，好在XJ村委会梁晓伟师兄加入了我们的队伍，最终协助我们完成了XJ村和JT村的调查工作。在我抵达四川内江组时，该执行小队已经完成了成都的MJ村委会（四川组的4个执行小队各被分派了成都武侯区的一个SSU）以及RJ村和FJ村的全部访问工作。其中MJ村的工作进展较为困难，但也得益于此，该执行小队在该地也对培训内容进行了较好的实践，积累了一定的实践经验。

自四川省内江市 JZ 村的访问工作，我开始参与该执行小队的绘图、核户及访问工作，在巡视内江执行效果的同时配合地方督导，并协助郗昱师姐负责四川省的抽样质控工作。最终，我们的队伍成为四川省内第二个完成全部任务的小组。

我现在还记得我第一次参与访问的家庭中有一个非常可爱的小女孩，当天在她家的访问完毕后，整个下午她都一直陪着我们跑东跑西，偶尔也当我们的方言小翻译。正是因为有了她，当地的村民很快接受了我们的身份，我们当天的入户过程也变得比较轻松。直到访问结束，她才推着自己的小单车离开。我们在田头告别，小女孩的天真与善良让我深刻感受到乡村振兴战略的必要性。我想，CSS 项目所采集的数据对于我国乡村振兴战略的完善一定会有所支持，这个小女孩的未来或许就是乡村振兴战略的缩影。

7 月 28 日，四川内江组的地方督导蓝李焰老师前往内江组指导执行工作。当日共完成 10.5 份问卷，我记得其中有一份问卷在完成 80% 时被拒访，让我体验了一把"前功尽弃"的感觉，但同时也锻炼了我的抗压能力。我总结出一个重要的经验：一定要确认被抽中的受访者的精神状态是否能够接受一次完整的访问。当晚，蓝老师、访问小队和我三方会合，并在楼下开展了团建活动，大家的疲惫一扫而光。

7 月 29 日早上，蓝老师带领两个小组长前往 SW 社区附近的 SY 社区与居委会进行接洽，我陪同其他成员开展绘图工作。8 月 1 日，在居委会人员的带领之下，我们完成了最后的 4 份问卷，最终花费 4 天时间完成了 SW 社区的访问工作。

炎炎夏日之下，我们每天的出汗量巨大，于是路边的冰粉、凉糕成为我们补充水分的主要来源。在那些身体流汗且疲惫的日子里，快乐只是一件类似于吃一碗冰粉这样的非常简单的事情。

8 月 2 日，前往位于四川省与重庆市边界的 SX 村，SX 村归三个地区管辖。来到 SX 村的当天，我们突然发现自己的定位变成了重庆，大家都打趣道：我们这四川访问直接访问到重庆来了。一阵哄笑之后，大家就又开始投入工作中：入住，带好装备，出发绘图。8 月 3 ~ 4 日，我们完成了 SX 村的绘图、核户及访问等全部工作。在 SX 村的几天里，天气特别凉爽，是最不热的一段时期。每天晚上我们从村里回到镇上的时候，街道上的景象与

图1 中午在草坪上短暂休息的访员

白天完全不同，SX村的摆摊经济比较发达，晚上随处可见烧烤摊、刨冰铺、凉粉车，随便逛一圈便吃得肚儿溜圆，一天的疲惫也一扫而光。

8月5日，回到四川省内江市，与SY社区进行对接，紧接着在当日完成了绘图工作和第一次核户工作。8月6～8日，完成了SY社区的绘图、核户及访问等全部工作。

8月9日，前往XJ村，在当日完成了XJ村的绘图和核户工作。8月10日，继续XJ村的访问工作。8月11日，完成了XJ村的绘图、核户及访问等全部工作，当日下午离开XJ村前往JT村。

8月12日，与JT村接洽。了解到当地的特殊情况，我前往当地高中进行确认后，在后台进行了报备。随后，我加入了小队，协助开展JT村的绘图工作和核户工作（夜间）。8月13日，继续进行核户工作（为防止抽出大量空户，本次核户较为严格）。8月14日，完成了JT村的绘图、核户及访问等全部工作，下午前往市区。

8月15日，从成都市出发，回到北京市，整理出差资料并于次日归还中国社会科学院本部。8月16～19日，继续参与北京后台的质控工作和数据整理等收尾工作。于19日离开北京回到湖北老家，正式结束了社会实践活动。此后仍然留在数据组，不时协助部分剩余地方的绘图质控和抽样质控工作。

至此，我这场"说走就走的旅行"就结束啦。

七 第一次"猛男落泪"——遇到困难后的反思与教训

在担任巡视督导的20天内，我深刻地感受到了实地情况的千变万化，这让我们队员都直呼"猛男落泪""猛女哭泣"。天气、受访人、居委会、行政区划等诸多因素都有可能给实地的访问带来困难。

在 SY 社区核户过程中，由于一名小队成员身体抱恙不能核户，我独自前往社区进行核户。事先，我没有从宏观上了解到我负责的分区内的建筑大部分为退休老教师的住宅，导致在核户时没有引起足够的重视；其次，由于核户经验不足，我没能够运用"查看门把手上是否有灰尘"等技巧来分辨哪些是空户，仅根据春联是否更换成新的春联和门前的水电表来判断户内近期是否有人居住，再加上是夜间核户，导致了核户的大量误差（即核出了很多空户）。最后我的解决方案是请求二次核户。二次核户即重新核户，这次重新核户耽误了小队成员开展访问工作的时间，也消磨了大家的精力。

2019 年 8 月中旬，我们与 JT 社区沟通之后，发现有一部分拥有 JT 社区户籍的人居住在了距离 JT 社区 20 分钟车程的 QX 高中。于是我与团队成员兵分两路，我前往 QX 高中确认情况，其他成员先着手开展本地绘图工作。经过实地调查发现，QX 高中不在 JT 社区的行政区划内，且当地的不同户籍的人口混住造成抽样困难，在与后台积极沟通并报备之后，我们将绘图着力点放回到了 JT 社区主体上。在 JT 社区内，我们的绘图工作同样面临着难题——行政区划不明确，街道交错混杂，住宅类型复杂且建筑分布缺乏规划等。不过，在执行团队的通力合作之下，我们最终完成了该区域的绘图工作。

在地方执行时，按照惯例，我们应先与当地的村 / 居委会进行接洽，但是有时候会遇到不配合的村 / 居委会。以 XJ 村村委会为例，在实际执行过程中我们发现，直接与村 / 居委会接洽，村 / 居委会不能完全凭借我们提供的资料确认我们的身份，还需要当地政府的认可。我想，或许在农村基层开展社会调查活动时，可以提前尝试与乡政府接洽，让政府认可我们社会调查的公益性，并尽量寻求政府给予我们一定的人力支持（包括带路人、网格员等）。

在个别 SSU 开展工作时，由于我们没有得到当地村 / 居委会的积极配合与支持，我们的入户工作遇到了很大的挑战。为此我也开始思考：我们是否在一开始没有得到村 / 居委会的配合与支持时就应该放弃寻求帮助，我们是否应该转变执行思路，尝试提前获得地方政府的认可，即便政府不能够提供人力物力上的支持，我们在与地方接洽和与百姓磨合的过程中也能够感觉到程序上和心理上的阻碍有所减轻。

那段实地绘图的时光中，我不仅收获了友谊，还对抽样与执行的高效对接有了更多的理解，懂得了双方如何才能更好地配合，例如执行组在开展绘图工作时尽量不要遗漏——这样会节省因质控后补查而耗费的不必要的时间，在排查空户的时候可以看门手把上有没有积灰或者看楼下的电表，等等。因为四川省实行的是模式三，绘图、核户的是同一批人，因此大家在实操过程中也形成了自己的行动模式，例如在农村以独院建筑为主，绘图时可以用备忘录顺路记录下是否有空户，这虽然增加了绘图的时间，但是为后续核户提供了巨大的便利。而后台质控组在反馈质控结果时也应尽量将查出的序号进行排序，以方便地方执行队伍按分区分头行动，提高效率。类似的经验还有很多很多……

八　且行且歌唱——关于"第一次"的总结

第一，跨山越水，深入调查。在本次担任巡视督导一职的过程中，我陪同内江小分队前往四川内江市的 6 个村 / 居，跨越了四川内江市以农村为主的多个行政区域。在城乡两个不同区域之间，我们的绘图及访问难点也各有不同。对于绘图而言，在农村以独院住宅为主，录入方便但是交通不便，寻找起来有难度，且界定行政辖区范围也有难度；在城市社区内绘图难度大，但是交通和住宿条件相对便利。对于访问而言，农村的难度普遍低于城市，但是答卷质量也会低一些。跨山越水之中，我们了解到了城乡之间现有的差距，深刻理解了乡村振兴战略的必要性与重要性。我认为乡村振兴首要的是经济振兴，但又不能局限于经济发展层面，教育文化振兴也是非常关键的一环。同时，我们也看到了农村可喜的变化，农村贫困人口在不断减少，这也坚定了我们对于在 2020 年全面建成小康社会的信心。

第二，吃苦耐劳，砥砺青春。由于地方执行涉及更多实际操作的问题，成天被暴晒、下雨蹚水、走山路、遭遇恶狗等困难是必须要克服的，这就需要我们不断磨砺自己的意志，练就吃苦耐劳的精神。例如在 JZ 村，由于没有足够的住宿点，内江小分队成员借宿在好心人家中，6 个人住一间房，4 个人打地铺；再比如在 XJ 村，为了协调好时间，我们不得不在烈日下打着伞一边忍受高温一边开展访问和绘图工作，晚上借宿在街上的农户家中。这些经历都增强了我们对于困难的抗压性，也磨炼了我们吃苦耐劳的品质。能够在年轻的时候参与全国性的公益调查，这段辛苦而酣畅淋漓的"旅程"为我们的青春添上了亮丽的一笔。

第三，乡村振兴，献礼祖国。在往返城乡的调查过程之中，我们深刻认识到了乡村振兴的必要性，并在调查过程中获得了大量的一手口头信息，了解了人们对于农村发展的一些看法。我认为此次问卷调查对于我们宏观把握乡村的经济发展状况、文化发展状况以及社会生活的其他方面都有很好的辅助作用。在中华人民共和国成立 70 周年之际，我相信这份问卷调查的数据分析及学术研究成果是对于祖国的献礼。

第四，我在本次 CSS 活动中认识了优秀的中国社会科学院社会学所的老师和参与 CSS 2019 的优秀的师兄师姐们，以及来自西南民族大学的可爱、充满活力与实干精神的内江小分队成员和蓝李焰老师。在本次实践过程中，我和内江小分队在城市与农村之间不断转场，了解到了城市与农村各自的特点，拓展了我们的眼界，也接触了一些现实性的问题，引发了我们对于基层治理的思考，相信这对于我本专业的研究是很好的研究案例。同时，与人打交道的环节锻炼了我的社会交往能力，整个调查过程也锻炼了我吃苦耐劳的能力。此外，我明白了优秀的管理对于提高一个组织的运行效率是多么的重要，这提升了我对于管理学的兴趣。最后，我感受到了全国性的社会调查所需要耗费的人力、物力、财力之大，以及重量级学术研究获得数据资料的困难性，这使我对现在的学术研究肃然起敬，这份感动将砥砺我不断在学术道路上向优秀的人学习以求进步。

带上 CAPI 和眼睛上路

——CSS 2019 社会大调查所见所感

张　丹　中国社会科学院大学社会学系

两个月的乡村之旅，于我而言，是一场知识的盛宴，也是一次修炼。即便是在调查结束大半年后的现在，我仍保持一个习惯：每当我走在路上，总会时不时地观察每个建筑物上的窗户，判断这家是否有人居住，如果有，便又思考这是一个什么样的家庭，可能发生着什么样的故事。这或许就是大调查的"后遗症"吧。但如果我们把这一个个家庭和它背后的故事综合起来，不正是社会学一直关注的诸多社会事实及其关系吗？

作为一个社会学系的学生，我在读书时常有一种似懂非懂的感觉，正是这次的经历让我进一步理解了书中的抽象文字。在读书时，我们很容易明白那一个个文字组成的篇章，但这种理解往往是浮于表面的、抽象的，只有在实地才有可能明白书中所云究竟所指为何。这次乡村之旅不仅让我全方位地体会了调查方法知识在实际运作环节的运用，也让我对中国基层社会有了新的认识。

一方面，CSS 采用了计算机辅助面访（CAPI），这种在国内教科书中至多被简单提及的技术，让我对社会调查方法有了全新的认识。计算机辅助技术的使用是社会调查领域中的一项重大改革。如前所述，相比纸版问卷，电子问卷通过将问卷转移到移动终端中，在互联网的协助下，使访问数据的实时回传成为可能。而它的另一大魅力在于，移动终端采集的数据不仅包含问卷数据，还包括平行数据，如访问时间、GIS 信息、录音等，从而为质量控制提供了依据。由此，它极大地减轻了后期数据录入等环节的压力，对于减少非抽样误差也颇有助益。此外，此次调查还采用了 AB 卷的形式，也就是在访问过程中可将问卷中的部分题目随机选定为展示或不展示。这在一定程度上延展了问卷的长度，有利于减少因问卷过长而导致的受访者中途拒访的问题。

然而在实际使用过程中，我意识到这些优势的展现是有条件的。

其一，CAPI 技术的采用通过将压力前置而缓解了中后期调查工作的压力，换言之，前期准备阶段的工作完成度将极大地影响 CAPI 的使用效果。CAPI 技术使用的前提是需要在前期准备阶段实现纸版问卷的电子化，搭建一个可供数据录入、上传与审核修改的平台，平台必须足够稳定以满足此次调查的特殊需要，这就需要不同学科背景人员的合作。调查执行者需要将调查的需求清楚地告知技术人员，后者在理解调查需求的前提下方能够完成程序设计。但是，这一过程说起来简单，操作起来则面临许多困难：如何让技术人员理解调查的需求，如何在满足各项需求的同时尽可能让各项设计和平共处，同时还要考虑时间、资金、安全、系统硬件和技术人员本身的限制。另外，调查执行中系统的稳定性、操作的便捷性又成为调查执行的拦路虎，它要得到保障需要反复测试和调整。因此，试调查的重要性在计算机辅助下的调查中更为凸显。

其二，CAPI 技术的采用增加了对人员和资金的要求。如前所述，CAPI

技术的使用需要不同学科背景人员的通力合作。这就要求研究者或团体除掌握调查方法的相关知识外，还应对计算机科学、地理信息科学等知识有一定了解，以方便跟程序设计人员进行沟通。同时，CAPI 技术对访员和督导的技能要求也有所提高。在传统的纸笔面访时代，督导只需指导并监督访员按照研究者的要求在纸版问卷中勾选或填写问题答案即可。但在计算机辅助时代，除了这项任务，督导还需要解决访员在现场遇到的系统和设备故障等问题，而对人员的高要求在一定程度上反映为对调查资金的需求。另外，数据平台和系统的设计、测试，以及调查对移动终端及其流转的需求都将会造成调查成本的提高。除系统研发外，在调查过程中，移动终端常全天保持在工作状态，其对电池和充电设备的需求以及过程中损毁的风险也都将转化为对资金的需求。同时，在如 CSS 这种大范围调查中，由于不同省份调查时间不同，移动终端租用、流转及损毁补偿所需的费用也是一笔不小的数目。

其三，需要指出的是，CAPI 不能完全解决误差问题。例如，虽然此次调查通过录音回放、问卷复核等质量控制措施对访问质量进行了把控，但由于无法实施 100% 的即时质控且访问情境无法重复展现，不规范访问、录入错误、访员肢体行为影响受访者作答等问题无法完全得到解决。另外，质量控制的关键在于时效性，理想的情况是访员能够尽快按要求修改、补充或重新访问。而事实却是访员在结束一个抽样单元的访问后往往会迅速离开，若时效性无法保障，即若无法在访员离开此抽样单元前形成质控意见并反馈给访员，访员有可能因补充访问的成本较高而拒绝修改。在此情况下，质控督导、巡视督导和地方督导的多方督促与沟通会产生积极作用，但在反复的交流中，各类督导的工作量均有所增加。

除此之外，调查中仍涉及一些仍具争议的问题。例如，由于农村居民受教育程度普遍较低以及受数字鸿沟的影响，部分农村受访者对部分问卷题目的了解很少，理解力也较差，可谓"一问三不知"。在这种情况下，访问时间通常相对较长，且访员和受访者都面临巨大的压力。因此，有观点认为，此类受访者应被排除在抽样名单之外，因为多方艰苦卓绝的努力最终只换来一连串"不知道"，从数据分析的角度看，这种行为是极其低效的，不符合理性计算。尽管如此，这类受访者并非一无所知，也并非对任何事情都漠不关心。我在陪访中发现，比起社会宽容、信任等主题，他们更关心社会保障、社会公平等相关内容，且对政府等机构持有较高的评价。也就是说，这种"一问三不知"的受访者只是因知识库存有限而在组织答案方面存在困难，但他们对社会和政府有自己的感知和判断——基本生活需求的保障至少是他们进行判断的一个标准。当基本生活需求基本得以保障时，他们倾向于在各个方面给予社会和政府高评价。

另外，借助这次机会，我对中国的基层社会有了更多的认识。例如，冬奥会相关建设加剧了环首都贫困地区的发展不平衡现象。在我的刻板印象中，繁华的首都周边应该是经济社会发展水平较高的城市，但事实并非如此。借助此次调查的机会，我来到了位于北京市西北侧的张家口市。为迎接冬奥会，这里正在进行大规模的城市建设与开发，但老城区依然破旧。据一位出租车司机描述，这些城市建设虽然优化了城市的基础设施，但随之而来的房价和物价水平的大幅上涨与居民实际收入的停滞不前之间产生了矛盾，给这里的居民特别是年轻人，造成极大的生活压力。

再比如，不同类型社区面临不同的治理困境。在城镇地区，特别是县城，高度陌生化的现代小区的楼房性质和居民结构复杂，常包括失地农民、政府官员、个体工商户、公司职员等多个阶层的成员。不同阶层成员混居现象给社区治理带来的一大困难是居民对社区基础设施和服务的需求不同，而社区工作人员难以同时满足不同层次的需求会导致居民对其态度不佳。在调查中，我们常寻求网格员等社区工作人员的帮助以增强调查的可信性，而在实际中，因居民对社区居委会的态度不佳，这一举措难以达到理想的效果，甚至会起到相反的作用。而在衰落的单位社区中，居民对居委会的态度两极化趋势明显。仍居住在社区的老员工对社区工作人员欢迎之至，而租客等外来居民或新居民则很难融入社区，进而对社区工作人员表现出拒斥。尽管这两类社区都出现了社区居民"一盘散沙"和居民身份差异化、多元化的现象并阻碍了社区治理的推进，但其背后的原因是大不相同的，进一步说，其解决策略也应各有侧重，应针对各自的问题精准施策。

总的来说，这两个月的乡村之旅尽管有诸多辛苦，但仍收获满满。它不仅让我更深入地了解了中国的基层社会，还使我对现有的知识体系有了更深的理解和感悟；它不仅让我见识了祖国的大好河山，也让我感受到了世间的温暖与感动。如果把 CSS 比喻成一艘船，我们就是船上的水手，在老师们的指引下去感受一路的美妙风景。非常感谢 CSS 带给我的成长！

当近距离走近 CSS 时，我们可以看到这艘船和这帮人的伟大。时至今日，我仍然认为，这样一个庞大的项目仅由几位老师主导，是一件难以置信的事情。这不仅得益于老师们的恪尽职守，也得益于项目组内极高的社会资本。在初入项目组时，我便能感受到项目组老师们秉持着相同的信念：尽个人最大能力推进 CSS 项目的可持续发展。虽然项目组分为抽样、调查执行和质量控制 3 个组，但各组成员之间并不因组别不同而对对方的困难袖手旁观，每个人都积极地运用自己的知识体系与关系网络尽全力解决整个调查过程中遇到的各种问题。虽然我以学生身份参与到项目组之中，但并没有因此而被排除在讨论之外。即便是学生，我们的意见与建议也会被尊重。也正因如此，在进入项目组后不久，我们便产生了对 CSSer 身份的认同。

从调查方法上看，相比往期调查，CSS 2019 的最大亮点在于全面的计算机化。这里的"全面"意味着整个实地调查流程各阶段（抽样、访问和质量控制）的全覆盖。CSS–CARS 软件实现了地图地址抽样方法的计算机化，绘图员在移动终端绘制抽样地图并填写建筑物信息，后台审核人员在收到绘图员上传的信息后审核绘制成果。通过审核后，后台进行随机抽样，并将抽样名单提交至执行组。执行组导入抽样名单后，访员就可以按照名单上的地址进行访问。待访问数据上传完毕，质控组通过听录音等方式审核问卷，并将审核结果反馈给访员。访员根据审核建议修改问卷，并再次提交。计算机辅助技术的使用使得这样一个复杂的流程可以借助互联网在极短的时间内高效运转，也使得听录音等传统社会调查下无法实现的质量控制手段得以实现。访员也能在反复修改中明确自己的问题，有针对性地提高自己的访问能力。

然而，这并不是说它是完美无瑕的。面对计算机使用在这一领域掀起的革命，它仍有待完善的地方。

首先，调查过程对系统的依赖决定了前期测试和技术支持的重要性。

如前所述，计算机辅助下的社会调查在前期阶段需要不同学科背景人员的合作。同样地，在调查执行阶段，督导也需要掌握不同学科的知识，因为督导的工作不仅限于基于社会调查方法知识给实地调查以监督和指导，也包括解决系统和设备临时出现的各种问题。这说明，督导的学科背景或不应仅局限于社会科学领域，还需涉及计算机、信息技术等领域。当面对困难时，在项目组高社会资本的环境下，学科背景的差异性有可能会提供更多更完美的解决思路。

其次，督导培训也应新增系统操作与设备故障解决等内容，而不能仅限于调查知识、访问技巧和问卷内容等事项。目前，CSS 项目的督导培训包括专业知识、安全保护、财务、社交礼仪等多个模块的内容。另外，随着系统开发的逐步完善，项目组老师也完善了对系统操作的培训。但是，系统和设备故障解决方面的知识仍是缺失的。在此次调查过程中，平板电脑或调查软件曾多次出现故障。而由于督导多是社会学或社会工作专业出身，其解决系统和设备故障的能力参差不齐。面对此类故障，督导一般寻求督导间的互相帮助或求教于技术支持人员，但是，这种求教一般都会有时间差，即无法使问题在第一时间得到解决。这种间隔，不仅会降低访员的访问效率、影响现场访问进程，严重的还会影响访员的心态和受访者对调查的信心。因此，建议在日后的督导培训中，在讲解系统操作的同时补充常见的系统和设备故障的解决方法。

另外，计算机辅助技术的使用使得根据不同需要提供问卷解释成为可能。在本次调查过程中，调查 APP 在入户抽样阶段设计了访问流程和注意事项等提示，此类设计同样可以扩展至主问卷访问阶段。由于访员培训一般仅有 2~3 天的时间，访员往往难以完全消化如此多的内容。目前，相比主观题，问卷培训更重视对客观题的阐述。然而，通过陪访发现，不同学科背景和知识储备水平的访员对主观题目的了解程度不同。当访员学科背景不属于社会学或对社会学知识了解甚少时，如刚转专业或跨专业修读社会学的访员，他们对主观题目的设计可能不甚了解。特别是在此类访员访问至农村地区时，这种现象更明显。地区和访员各具特色导致了问卷培训需求的个性化，而培训时间有限，鉴于此，对题目的解释以提示的方式存储在调查软件之中。

在未来，我期待能看到调查所使用的多个软件能够进行整合。在调查过程中，访员遇到的另一个不便就是多个软件之间的反复切换。访员在寻找受访户时，使用CSS-CARS软件；进入入户接触阶段时，使用CAPI软件。另外，访员在寻找受访户之前，还需要在CAPI软件中根据问卷编号记忆受访户地址，因为CARS系统是以住户地址而非问卷编号来存储和记录相关信息的。在这一过程中，访员需要反复核对和记忆相关信息，以确保采集信息的正确性，换言之，这将增高访员信息录入和采集的错误率。未来，建议将各阶段的操作以模块的形式整合在一个平台中，不同地域、不同阶段的参与者仅获取所需模块的部分或全部功能。

总之，能在一个普通的暑假参与这样一个不平凡的项目，何其有幸！我期待能在未来看到一个更完美的CSS！

访问永远在路上

石星宇　湖南农业大学资源环境学院土地资源管理系

一　我的工作

在 CSS 项目实地工作开展中，我做到了如下几点。

第一，尽量全程陪访，保证每名访员的前几份问卷的质量，保证提问方式妥当、有效率；发现访员追问不足或提问过于具有诱导性时，在不影响调查进行与调查质量的情况下对访员进行纠正与指导。

第二，在访问当中及时沟通，实地无法解决的问题及时向项目组相关指导老师反映，并在指导下克服访问中的种种困难。

第三，在实地访问中担责任、尽责任，及时回复访员的疑问，及时处理突发状况，保证团队远离危险，在实地每时每刻保持高度敏锐、规避风险，及时缓解受访者的抵触心理。

第四，能吃苦，在交通不发达、通信条件无法保障且路径偏远的自然村落中做到"交通靠双腿，备好物资水"。

在 CSS 项目的工作开展中，我的不足之处主要体现在如下几点。

第一，对问卷和调查项目的理解不足以很好地培训地方访员与督导。在地方集中培训当中，讲解相关事项时比较紧张，容易忘词，不能灵活应对突如其来的问题，特别是对于培训中小伙伴的问题不能抓住重点，不能做到用举一反三的例子来让别人快速理解。

第二，缺乏鼓励与治愈访员内心的能力。访员在调查中偶尔会遭受来自别人的恶意辱骂或者人身攻击导致心理受挫，甚至出现消极行为与言论。访员受到挫折后，没有及时用一个细腻的心灵将心比心，没能让其很快地恢复、在受挫后成长。

第三，资料文件等整理不到位。行程中的发票报销非常混乱，特别是车票还有住宿发票与支付凭证的对照，给项目组的各位老师添了很多不必要的麻烦，自己对此也非常愧疚。

第四，在调查中并没有对个人穿着进行很好的规范，形象与调查手册中要求的安全性着装不符，在实地中给访员和地方督导留下的印象不是很好，也存在潜在的受伤风险。

二　我的收获

这次调查中，我的收获很多。

第一，我收获了十分难忘的人生经历与社会经验，其中既有好的、积极的经验，也有消极的、危险的经验。无论是 CSS 培训时的缘分、结识各位师兄师姐的愉快，还是项目组各位老师和负责人的耐心教导让我油然而生的感激之情，抑或是对于调查中出现的危险所感受到的压迫力，都是我人生中一段十分奇妙的经历。比起前 20 年在学校这种象牙塔般的环境中成长，参加 CSS 项目让我见到了社会中那些积极向上的、待人和善的大哥大姐的生活态度；见过许多人在困难的环境下依然没有抛弃对生活的热爱，仍然向往着希望，崇敬着日渐强大的祖国；见证了实地访员一次次受到拒绝后渐渐强大的内心与坚忍的意志，无论山有多高、路有多长、楼有多高，依然会一次次地敲开受访者的门；见过沿海地区台风来临时天昏地暗、暴雨天降、狂风卷地的骇人景象；见过炎炎烈日下满脸汗水、无法睁眼的面庞；见过被太阳暴晒后身躯上不均匀、如同斑马般的晒痕；见过村口的流浪狗对着我们疯狂嘶吼，人犬大战一触即发；见过扒手尾随访员试图行窃，但最终在众人眼光注视下胆战心惊地逃之夭夭。以上种种情景都是在此次CSS 2019 中我的亲身经历，相比于以前在学校中的生活，现实中的社会有着更加让人眼花缭乱的繁荣景象，也暗藏着许多风险与灾祸。要想在社会上少走弯路，除了长辈的劝诫以外，就只能靠自己的双脚去走，靠着智慧去规避风险，用努力推倒困难的高墙。

第二，此次 CSS 2019 中，我收获了许多友谊与关心，还接触了很多不同的思想。项目组各位老师、各位师兄师姐、实地调查的各位小伙伴们……若放在调查之前，我很难想象自己会和来自天南海北的各位共同推进一个项目。而调查中的故事更让我发出感慨：人的一生中又有几次能走进完全陌生的人的家中，与对方讨论国家、社会和生活呢？每一个受访者都是平凡而又不平凡的，每个受访者在生活中都是平凡的人，都有着自己的小秘密，都有着自己不愿讨论的事，都有着自己对于生活的向往；每个受访者又是不平凡的，对于生活，对于社会，对于国家都有着自己为人处世的信念，有着自己的人生观，有着自己独一门的人生经历，也有着让访员满怀希望的神奇能力。每份问卷、每次访问，都是由平凡得不能再平凡的我们记录，由平凡得不能再平凡的受访者口述，也正是我们共同造就了如今不再平凡的中国社会。

第三，在此次 CSS 项目中，我锻炼出一颗坚强的心。如果说 CSS 项目的实地访问没困难、很轻松，那肯定是假的。在当今社会，倘若有一队人称自己是大学生来做调查、要求开门进行面访，换位思考一下，又有多少人有这个胆量与时间来完成访问呢？又有多少人能在访问中给予支持与信任并将内心真正的想法说出来呢？一次又一次的拒访，无非就是信念上的碰撞、心理上的碰撞，在碰撞之中，我渐渐地能够接受被拒绝，能够接受质疑，能够在连续数次被拒访后再一次满怀希望地敲开住户的大门。世上无难事，只怕有心人。调查中，坎要一道一道地越，调查不能总抱着一劳永逸的想法，正因如此，人才能得到历练，人才能不会陷入安逸当中，人才会去挑战自己的信心与耐心，因为"没杀死你的只会让你更强大"。

第四，在此次调查中，我学到了许多待人的礼仪与各地不同的风俗民情。见识过"十里不同音，百里不同话"的场景，见识过不同地方的民间信仰和作息时间，也品尝过各地不同的食物。在一次次的接触中，也学会了在与人交往时如何通过礼仪获得别人的尊重，锻炼了如何用劝说去打动受访者的本事，也锻炼了处世中说话的艺术以及获得人与人之间的信任及尊重的能力。

在 CSS 2019 中，我收获了很多回忆，锻炼了自己的能力与担当，发现了不足并一步步弥补，结识了许多志同道合的小伙伴，还收获了一个难忘的夏天。在此期间，我或许有所不足，或许反应迟钝，或许抓不到重点，或许日程忙乱，但好在保证了问卷的质量和所在地方的访问进度，保证了访员的安全，保证了问题的解决。无论山有多高，我们终将翻越；无论路有多长，我们也要行去访问；无论楼层多高，我们都会敲开住户的门。访问永远在路上，风里雨里，CSS 等你。

三　我的总结

从调查的时间维度上看，CSS 是双年度的纵贯调查。我认为，采用纵贯调查的优点是能把握一定区域内经济、人口、年龄以及社会认知等社会要素的发展过程和变化，并从这种变化中考察社会的发展趋势。以时间为观察窗口，将一定的区域与人群作为调查对象，加上足够多的样本量，以此得到更加准确的、在时间上具有可比性的材料。

正因为 CSS 是一项纵贯研究，所以我认为会有以下几点困难：第一，CSS 项目需要连续数年不间断地开展调查，长时间地收集资料并展开研究，而且在一定阶段内调查的内容构成不能差别过大；第二，CSS 项目调查范围广、追踪性强，其代价是调查费用高，包括人力和资源耗费。因此，除了保证调查问卷设计背后的社会学指标，还要保证调查横断面足够准确与精简，既让收集的材料有高研究价值，又让调查过程高效运作。

从抽样来看，CSS 采用的是概率抽样，其优点我认为有以下几点。第一是随机性，概率抽样保证了抽样池中每个抽样单位都有同样被抽中的机会，在实地调查中可以避免访员私自指定受访者，若全部受访者都由访员指定，那样本构成将会比概率抽样范围更小且内容和分层更单一，无法体现综合调查中的综合性。第二是可行性，CSS 2019 年的调查广泛使用了 CAPI（Computer Assisted Personal Interviewing），即计算机辅助面访系统，在问卷的入户抽样环节就已经将不满足受访者条件的住户排出了抽样环节，以确保抽样抽出的受访者是可访问的，避免了被抽中但无能力接受访问或不满足调查对象的条件而最后被废除的情况。第三是信息性，因为随机抽样需要在每次抽样前填入符合条件的住户信息，因此即便最终只有一位住户能进入主问卷并接受访问，填写的所有抽样样本也能从不同程度上带来不少信息。

同时，CSS 采用概率抽样的方式也会存在以下几点困难和不便：第一，必须严格遵守抽样计划，虽然 CSS 2019 在实地调查中已大量使用 CAPI 系统，简化了随机数抽样过程，但相比于非概率抽样来说，前期准备及调查中花费的时间要更多；第二，正是因为概率抽样需要确定抽样对象所包含的特征、信息，并要设置限制将非调查对象排除在抽样框外，因此，CSS 在抽样环节上需要更多的时间去设计和执行。

从访问方式上看，CSS 采用入户访问的方式。所谓入户访问，我认为就是让访员面对面地去访问受访者，而不是通过打电话、远程网上视频等方式进行访问。我认为入户访问有以下优点。第一，入户访问能降低访问中的抵触心理并确保答题率。因为入户访问是受访户在同意访问的前提下，在自己熟悉、安全且更放松自在的环境下答题，避免了访问时出现"拷问"一样的紧张气氛，从心理学的角度解释就是"首夜效应"，说得通俗点就是生活中有的人会"认"床、"认"沙发，是一种在新环境中能为我们提供保护的适应性反应，但往往会造成受访者紧张或者支支吾吾不愿回答很多问题。但若受访者能同意在家里接受访问，其害怕与厌烦的抵触心理会被大大降低，也有更多耐心与信心。第二，访问的问卷可以相对较长，内容可以更翔实。一般来说，受访者大多是在空闲的时间同意入户访问，受访者有较为多的时间来回答问题，并且由于环境更熟悉、更自在，整个访问的节奏也更轻快，在心理上时间过得更快，更不容易发生中途拒访。第三，每一份问卷所涵盖的信息更完整，也容易整理。网上匿名调查的可信度与准确度不高，且认真填写的比例也比面对面入户访问低不少，再者，由于线上匿名问卷耗时较短、体量较小，其要素构成往往比内容翔实、调查耗时较长的入户调查问卷少。因此，入户面对面访问的调查结果更适合用来推断社会总体的状况。

说了好几点 CSS 采用入户访问的优点，但也不得不直面这种访问方式的缺点。第一，因为是概率抽样，访员可能要花费很多时间在路途上。第二，拒访率越来越高的问题。若是农村社区还好，一般关系网比较小，相互之间的熟悉程度较城市更高，有村干部或者热心人带路，一般都能成功入户访问，且中途拒访的现象也比城市更少。而在中、大型城市进行入户访问时，有时访员要废掉很多样本才能找到一个符合条件并愿意接受访问的住户，而且还要担心中途拒访情况的出现。还有部分受访者对于家庭收入、家庭关系等含有隐私，但对于研究很重要的内容闭口不谈，这使得整张问卷中有很多模棱两可的地方，难以采集到信息。第三，入户访问的时间较长，且样本为概率抽样、分布不定，加上拒访现象的出现，可能导致一整天下来一个访问小组只有寥寥几份合格的问卷填写完毕，且中途又会花费许多费用，包括各种交通费、受访者礼品费、伙食补贴等，此外，参加入户访问的访员可能会为了劳务费采取拦截式访问等。总体而言，入户访问在花费上相对要比其他种类的访问多。

综合来看，对于入户访问，如今人口越来越小的家庭结构使可接受访问的对象越来越少；社会信任度的降低和社会成员普遍的提防心理，使得入户拒访率逐年升高。尽管与其他方式相比，入户访问的问题回答率较高，但它们之间的差距在缩小。诚然，入户访问具有这样和那样的不足，但入户访问在未来一段时间内仍然会被认为是信息收集的最佳方法。

　　从问卷设计方面来看，问卷设计对于一个调查的调查方法与所需调查的内容核心有直接关系，我个人才疏学浅，还无法参透每一道问题背后反映的社会问题以及其蕴含的社会学价值，只能从偏实践调查方面来看待这份问卷。

　　我认为 CSS 2019 的问卷有如下优势。第一，内容翔实。从模块构成上来看，CSS 问卷分为基础模块、更替模块和热点模块。其中，基础模块是对于受访者基本信息的采集，最平平无奇也最贴近现实，从家庭成员关系到职业就业方面，再到收入支出信息的部分，每个跳问的逻辑设置合理，没有牵强附会的附加题目和难以让受访者理解的逻辑承接关系，在连贯性和综合性方面设置得很不错，蕴含的社会学价值也高；更替模块是针对一些题目进行调换；至于热点模块，我认为其具有"站在当今，展望未来"的性质，旨在收集社会中各位受访者对当今热点问题的看法与态度，紧贴社会时事，确保不与社会脱节。第二，问卷与计算机系统的有机结合。CSS 2019 广泛使用 CAPI 系统，在一些跳问和随机选择上避免了访员私自选择跳问。相比于以前，取随机数减少了调查中花费的时间，提高了效率，还避免了部分访员"技巧性跳问"造成的真实信息流失。

　　但是，在实地访问当中，我觉得问卷还可以做出以下改进来提高调查效率。第一，对于热点问题或者需要受访者对社会有一定认识的问题，可以稍微多设置一些"不知道"的选项。农村的受访者可能对社会没有多少了解，无法理解一些抽象的问题，或者根本就不知道这回事。但是，有些题目下没有"不知道"的选项，往往一道题就会让访员花费好几分钟去解释，还得不到答案，并且接下来的几道题往往是同一个类型，在浪费时间的同时，得到的答案也不是受访者真正想反映的。不仅如此，这还会使受访者愈加不自信、不耐烦，中间部分的问题难以作答易导致后续答题的敷衍应付，甚至导致中途拒访。第二，可以进一步完善 CAPI 注解和提示。问卷解释或规范的逐级传递可能导致信息失真，特别是培训时没有做好笔记，CAPI 上又没有注解的情况下。如果调查中发现并询问了督导还好，如对于田地区域的计算，有少数访员不知道不满一亩地的情况按一亩算。还有，农村宅基地和城市别墅的建筑面积计算方法不同，宅基地面积就是划分时批准的面积，不需要乘以楼层；而如果是别墅，建筑面积则需要将每层面积相加。可以进一步限定、补充和完善现有计算公式和一些术语并储存到 CAPI，如此既可以提高访问效率与提问准确度，也可以增强访员前几次访问的自信心。

CSS 是一项调查范围广、调查内容翔实、调查质量高的面向全国公众的劳动就业、家庭及社会生活、社会态度等方面的长期纵贯调查，旨在获取随着时代和社会变化的数据资料，力求为以后的学术研究提供可靠的资料、为以后政府决策分析提供科学且高质量的调查数据。虽然 CSS 以入户为调查方式，以纵贯研究为研究角度，且在策划、设计、培训、实地调查、数据分析上有着不小的人力、物力、财力消耗，但是它带来的是质量高、内容足、层次广、条目清晰的调查数据，因此它是一项高质量的调研项目。

关于 CSS 2019 的一些感受和建议

张静源　北京外国语大学国际关系学院

作为社会调查研究的新人，我自觉没有过多评判项目优劣的资格，仅根据自身参与调查的感受略说一二，以供参考。如果我的建议能够帮助 CSS 有所完善，便是再好不过。

CSS 是一项非常系统的大型综合性调查，问卷内容涵盖社会生活的各个方面。以督导的身份来看，CSS 项目组的培训体系十分完善。时长近两个月的培训全面而又系统地对项目进行了介绍，把问卷内容拆散成各个模块细致讲解，足够让没有社会学基础的人充分理解项目的实施过程和意义。课堂讲授、实地模拟、试卷检测、课程试讲，完善的课程体系足够使每个督导都能独当一面。北京的试调查更是使督导们能够亲自体验访员和地方督导的身份，能够在未来的工作中换位思考，设身处地从对方的角度考虑和沟通。出发前，中国社会科学院的老师们也像是叮嘱远行的孩子一般，为我们考虑到了各种细节。但从另一方面来讲，培训课程过于冗长也成为地方督导培训后期的一个显著的问题。另外，由于今年第一次使用计算机辅助面访，培训的过程也是问卷完善和软件开发的过程，所以在培训中频繁出现变动，有时候标准略显混乱不清。相信随着系统在本次调查中得到完善，下一次实施大调查时这类问题会减少很多。再者，培训过程中纸质问卷的学习和电子问卷的操作被分成两个模块进行，我明白使用纸质问卷是为了让参加调查的成员认识到问卷设计的全貌，但根据实地培训的经验，我认为将纸质问卷和电子问卷同步结合教学效果会更好。在了解问卷内容后，通过软件操作加强对设问逻辑的理解，可以更好地厘清思路，也避免了学习软件操作时重复学习问卷知识。抽样绘图的培训也同样如此。如果将理论和实操完全区分开来，绘图员往往对卫星图、右手原则之类的专业名词感到一头雾水，拿到应用程序后还要重复操作、再次学习。另外，培训后期的有些课程内容讲解重复（如入户抽样），可考虑整合内容，精简培训周期。

其次，督导主要分为抽样组和调查组两个组别，巡视督导大多还承担培训督导的工作，但抽样督导相对独立。这次大调查是对绘图抽样技术全面电子化的一次革新与尝试，是地址抽样调查的重要学术突破。但项目开始初期存在抽样组人员不到位、沟通不顺畅的现象。恰巧我在初期负责的两个省份采取的调查模式都没有在调查开始前完成绘图工作，时刻需要与抽样组对接。然而，一方面，身为调查组督导，我并未接受过绘图抽样相关工作的培训，因而对绘图不甚了解；另一方面，也有硬件因素导致绘图员实际绘图效率无法达到抽样组预期，造成两组工作对接不畅通。地方机构的实际负责人可能是初次对接本项目，无法厘清两组人员的关系。抽样组专人专责落实不够到位，分图、审图等工作巡视督导无法承担，这对绘图和访问工作有交叉的合作机构来说会造成困扰。另外，在四川省采取的模式三中，一个人既是绘图员又是访员，绘图、核户和访问很有可能由同一人承担，那么这个过程中倘若出现作弊现象，往往难以排查。

　　问卷内容方面，CSS 的问卷既包括固定板块，也包括跟随时事热点变化的板块。从第一次培训到最后出发开始实地调查，我清晰地感受到问卷结构与内容的每一次调整与更好的呈现。中国社会科学院社会学所实施 CSS 的团队认真、高效、标准，我感受到了非常完善的项目实施体系，也见识到了专业负责的项目成员。但访员的整体反馈还是认为问卷过长，且在农村地区存在大量受访者无法理解问卷的现象。由于农村地区劳动力人口大多选择外出务工，我们入户抽样的询问虽然可以在调查城市社区时将流动人口纳入其中，却不能很好地规避城市和农村之间的数据偏差。在一些地区，能够在我们在场时完成问卷访问的总是年逾七十的老年人。另外，在尝试使用大调查的数据进行研究分析时，我也考虑到是否有可能进一步加大以量化数据呈现的问题，更加关注社会心态和社会情绪。

绝知此事要躬行

——记 2019 年"中国社会状况综合调查"

董良平　中国社会科学院大学马克思主义研究系

"中国社会状况综合调查"是中国社会科学院社会学研究所于 2005 年发起的一项全国范围内的大型连续性抽样调查项目，目的是通过对全国公众的劳动就业、家庭及社会生活、社会态度等方面的长期纵贯调查，来获取转型时期中国社会变迁的数据资料，从而为社会科学研究和政府决策提供翔实而科学的基础信息。在社会学所各位老师的指导和帮助下，我非常有幸地成为 2019 年"中国社会状况综合调查"中的一员，在这个暑假奔赴福建省和河南省担任巡视督导。下面我就此次实践调查做一个汇报总结。

一 巡视督导的主要工作内容及情况

（一）前期培训内容及准备工作

虽说此次实践调研主要集中在暑期进行，但其实我们暑期前就花费了将近两个月的时间接受培训和进行准备工作。经过严格的面试，我以"中国社会状况综合调查"督导的身份参加了项目组老师专业的培训。培训期间，我们主要学习了实地调查的流程、方法、技巧等有关知识，还学习了地图地址抽样系统的使用和计算机辅助面访系统的使用。除了理论知识以外，我们同样参与了北京市顺义区的实地调查练习，在实践中巩固了我们的理论知识。经过项目组老师将近两个月的专业培训以后，我已经熟练地掌握了作为一名访员必须具备的专业知识和技巧，同时也非常明确地知道作为一名督导的工作内容和应当承担的责任及义务。培训结束的前一天，我被任命为福建督导组的组长。与此同时，我积极与福建省当地合作机构负责人取得联系，清点并邮寄相关资料，并为督导组成员购买车票。

（二）巡视督导的工作内容及情况

1. 对地方访员进行培训

督导的第一个工作内容就是对地方访员进行培训，把自己在培训时所学习的知识都传授给他们。2019 年 6 月 29 日，我怀揣着紧张与兴奋的心情，同一名带队老师和我们组其他督导，踏上了开往厦门的高铁。紧张与兴奋主要来自两个方面：一是我第一次乘坐高铁，第一次感受祖国的速度；二是作为福建督导组组长的压力，使我无比紧张，一开始我也想过放弃，害怕自己做不好，但有了老师和同学的鼓励和信任，我勇敢地担起了自己的责任。当天晚上，我们到达了福建省漳州市，此次调查的合作单位是嘉庚学院。由于时间比较紧，前期的接洽和联络也已经在线上处理好，所以我们省去了与当地负责人的见面。晚上随便吃了点东西，老师就带领我们商量明天培训的事宜，一直聊到深夜两点，大家都感受到了前所未有的紧张。第二天一大早，我们就赶到约定地点，与地方负责人及访员正式见面，随后开启了为期三天的紧张培训。培训的过程非常顺利，地方负责人及访员都非常积极地配合我们，我和我的组员也逐渐克服了紧张的情绪，竭尽全力将自己所掌握的知识传授给地方访员，以便大家能够顺利完成调查工作。

2. 带领访员进行实地调查

三天紧张的培训很快结束，第二天我们带领各自的访员奔赴各自负责的地区实战。此次福建省需要调研四个地区，分别是厦门市、莆田市、福清市和三明市。作为组长，我负责的是最难的莆田地区，该地区方言难懂，大多数年轻人外出务工，老人、妇女和小孩居多，他们大多只能听懂普通话而不会说，还有一些听不懂更不会讲。针对这个问题，我把组内唯一一个莆田当地人拉出来，让他快速教会所有组员一些常用的简单问候语，以免访问时与他人发生冲突，并且让每位访员在遇到语言障碍时立刻联系该访员，距离近且时间允许的情况下由该访员亲自前往处理，距离较远时就电话或微信线上处理。实地调查的过程中，最关键的一步是寻找到正确的地址。因此，访问第一天上午，我首先带领所有组员将地址全部走访一遍，告诉他们如何准确快速地找到受访户的地址。实地调查最重要的一步是完成问卷，针对这一步，我将地址按组分配给访员，并且每一组访员我都陪访一次，在访员身边指导他们如何正确进行访问并准确填写问卷。在福建调查顺利进行的时候，我来到了河南财经政法大学进行培训和实地调查。功夫不负有心人，在我们组员和全体访员的配合下，此次调查顺利完成。

二　此次实地调查的感受和收获

实地调查是大学生接触社会、了解国情、服务大众的重要形式。非常幸运有这样一次机会让我认清自己、提高自己。此次实地调查让我感受颇深、收获颇丰。

"天将降大任于是人也，必先苦其心志，劳其筋骨，饿其体肤，空乏其身，行拂乱其所为，所以动心忍性，曾益其所不能。"可以说，孟子的这句话非常直观地表达了我此次实地调查的第一感受。累，是真的累。每天从早跑到晚，暑假天气又非常炎热，从小在农村长大的我都有些吃不消。但作为新时代的青年大学生，奋斗是青春最亮丽的底色。习近平总书记在纪念五四运动100周年大会上的讲话中指出："青年是整个社会力量中最积极、最有生气的力量，国家的希望在青年，民族的未来在青年。"今天，新时代中国青年处在中华民族发展的最好时期，既面临着难得的建功立业的人生际遇，也面临着"天将降大任于是人"的时代使命。同时，习总书记提出新时代中国青年要勇于砥砺奋斗的殷切期望。"自信人生二百年，会当水击三千里。"民族复兴的使命要靠奋斗来实现，人生理想的风帆要靠奋斗来扬起。今天，我们的生活条件好了，但奋斗精神一点都不能少，中国青年永久奋斗的优良传统一点都不能丢。

"千里之行，始于足下。"此次实践调查虽然只是我学习路上的一小步，却是我人生之路的一大步。短暂而又充实的实践调查，对我走向社会起到了一个桥梁的作用、过渡的作用，是人生的一段重要的经历，也是一个重要步骤，对将来走上工作岗位也有着很大帮助。

"三人行，必有我师。"此次实践调查是我们一个团队共同行动，在这个过程中，我从我的队友身上学习到了很多。我深刻了解到，和团体保持良好的关系是很重要的。做事首先要学做人，要明白做人的道理，如何与人相处是现代社会的做人的一个最基本的问题。

"纸上得来终觉浅，绝知此事要躬行。"实践是检验真理的唯一标准。通过此次实践调查，我深刻地认识到，有些知识并非像书上所讲的那样，也有些知识是书本上学不到的。马克思主义讲，实践是认识的来源，我们既可以通过书本等间接实践来获取知识，也可以通过直接实践来获取知识，并且在实践中不断检验和发展真理。

心怀己任，无畏艰辛

——CSS 2019 社会调查实践随感

王艺璇　中南大学公共管理学院社会学系

一　走进 CSS 2019

作为一名即将步入大三的学生，经过两年社会学专业知识的积累，我深深地体会到知识与实践相结合对于社会学专业的重要性。目前，我们正处在大学四年的中点，是承前启后的关键时期。如何将所学的知识应用于社会，如何更好地为毕业做准备，是我们在这个时期需要思考的首要问题。随着社会的快速发展，用人单位对大学生的能力要求越来越高。为了能适应严峻的就业形势，尽快融入社会，为步入社会打下坚实基础，进行专业的社会实践是必不可少的一环。专业实习使我们在实践中认识社会、了解社会，同时也打开了视野、增长了见识。"没有实践就没有发言权"只有在实习期间调整好学习方式，在实践中熟练运用专业知识，才能更好地服务社会、建设社会。正如校训所言："知行合一，经世致用"。只要我们心怀天下，立足现实，锐意进取，在实践中进步，在实践中成长，总有一天会成为社会学专业公认的人才。在社会实践中，我一向坚持"实践是检验真理的唯一标准"，坚持社会学的严谨性、真实性原则，力求切实地反应基层人民的心声，从而为社会科学研究和政府决策提供翔实而科学的基础信息。

经过大学两年社会学专业的理论进修，再加上 4 天针对开展"中国社会状况综合调查"的流程培训，我们对社会学专业的基础知识与如何进行本次社会实践有了基本掌握。我们心中都在思考如何灵活地将理论与实践结合，更好地完成实践中的每一个任务。

本调研小组共 8 名组员，分别在湖南省郴州市 CJ 社区、SZ 社区、LW村、JX 村开展为期 12 天的调研活动。本次调查有助于获取转型时期中国社会变迁的数据资料，其研究结果可推论全国年满 18~69 周岁的住户人口。调查采用 CAPI（计算机辅助面访）调查方式进行。小组在调查点采用地图地址抽样方式以涵盖更多的流动人口，并采用概率抽样的入户访问方式深入城乡居民家中进行问卷调查，还对调查地区的居委会与村委会进行访问，取得了全面、准确的村/居边界与村/居信息。调研小组严格按照规定时间入户，遵守实地地图地址抽样、户抽样、户内抽样的规则，遵循入户接触、入户抽样所规定的步骤，共回收 68 份有效问卷，圆满完成了调研任务。

尤其值得一提的是，2019 年是 CSS 第一次使用电子抽样与电子问卷形式，且从绘图、核图、抽样到问卷需全部由调研小组自主完成。形式新、时间紧、任务重，大大考验了小组的综合能力。小组不仅需要对绘图、核图、抽样、问卷各部分执行的基础知识具有全方面、多方位、细致的了解，还要在实践过程中灵活机变，处理遇到的种种问题。调研任务的圆满完成，说明了成员们在体力、智力、情商等方面都表现不俗。

其中，我本人实地走访了 4 个村（居）社区，除了完成村（居）社区的绘图、核图、抽样等任务外，还主要完成了 17 份有效问卷的户内抽样、访问、填答、自查、上传工作，占小组完成问卷总数的 1/4。在调查过程中，我充分发挥艰苦奋斗精神，任劳任怨。比如，在有些组员绘图工做出现较大失误，耽误调查进程时，我秉承一贯的团结观念与大局观念，反过来安慰那些组员，并鼓励其端正态度，积极改正错误；在有些组员遇到困难时，我与其他组员主动承担剩下的任务，直到晚上十点才结束访问。我一心想着怎么又快又好地完成任务，因而工作再苦再累也没有一声抱怨，任务再难再多也没有一刻偷懒。这体现出我对待工作认真负责、吃苦耐劳的态度和团结集体、顾全大局的气量。在下一次的实习工作乃至以后的工作中，我依然会秉持这种工作态度，争取取得更好的成果。

二 开展调查

CSS 分为三大步骤，分别为绘图、抽样与核图及入户访问。本次调查采用地图法建立村居抽样框，需在平板端与电脑端的计算机辅助住址抽样 CASS-CARS 系统（Computer-Assisted Residential Sampling，简称 CARS）提供的村 / 居卫星图上进行绘图。在 4 个村 / 居中，我主要完成了 SZ 社区与 JX 村的绘图任务，以及 CJ 社区、LW 村、JX 村的入户访问工作，共完成 17 份有效问卷。

入户访问包括入户接触、入户抽样、主问卷访问三个阶段。入户接触的作用是征求受访家庭的合作，入户抽样的目的是按照要求在受访者家庭里抽出符合要求的受访者，主问卷访问是通过问卷实现对受访者各项相关数据的采集。具体来说，在 CSS 2019 调查中，入户接触过程是指找到样本户地址以及敲门的过程，整个过程的相关信息要填写在"调查 APP"的联系记录页的"基本信息"页面中；入户抽样过程通过户抽样和户内抽样模块来完成，完成抽样所需要的信息在抽样页面填写，但若在抽样过程中出现拒访、预约等情况则需返回联系记录页面填写相应信息（比如当时处于什么状况，是否有预约等）；主问卷访问是通过填写主问卷来记录需要收集的信息，但若遇到中途停止、重约时间、拒访等状况也仍需回到联系记录里填写这些信息。

在入户访问阶段中，我严格遵守访员的职业道德与基本行为规范，尊重与保护受访者，诚实、负责、绝不弄虚作假，严格执行每项调查的技术规范；整个访问过程中，我始终保持文明礼貌、和气待人、耐心细致的态度；我充分肯定社会科学调查的意义，它是一个对国家进步、人民生活与学术研究都有宝贵价值的服务活动，因此更要表现得大方得体、不卑不亢、从容不迫。

三　一些个人反思

由于社会现象的复杂性，或者由于现实条件的变化，事先考虑到的调查设计往往会在某些方面与现实之间存在一定的距离或偏差。为了顺利完成收集材料的任务，就需要根据实际情况进行修正或弥补，发挥调查者的灵活性和主动性。我们应充分重视调查工作经验的总结和交流，及时发现和解决调查工作中出现的新情况、新问题，并及时进行资料的补充调查和修正工作，促进调查工作的平衡发展。

在绘图过程中，我发现了以下问题。

第一，电脑端与平板（Pad）端信息更新同步不及时。在绘图过程中，社区的实际边界与系统中原有的边界相比变化很大。我们在电脑端依照实际情况修改完边界后，Pad端却迟迟不显示修改后的边界。其中，LW村的卫星图甚至缺失了很大一部分，联系后台人员也没能及时补上，给绘图工作的紧张有序开展带来了不小的阻碍。

第二，上级督导回复不及时。修改边界后的村/居范围过大，比如SZ社区南北边界长达几十公里，根本无法全面绘制，要确认到底需要绘制其中哪些区域。向上级督导反映后，等待很久才得到答复。

第三，系统运行速度慢，且设计不合理，主要表现在以下几个方面。（1）系统反应慢。在绘制建筑物的过程中，往往每在系统中填一项信息就要卡顿几秒。（2）系统操作设计不合理。单元楼与平房结构重复，在系统里却只能一个个画与填，工作内容重复且枯燥，浪费时间，如果不小心画错住宅类三角形方向，就只能删除整个图形与所有信息重画，大大提高了工作的重复率。（3）系统后台储存信息量过少。绘图完成后需上传到后台，系统积累超过十条操作不上传就会出现错误，如图形重叠等，但频繁上传也需要耗费大量时间。我建议提升系统的运行速度，加大后台储存信息量，最好能直接复制粘贴住宅信息，并能旋转调整图形位置等。

在问卷访问过程中，我发现了以下问题。

第一，问卷题目过多，访问时间过长。CSS 2019 的问卷长度为 31 页，共 132 道题，分为 A~K 共 11 部分，访问时长平均为 1~2 小时，实施难度大，如正常上班族根本不想也无时间接受访问。

第二，问卷题型设计复杂。本份问卷题型众多，多选题、单选题，数字题、文字题，主观题、客观题，打分题、程度题，情景题、排序题全部混杂在一起，题目要求换来换去，不仅受访者反应不过来，连访员将一份问卷全部询问填答完毕后也经常是头昏脑涨。

第三，问卷问题采用否定形式。本份问卷在多个题目中采用否定形式提问，如 E2 题"您是否同意以下的观点：3.我对现在政府提供的社会保障不满"，回答"同意"表示"不满意"，回答"不同意"表示"满意"，经常把受访者和访员绕晕。且此否定形式没有任何意义，与直接提问"您对现在政府提供的社会保障满意吗"所达到的效果是一样的。类似的题目还有很多，在此不再赘述。

第四，问卷没有考虑受访者的文化程度。要了解不同调查群体、不同层次以及不同价值观念的人对于调查内容的不同反应，就必须设计出适合不同调查对象的问卷。我们调查的地区分为社区和农村两种类型，而社区居民和农村居民的文化程度、理解能力显然差距很大。问卷中大量出现"政治权利""财务自由""政府信息公开""消费者隐私""志愿服务""社会公平""社会信任度"等难以理解的词汇，显然超出了农村地区居民的回答能力，反而让农村受访者产生畏难心理，不愿受访。对于一些定义模糊的概念如"理想""幸福""自由"等，问卷也没有采取标准界定。例如G7 题"您认为一个好的社会应该包括下列哪些特征？"备选答案包括"富强""尊崇宪法""民主""创新""自由""崇尚科学""尊重人权""集体主义"等，大多数农村地区的受访者根本不理解这些词汇的含义或范围，有些人无从作答，有些只能懵懂地随便作答，这样得到的资料的真实性就会大打折扣。

第五，问卷结构不合理。问题顺序应把简单的、能引起受访者兴趣的问题在放前面，这样可以给回答者一种轻松、方便的感觉。如果刚开始回答就让受访者感觉很吃力，会影响他们的情绪和积极性。而本问卷的前三部分正是询问住户成员、个人工作和家庭经济情况，问题非常详细、复杂，且在入户抽样时有些信息已经问过一遍，访问时间太长，受访者极易产生烦躁情绪。第四部分开始询问受访者的主观看法，然而许多受访者在前三部分就已表示要终止访问。我认为前三部分的题目可以减少一些，或将主观部分提前，成功地引起受访者的兴趣，问卷才能继续进行。

总体而言，CSS 2019 问卷设计复杂，问题过多，导致访问时间过长，实施难度大。众所周知，问卷设计要考虑可行性原则，还应从受访者的角度出发，尽可能地为回答者创造方便，减少他们填答问卷的困难和麻烦，减少他们填答问卷所需的时间和精力，使问卷设计适应受访者在心理和思想上的要求和需要。由于这次问卷设计明显对受访者的条件要求过高，导致我们反而是在抽取的样本户中寻找"符合填答这份问卷的标准"的调查对象，这显然是本末倒置了。

本次社会实践走访实地、深入基层，给了我们这些象牙塔里的学生一个领略人间百态的机会。社会调查像撕开了画卷的一角，让我们通过访问的形式窥见社会万花筒的光怪陆离与多姿多彩，与郴州人民一同体会生活的酸甜苦辣。在实习过程中，我切身体会到了郴州人民的热情好客、朴实可爱，也深深为底层人民笑对困难、积极生活的精神所感动。

本次社会调查除了需完成专业工作，还需要与村/居委会沟通协调，争取他们的配合，更要和不同身份、不同职业的受访者打交道，让他们放下疑虑和戒心，接受1个多小时的访问。我在此过程中积累了许多社会调查的经验，对所学的知识有了更加深刻的思考，综合能力得到了很大提高，也培养了不怕苦不怕累、坚忍不拔、勇往直前的精神和认真负责的职业道德观。同时，我深刻地体会到团队协作的重要性。独木不成林，一个人的精力始终有限，只有组员间互相配合、守望相助才能顺利完成任务。

总之，这次社会实践使我受益匪浅。在接下来的大学生活中，我依然会秉持艰苦奋斗精神，认真学习专业知识，用理论指导实践，在实践中检验理论，不断进步，争取早日成为社会所需要的专业人才。

第五部分

有　成

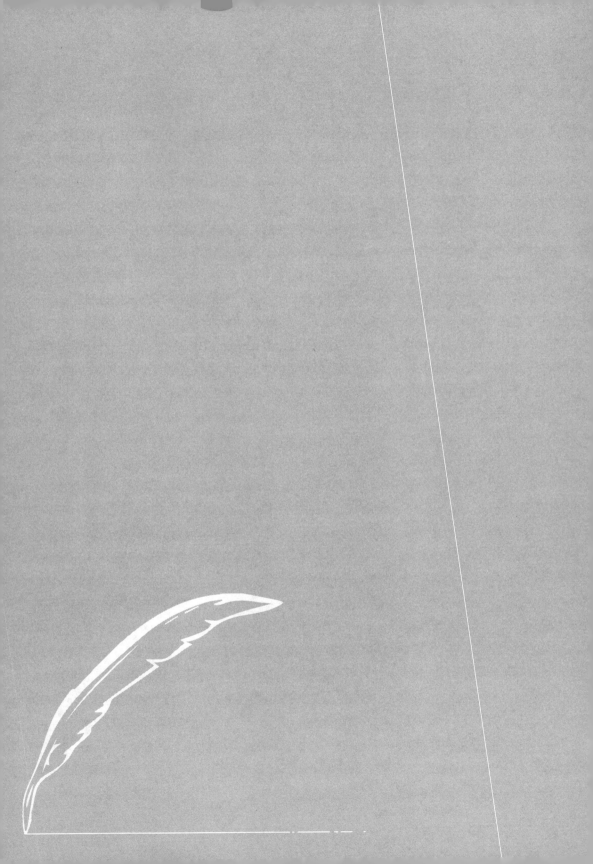

导语：大型学术调查的方法反思

李　炜　中国社会科学院社会学研究所

"有成"部分汇聚了 CSS 2019 调查参与者对于调查抽样、访问、质量管控等操作流程的讲述与心得，对大型学术调查的方法反思颇有借鉴价值。

《拥抱新技术，我们携手同行》和《谈地图地址抽样》两文，记述了 CSS 2019 首推的 CASS-CARS 系统的降生和初次"路演"的过程，这是纸版"绘图—抽样"工作模式向电子化"绘图—抽样"工作模式切换的重要技术节点。两文的作者，郗昱和张宾，都是此次 CARS 系统开发设计的主创人员，虽然他们还都是年轻的在读博士生，但一位有着丰富的地理信息专业知识，一位有多年的 CSS 现场抽样工作经验。在 CSS 2019 的春夏工作时光中，他们在抽样组负责人任莉颖老师的率领下，以辛勤和汗水见证了 CARS 的着陆和初行。张宾的文章更多侧重于对比纸版"绘图—抽样"系统的缺陷和电子系统的优绩，郄昱的文章则更加细致地讲述了 CARS 的创制过程、现场应用的组织架构和多方交互的应用流程。

为调查总体中涵盖更多的流动人口，降低覆盖误差，CSS 的实地抽样框自 2011 年起由早期的村民/居民名册改为住户地址，纸版"绘图—抽样"的工作模式也就应运而生。张丽萍研究员倾尽心血主持了这一庞大的工程事务，经过不断探索和设计，形成了一套包含实地绘图、标注建筑物、列举地址、核图、住户地址抽样、核对样本户等多个步骤的标准化执行规范，开发了《绘图抽样手册》等培训资料和课件，为 CSS 入户抽样的科学性和规范性奠定了基础，其功厥伟。

然而正如上述两文中所述，纸版"绘图—抽样"存在着难以精准、工量繁复、不便保存等诸多问题。解决的关键首先在于纸版绘图是"示意图"而非测绘图，村/居建筑物分布图与实景有一定的差异，访员若"按图索骥"则存在相当的难度；其次在于"绘图—抽样"的过程难以标准化管控。由于没有实景的测绘地图为参考，后台核图、审图只能依赖于绘图员对边界、建筑物、住址等地理信息的纸上呈现，质量监控无法对标而成为"内循环"。另外，纸质资料的保存、流通和管理大成问题。CSS 一次调查的绘图量大约需上万张 A4 纸，2011~2017 年的四期调查绘图平铺大约是 6 个篮球场的面积。如此巨量的纸质资料，保存起来十分不易。虽经扫描，但图像不甚清晰，遗失和漏页的情况也在所难免。每次调查调用、寄送也耗工不少。2019 年项目组开发的 CARS 系统，采用村居的卫星影像图作为底图，将纸版工作模式改进而移植到电子平台上，旧有的难题迎刃而解，可称为入户抽样调查的技术利器。

作为 CSS 项目的"总教头"，我还想借此篇幅特别感谢中国社会科学院信息化管理办公室对 CARS 系统开发的鼎力支持和经费资助，这使国内学术调查的抽样技术应用迈上了数字化和智能化的台阶。

入户访问无疑是社会调查诸环节的重中之重，而无应答则是国内外入户调查的难中之难。国内关于调查方法的教材和研究文献中多讨论"应答率"的问题，但对如何提升应答率的举措较少涉及。陈艺华同学《减少调查中的无应答》便是以 CSS 2019 的亲历为题材，列举了单元无应答（Unit Nonresponse）常见的原因，提炼了相应的应对之策，分享了现场的成功实例，非常有借鉴价值。入户调查中的访问成功大致要经历接触（contact）、合作（corporate）、访问（interview）三个阶段。这三个阶段依次对应未接触、不合作、未完成三种无应答类型。其中不合作（拒访）是最为常见、最难以克服的障碍。此文用了大量的篇幅来讨论如何实现拒访的转换，即如何让受访者增加对访员的信任，提升对调查的兴趣，以及安排和预约合适的时间。这也是 CSS 访问技巧培训中重要的内容，通常要训练访员针对各种障碍点组织"话术"来灵活应对。此文最后提出的关于建立村 / 居层面的"应答率档案"的建议对于固定抽样框的持续性调查十分有价值，也具有操作性，国外不少专业的调查机构也有成功的案例。

《关于入户调查的反思与总结》一文也主要总结了现场访问环节的经验，有几处可圈可点。一是从访员和受访者双方的视角，梳理处于调查情境中的障碍。调查方法学中将访员视为研究者和研究对象之间的桥梁，其重要性无须多言。然而访员角色是最难承担的。访员往往不怕累身，而最怵累心。所谓累心者，很大程度在于他们是在代别人（研究者）向受访者发问，问卷中的很多问题远远超出了他们的知识范围和问题旨趣，而鼓励陌生的受访者坦率作答又不能有所诱导，更需要娴熟的沟通技巧，这对于初涉世事的青年学生而言确非易事。文中特别提出建议，访员要"注重观察细节，擅于共情""和老人聊健康，和家长聊孩子，和青年人聊未来，和学生聊学习，和男人聊事业，和女人聊形象""掌握面对不同对象的沟通技巧"。二是介绍了入户敲开"三重门"的技巧，即如何借助社区网格员、物业管理人员、保安等社区人员，来破解不能接触、拒绝合作的障碍，是极好的经验之谈。三是提醒关注入户调查中受访者应答的真实性对问卷效度的影响，这对于问卷提示和访问模式的设计都是很好的建议。

写作《CSS 2019 我的评估总结》一文的是申光明同学。此次调查中他虽是新手，但先后承担了调查质控、抽样核图、入户访问三项工作。他在文中主要基于自己的访问经验，对调查问卷的主要模块的设计提出了一些问题，比如受访者的家庭范围在访问中可能前后不一致，一些特殊的、有收入的活动是否属于职业的范畴，个人及家庭收支的问法等，使我们更加具体地体察到，研究者设计的问卷题目，需要通过数百上千的访员先内化为自己的提问方式，再一一发问形形色色的受访者。这个过程中访员和受访者的对于给定题目的认知、解码和发问/应答方式，是问卷设计者要更加深入探讨的议题。

调查数据的质量管控也是大型调查流程中至为关键的一环，其内容主要是审卷和复核。在纸版 CSS 的时代，质控是由地方督导、巡视督导和总部后台共同来承担的。CSS 2019 则在 CAPI 系统的基础上开发了独立的质控功能——这也是此次 CSS 项目值得骄傲的创新利器之一——因而大部分工作就由后台质控团队来执行。贾聪同学《从"科学化"到"有温度"——以 CSS 2019 为例浅谈社会调查中的质量管理》一文主要讲述了后台质控的全部过程。基于 CAPI 的质控功能十分贴近调查场景：它保证了数据和语音录音同步快传到后台，完访数据以卷面而非数据库格式呈现，在查阅页面的同时就可以同屏调取录音，审核结果可以批注在每道题目之下并回传给访员……可以说是我们所见国内最好的问卷访问和质控系统。然而，应用到调查中还需要与之相契合的组织和沟通方式。后台质控组为此制定了一系列质控标准，并保障与前线访员、督导高效的沟通，基本上做到了问卷数据回传后 4~6 个小时内完成审卷并反馈访员。在 CSS 2019 中，后台质控组还承担着项目后勤、发放样本、行政联络等更多的值守工作，感人的网图"CSS 的十二时辰"就是他们辛苦工作的写照。从调查方法学而言，电子化、智能化的质控系统一方面使得调查中的应答误差（response error）、访员误差（interviewer error）和数据处理误差（processing error）得以记录、计算和分析，从而有利于寻找相应方法来降低调查总误差，提高数据品质；另一方面通过录音回听，可以了解访员访问行为的信息，从而为问卷题目和访问流程设计的改进提供依据。

拥抱新技术，我们携手同行

——记 CSS 2019 地图地址抽样

郝　昱　巴黎第一大学地理学院

每两年一次的"中国社会状况综合调查"，一直都是通过地图地址抽样的方法来建立 SSU（村／居）层面的抽样框。地图地址抽样是一种在实地绘图的基础上，以住户为基本抽样单元确定样本框的抽样方法。这种抽样方法可以适应我国现在流动人口多、人户分离现象普遍、门牌地址信息不完备的情况。在之前的实行过程中，我们一直是采用纸笔绘图的方式，把调查点的所有住宅类建筑物画在一张或多张 A4 白纸上。这种方式受绘图员的影响较大，容易造成所绘地图比例尺失调、易读性差、难以远程求证、访问时难以找到地址等问题。而且每两年进行一次调查，纸质资料保存不便，容易丢失和磨损，不易检索。为了解决和避免这些问题，项目组在 2019 年决定使用电子绘图系统，替代手工纸笔绘图的办法。由于可以叠加调查点的卫星影像图，电子绘图系统可以在很大程度上解决上述纸图模式的诸多问题。相对于白纸而言，有卫星影像图建筑物的图像打底，远程的监督也变得相对容易一些。

因为我有地理信息系统的专业背景，在 2019 年 4 月加入 CSS 项目组后，李炜老师就让我协助抽样组任莉颖老师，与张宾同学一起，负责 2019 年刚刚上线的地图地址抽样电子系统的工作。在这期间我们遇到了很多困难，但并不认为困难无法解决，因为我们从来都不是孤军奋战。

一　新技术的实现及前期准备

使用新的技术，思路的转变不可避免。用地图地址抽样的方法建立抽样框的本意，是利用实地探察的方法，遍历所在地每一座建筑物里每一户的位置，形成住址列表。因此，在使用纸笔记录时，需要画一张示意图来表明建筑物相对位置并编号，同时针对每个建筑物再制作一份按住址排序的住户清单。但如果利用地理信息系统来进行列举，住户清单列表及其他相关信息，就可以直接附着在地图上。也就是说，我们在标识这个建筑物的同时，可以对它的内部情况进行注记。这大大提高了我们的工作效率，但同时也对工作流程上的整体改革提出了挑战。

首先，我们之前的所有数据，都是基于纸笔方式记录的，它是一个由多年实践得出的、最精简且完备的遍历住址的方法。它解决了以下两个主要问题：1）如何在没有该地区地图的情况下，绘制出所有的建筑物，且不重不漏；2）对所有建筑物及住户进行编号，方便后续抽样及访问。电子系统的方便之处在于，它首先有一个基准地图可以参考，我们可以很直观地从系统上面分辨出来哪些是建筑物，分别在哪里。因此我们遇到的第一个工作流程的问题是，我们是否需要对建筑物及住户编号？如果需要，应该怎么样去编号？

在 3 月中旬系统上线后，任老师、张宾、我还有软件开发公司的负责人拿着往年的纸质图以及住户清单列表，跑到北京市最难画的那个胡同的社区居委会，测试这个新的系统。我们 3 个人下午用了 4 小时的时间，一边熟悉系统，一边熟悉胡同里面逼仄的道路、产权分界极其模糊的小房间，就完成了之前 2 个人一整天的工作。这样的准备和测试工作让我们能够切实感受到实地绘图员可能会遇到的情况，电子绘图和纸版绘图的工作差距在哪里，有哪些是不那么重要的，哪些又是必需的，哪些是我们之前在系统设计阶段考虑到但在实地作用不大的，又有哪些是我们没有考虑到需要修正的……从系统开发到整个项目结束，甚至到现在，是开发公司的同人一直和我们站在一起，从我们的立场上思考，主动加班，积极地和我们一同寻求解决方案。如果没有他们在后方的技术支持，我们很难走得稳，走得远。

经历过 5 月份多个督导 5 次实地检验和论证后，项目组根据系统的特点，制定了新的抽样手册和命名编号方式。编号依然很重要，编号是为了避免绘图时画漏或画重的问题，编号也依然按照行进路线进行编制，方便后期项目组进行远程核查和抽样。由于地理位置可以被标注出来，系统还可以查看自己的定位信息，因此我们本次大量使用了地址编号和实际门牌号混排的命名方式，在门牌号不全的时候，也能让使用者很快地按照相对位置找到地址，极大地方便了后期访员找到地址做入户调查。同时，根据现场的情况，负责系统开发的公司也积极配合我们进行了一些细节上的改进，增加了一些兼容性更强的字段，并对原本的数据类型做了相应的修正。

CSS 是全国性的大调查，而我国幅员辽阔，少数民族众多，各地气候及生产生活习惯各有特色，建筑风格也相差很多。北方的房屋和新建的城市小区，大部分形制规整，在地图上很好辨识和绘制，但在南方的村寨、一般城市内的城中村、老旧小区及原来的城市中心待改造地区，往往会遇到很多不那么规则的建筑物，内部情况复杂多样，现实情况、纸质图和卫星图难以一一对应。为了确认每个村 / 居委会的变动情况，项目组在五一期间对所有 604 个村 / 居委会的情况进行了电话核实，电话应答率大概是 76.2%，拒访的有大部分原因是拒接和没有联系方式。这一步结束后，发现往年留下来的纸质地图信息清晰且变化不大的村/居委会大概只有71个。于是在出发前，我们请求督导们根据往年的纸版信息来进行线上绘制，但是由于生活环境相差很大，无法想象实地情况，最终在出发前，督导们只来得及绘制其中的22个。这22个村/居地图中，最终派上用场的只有12个，都在北方（河南、河北、黑龙江、天津、山东），在实际调查之前，也需要在实地负责抽样的同学重新确认一下是否有疏漏。

二 新技术的应用：在实践中成长

大型社会调查的抽样环节包括建立抽样框（即实地绘图）、审核、抽样、对抽样点进行复核、将抽样点数据导入问卷调查系统（即样本导入）这几个步骤。

CSS一直采用的是与地方科研教育机构合作的执行模式，在这种模式下，抽样工作包括三级组织系统：第一级是CSS绘图抽样工作组，主要由几位执行负责人、培训和抽样督导以及数据组组成，执行负责人负责分配任务、协调各地工作，培训和抽样督导负责实地培训并指导解决问题、监督现场进度，数据组（抽样质控督导）负责线上的信息回复、绘图情况的审核复核和样本导入；第二级是地方合作机构，负责和调查村/居的联络、招聘地方督导和访员并组织培训、与本省的抽样绘图小组保持联系；第三级是抽样绘图小组，主要负责实际的收集住址信息、绘图、对抽出的样本点进行核实。在整个过程中，第一级是整个抽样工作的中枢和大脑，第二级是负责监督和传递信息的眼睛，第三级则是负责收集记录信息的手。

在几次测试和实践之后，我们根据电子系统的特点和优势，结合以往的抽样流程（如图1）和现有的组织框架，建立了新的实地绘图工作流程（如图2）。新的工作流程较之前行走次数更少，各层级间分工更明确，更有利于工作的快速推进。

在这样的组织架构及工作流程下，信息传递的及时性和准确性十分重要。CSS 2019和往年不同的地方，除了我们在抽样环节使用了新的线上系统之外，合作机构申请开始调查的时间提前并十分密集。在最后一次实地测

步骤一：进入村 / 居

获取参考图，了解村 / 居情况。
填写村 / 居登记表，确定村 / 居具体联络人。
第一次行走：确定村 / 居边界，依据参考底图和村 / 居委会的协助绘制草图。

步骤二：绘制村 / 居地图，制作住户清单列表

第二次行走：划分区域，在区域内按照右手原则绘图，画出村 / 居区域内所有的建筑物和地貌特征。根据实际情况绘制总图和分图。
第三次行走：按照质量监控标准，对所画的地图进行自查。在核实无误的图上画出最优行走路线，按照行走路线对住宅类建筑物进行编号。
第四次行走：依照建筑物编号，制作住户清单列表，按照从上往下、从左到右的原则把每栋建筑物内所需的住宅信息填入住户清单列表。

步骤三：抽取备选样本，核查空户

严格按照随机数表抽样规则，从住户清单列表中抽取住户。确保使用正确的随机数表。
第五次行走：对抽中的住户要补充完整信息，同时排查出空户、非居民户等。

步骤四：质量核查，资料复印与寄回

绘图督导按照质量核查表检查抽样调查地图、住户清单列表、随机数表和抽样信息，并进行一定比例实地复核。
绘图抽样员将抽样调查地图、住户清单列表、随机数表、村 / 居委会登记表复印一份，原件快递回中国社会科学院。

图 1　纸版绘图抽样工作流程

步骤一：进入村 / 居、填写村 / 居信息并确认边界信息

登录系统，下载村 / 居卫星地图，熟悉本村 / 居的地理信息。
确定村居具体联络人，填写村 / 居图层信息登记表。
第一次行走：核实村 / 居边界，并在系统建筑图层绘制边界。

步骤二：绘制建筑物图标，记录建筑物住址信息

第二次行走：划分区域，在区域内按照右手原则绘制建筑物图标，标注建筑物用途。对于住宅建筑物，按顺序编号，填写并核实住址数目及门牌号。
第三次行走：按照质量监控标准，对所绘制和采集的建筑物信息进行自查。
第一次质量核查：绘图组长检查绘制是否完整，并进行一定比例的实地复核，然后提交给抽样质控督导评审。通过后抽样质控督导（数据组）使用CSS‐CARS系统进行抽样

步骤三：抽取住址样本和核查空户

接收系统自动抽选的住址样本列表。
第四次行走：对抽中的住户要补充完整信息，同时排查出空户、非居民户等。对于空户及非居民户及时联系大区督导补抽。
第二次质量核查：绘图组长检查住址样本是否全部核查，并进行一定比例的实地复核，然后提交给抽样质控督导复核。
复核通过后工作结束。

图 2　电子绘图抽样工作流程

试前的项目组例会上，也就是 6 月 12 日星期三，负责外联的王卡老师在 4 个小时内收到了 6 家合作机构的抽样绘图申请。从 6 月 16 日到 7 月 17 日的 30 多天内，我们一共在 28 个合作机构开展了培训工作。这就意味着，在 7 月 30 日左右，也就是抽样绘图工作开始的 50 天左右，604 个村居中的 535 个村居的绘图、审核和抽样工作就会结束（而且也确实如期圆满结束了）。

这样高强度的工作带来了两个问题，一是系统在多人同时在线时需要流畅运转，二是项目组需要及时在线解决问题并及时完成对绘图的审核。在 7 月初，项目组提出了尽快增加在线服务器数量和开放带宽的请求，开发公司的同人很快予以实现，虽然一些地区出现了本机数据量太大而时有卡顿的现象，但依然保证了系统在多人同时在线时的稳定性，使得调查得以顺利开展。在最高峰的时期，绘图系统的同时在线人数达到了单日 150 人次左右。

在项目开展初期，8 个抽样督导负责培训和实地指导，4 个负责人负责在线审核，当时同时开展绘图工作的机构没有很多，4 个人还勉强可以及时响应。为了应对 7 月的审核高峰期，项目组在 7 月初期线上招募了 6 个专门负责远程审核的同学，这就是我们的数据组。由于我们的系统允许线上绘图和审核，因此我们选择了线上即时的远程支持，采用值班轮班机制以保证随时有人在线响应。事实证明，这样的轮班机制能够极大地减轻一线督导们的压力。而且由于项目组总有人在线即时回答问题、活跃气氛，绘图员们在实地工作的时候，积极性也增加了。有一位同学在绘图任务结束后和我说，因为有我们在线上的陪伴，感觉自己不是孤军奋战。

数据组 6 个同学的轮班是从早上 10 点到晚上 10 点三班倒，张宾、数据组组长尚尔帅和我会等到深夜两点结束所有审核后再睡，然后在 6~7 点醒来守到早上 10 点，这时会有一位值班的小伙伴在微信群里讲一句 "in position"，我们就可以松一口气，然后轮流去洗漱、吃饭、眯一会儿，把各个绘图群里的请求流水一般地丢到数据组的群里，再把结果反馈给绘图员。那三个星期，每天早上和换班时间的 "in position" 是整个抽样组平稳运转的最大保障。

线上信息的快速及精准传递带来的其实是更快的系统运行速度，由于

"手眼"和"头脑"间没有多层级的传输损耗，从而可以针对具体问题快速进行具体的响应。不论是更换村/居、更换底图、还是其他大大小小的技术问题，项目组都能基本保证在5分钟内响应，3小时内解决。那段时间，开发公司的工程师和项目组的所有成员一样，周末也在加班，以保证我们的系统能够正常运转。6月和7月是祖国大地最热的时期，也是南方地区多雨的时期。我们的绘图员作为抽样组的"手"和"眼睛"走在艳阳烈日下，走在风雨泥泞中，所以作为在线支持的我们也不敢有丝毫懈怠。同学们一旦画起图来，总是没有什么时间观念，经常是一画就画到凌晨两三点，然后5点钟起床，趁着太阳没出来就又跑到村/居继续工作。有一天，我深夜两点完成了最后一个村/居的审核抽样，迷迷糊糊睡下，5个小时后接到了一位同学的电话。他很着急地讲："系统上不去啦！"之前这样的情况通常是因为绘图员没有联好网，所以我迷迷糊糊地问："怎么上不去了？报错了吗？"他说："是啊，提示什么tokenmistake。"这表示服务器宕机，并不是绘图员自己可以解决的问题。为了应对偏远地区村/居可能没有网络信号的情况，系统设计初期我们花了大力气在APP的离线功能上，也就是说断网也可以先登陆在本机继续进行绘制。于是我回复道："你们可以先断网登陆，然后继续工作，在线上传数据需要一段时间，服务器要升级一下。"挂断电话后，我马上联系系统工程师，说服务器宕机了需要重启，绘图员已经醒过来，准备去画图了。那时候是早上7点半，开发公司的同人都已经醒了，其中一名研发工程师在40分钟内从家里跑到办公室重启了服务器，8点的时候绘图员们陆陆续续地成功开始实地作业了，总算是有惊无险，没有让大家等太久。

由于项目组一直以来都采用的是中央与地方合作的三级管理系统，因此在设计系统的时候也确定了三级管理的模式，分为总部管理员、地方机构管理员和绘图员。但是实际系统上线后只有两级权限可用，即总部管理员和绘图员。绘图员只负责绘图，而管理员要在绘图员到达前负责为每一个地方绘图员分配每一个SSU的权限、审核和抽样。所以我们也只给了地方机构负责人绘图员的权限。由于项目组直接在群里和绘图员接触，而且各位负责人和督导又是绘图系统的"专家"，这样的扁平化管理意外地弱化了地方负责人在抽样或绘图工作上的权限，使得他们能够专注地去协调村／居委会关系和给绘图员们安排食宿。越是让每个人专注于自己负责的事情上，或许越能让系统高效运转。

在绘图员这一级，使用系统绘图注记其实给抽样工作增加了许多趣味性。在电子抽样系统的 APP 上，建立抽样框是一个交互性工作，操作起来很简单，可以随时看到自己和同伴的工作进度，这有点像定向越野，或者是填色游戏，而且每次画完之后都可以马上得到项目组的反馈，给绘图员带来很大的成就感。大部分绘图员，平均每天可以绘制 100~200 个建筑物。选好抽样点后的核户工作一般来说一组人半天就能完成，工作时间相对原来也大大缩短了。但不论是什么样的系统，都会有设计时没有考虑到的情况出现，在应对复杂的实地情况时，还需要发挥大家的聪明才智，比如，南方地区的握手楼，老旧小区中的小产权房，村寨中无法界定边界的屋子，广东地区全封闭有门禁的出租屋，等等。这些具体问题都需要绘图员到实地查看后再交由项目组做分析，不过由于我们在前期建立了顺畅的沟通机制，并且也即时地在线纠正绘图员们画错或有问题的地方，因此，总体来说，绘图质量得到了较好的保证。

三　拥抱新技术，适应新思路

实时在线同步功能是电子系统的最大优势。在通信信号村村通的今天，在线即时通信和在线即时绘图成为可能。传统的绘图，需要先实地走一遍，大致画一下，回来再誊抄到图纸上，保证规整的同时还要填写规范，这样做费时费力。电子地图的优点就是存储方便，设备便携，便于访问、检索和登记，避免了数据在运输或传递途中被损耗的问题。而且一个建筑物只需要绘制一次，不需要再次誊绘，也不需要再消耗时间把住宅信息登记到 Excel 表格上，对于一些面积小且规整的村／居委会的抽样工作，只用一整天就可以结束工作，大大提高了工作效率。由于可以在线审核、抽样，因此整个绘图工作推进迅速。访员也可以非常及时地拿到抽样点数据，在绘图抽样结束后马上准备入户，中间没有时间差。大调查每两年一次，绘图规范清晰的村／居资料可以重复使用，然而对于那些不够规范、相对模糊的纸质地图及注记信息而言，重复利用率过低。但电子系统审核人员固定，审核标准统一，因此各地区的绘图质量相差不多，又十分清晰，这极大地方便了后期的数据清理和归档。

除此之外，利用电子系统来采集数据，还有很多附加的好处。

位置信息的应用，让我们可以远程监控绘图员的行动轨迹，一方面保证其在作业期间的安全，另一方面也可以大致掌握该地区的绘图进展，方便后期追踪改进。系统里可以查看每个绘图点创建的具体时间，由此我们计算出全国每个村／居委会的绘图人数大约是 4 人，平均用时 3.5 天。其中，天气是影响绘图进度的主要因素，大雨和暴雨是南方地区 6 月和 7 月常见的天气，这样的天气里道路湿滑，难以行走，而且电子设备容易进水导致失灵。此外，地形复杂，村／居委会占地面积大，也是影响绘图进度的主要原因之一。由于单个建筑物绘制时间大大缩短，但又需要用脚遍历这个区域所有的建筑物来建立抽样框，因此在这次绘图过程中，有许多同学借用了村民的摩托或自行车来代步，以加快绘图抽样的速度。

地理信息系统的特性，使得在位置信息上附加流媒体信息（也就是图片或音视频内容）成为可能。因此对于同一个地区的描述，比纸质版本中的文字描述要丰富立体得多。抽样的工作主要是为了给后续的问卷访问提供科学的样本户，同时也让访员能够尽快找到样本户的位置，而照片是比文字描述更加详细和准确的一种视觉资料。至于样本户的描述信息，项目组要求绘图员尽量找村／居委会或网格员去要户主姓氏及联系方式，但如果这些信息都没有的话，在门牌地址这些可以从外部看到的信息的基础上，项目组还要求绘图员必须要为每个抽中的样本户拍摄这一户门前的照片。这样就算没有户主的其他信息，访员依照系统中门的照片也可以找到这一户。

由于添加和删除数据均有记录，就算存在误删除操作，我们也可以找到对应的区域，恢复被删除的数据。这也意味着只要在系统内创建过的数据，就不会轻易丢失。此外，通过分析这些数据记录，可以很容易地追踪每位绘图员及管理员的工作，做到及时发现问题，及时纠正错误，便于进度控制和项目管理。

权限的设置，是绘图员工作的基本保证，同时也可以让地方机构的老师看到同学们的绘图进度。每个绘图小组在出发前会拥有自己目的地的几个具体村 / 居委会的地图。卫星地图上的道路清晰可查，方便各小组提前做好路径规划和区域划分，熟悉目的地的地形地貌，同时也避免了由于工作图层过多而分散注意力。

建立电子抽样框还在很大程度上保证了随机抽样的科学性。传统的纸质抽样的步骤是先将所有遍历的地址录入 Excel 表格，然后再使用 Excel 软件内置的函数进行随机抽样。这可能导致录入和抽样过程中产生系统误差，进而不利于后续的访问调查，在这一过程中丢失信息的可能性极大。电子抽样框在保证目的地所有建筑物全部被注记的基础上，只对其中的住宅类建筑物进行随机抽样，这样一方面可以保证建立一个完备的抽样框，另一方面可以保证信息的完整性和抽样的随机性及科学性，极大地减少了由技术原因导致的系统误差。

总的来说，电子绘图系统确实解决了纸笔绘图的大部分弊端，但同时也向我们提出了新的挑战。比如，如何对待绘图过程中产生的并行数据，能否再次提高绘图效率，如何对已有地理信息数据进行有效的分析，下次调查时如何对现有数据进行重复利用，这些问题等待着我们去解答。

虽然这是抽样组第一次接触、第一次使用、第一次全面推行电子绘图抽样系统，总体上有很大难度，但我们从上到下都没有一丝畏惧，因为我们有一个高效运作的、透明可靠的团队，大家并肩站在一起，做到了齐心协力。系统开发公司能够及时提供在线支持，合作机构的老师和绘图员们能及时发现并提出问题，项目组成员能及时响应并及时提出解决方案，各方通力合作，一起在实践应用中进步。最终，在所有 CSSer 的努力下，大家一起找到了高效且高质量的工作方式和工作流程，出色地完成了 2019 年的大调查。新技术的应用和推行确实很难，但和每一位想要通过做好调查做好研究来为国家做贡献的 CSSer 一起，我们就有了足够的勇气张开双臂，拥抱新技术，也有了足够的信心大步向前走，做中国好调查。

谈地图地址抽样

——记 CSS 2019 地图地址抽样

张　宾　中国社会科学院大学社会学系

这是一场由技术引入而引发的大型社会调查变革。

自采用地图地址抽样方法起，截至 2017 年末，绘制纸质地图、制作住户清单列表和使用随机数表抽样（这些都是纸版操作方式下的主要工作内容）一直都是 CSS 获取末端抽样框的主要实现形式。经过较长时期的反复讨论和实践，中国社会科学院社会学研究所 CSS 项目组于 2019 年成功研发了计算机辅助住宅抽样 CASS-CARS 系统，并最终在 2019 年的 CSS 中决定使用 CARS（Computer-Assisted Residential Sampling，CARS）

系统以全面取代原来的纸版作业方式。可以说，在一定程度上，2019 年使用的 CARS 系统基本上实现了地图地址抽样的电子化。而这一目标的达成更是倾注了全体 CSSer 的心血。

一 刚开局即入僵局，小昱姐法国驰援

新技术给人类规划的未来是如此美好，以至于人类对技术在未来人类生活中扮演的各种角色充满了期待而忽视了技术同生活联结的阵痛。在项目组成员的多年经验积累和项目机遇的因缘际会下，地图地址抽样工作的电子化时代好像马上就要到来了。然而，当传统的纸版抽样思维遭遇电子化系统之时，我们已然分不清楚究竟谁是水管谁是水了，究竟应当是纸版思维去适应电子系统操作，还是电子系统应当复制纸版流程？因为双方都想保证水一滴也不会被浪费。传统的纸版思维要求我们既要有原则性，也要留有一定的灵活性空间；技术思维告诉我们现状就是这样，物质基础和发展水平只能到这个程度，如果想提高或者变得更好，则需要时间。

新旧工作方式的交替，意味着工作量翻倍甚至更多。因为既要在现有的旧方式下工作，又要探索新方式如何成为可能，如何畅通。2019 年的 CSS 启动得较早，自启动伊始，项目组成员的工作就围绕着地图地址抽样的电子化工作而展开。初期探索阶段先后历经数次会议和实地的往复，但实际工作却未见突破性的进展，甚至时而还有退回原点的冲动，即初期就好似掉入了一个怪圈之中。在初期受挫的苦恼之下，成员工作积极性受到了很大的打击，但凡人遇到挫折之时，必然会开始从"意义"这个角度思考这个世界，甚至沉迷其中，无法自拔却于事无补。然而大量的工作依然在那里，没有新突破和新力量的注入，电子化进程将面临搁浅的危险。

当任莉颖老师召集项目组成员开会就新方式下的工作开展进行分工讲解的那一天上午，小昱姐（郄昱，在法国攻读博士学位）作为实习人员来到了所里，进了社会发展研究室，李炜老师当即对她的到来表示欢迎和重视。小昱姐报到之后就立即进入了项目研讨之中，在对我们的讨论做了一定的了解之后，她说出了她的想法，语出惊四座，思维羡煞人，我们既惊

诧于她对工作流程的全面了解，又期待其独特的专长。小昱姐的到来从两个方面给电子化进程注入了活力：一是电子化的思维，二是工作流程。她将我们从两种对立的思维中"解放/解救"出来，两种思维不是要对接的水管和水的关系，而应当是海绵和水的关系。在工作流程方面，她一开始就好似成竹在胸，之后独自或带着其他成员进行了诸多的探索性工作。至此，电子化就有了一条较为清晰的路径。

二 调查点遍地开花，CARS 系统奔赴前线

在项目组走上了清晰的开发和工作路径之后，系统日益完善，试验的领域不断扩大、程度不断加深。经过先后几次在北京市房山区、东城区和怀柔区的系统测试、修改，项目组成员在心里对电子系统有了一定的把握。在北京经过了最后的测试之后，项目组拟计划开展京外的系统测试，以保障在全国所有调查点的使用中不会出现问题。经过多方统筹安排，项目组最终决定去天津开展最后的测试。在项目组部分主力成员去往天津开展测试的同时，暑期悄然而至，各合作机构相继来电联系称本次暑期调查可以开始了。

这对于正在期待天津测试结果的项目组成员来说，是一个不大不小的挑战。我们面临两个很直接的问题：一是新系统要不要在所有将要开始的调查点使用；二是项目组部分主力成员还在天津，是否抽调。经过短暂的紧急讨论后，项目组最终决定在全国所有调查点使用新系统；在项目培训方面，成员安排削减为 2~3 人。就是在这个背景下，项目组成员开启了忙碌的暑期之旅，CARS 系统开始面对现实带给它的考验。

三 千余人通力合作，CSS 2019 完美收官

据后台统计数据显示，前期使用 CARS 系统做绘图抽样的有近千名成员，如果加上后期的访员，则抽样系统的使用人员数量接近两千。正是这近两千名 CSSer 的共同努力下，CARS 系统才日臻完善，CSS 2019 才得以顺

利开展、完美收官。

在项目的执行过程中，我们感受到了项目组和合作单位老师们的亲切和严谨，感受到了他们对做"中国好调查"的殷殷期盼；看到了绘图员和访员从白到黑的肤色，看到了他们在风中雨中的踽踽独行，看到了门前屋后他们的青涩与失落；见证了中国人民生活的丰富多彩，见证了中国社会的深刻变迁。

于此，笔者向所有的 CSSer 致敬！

四　纸版绘图效率低，实地运用错谬多

时间回到地图地址抽样电子化的原点。我们采用电子系统代替纸版绘图方式的根本原因是后者在实际应用中存在效率低、精度差、难保存等诸多问题。

（一）工作量大且易出错

建筑物绘制容易出错。绘制纸版地图过程中需要绘图员实地反复行走和确认，为防止出现建筑物漏画或者重画的情形，最可靠的是绘图员按照"右手原则"行走并绘制自己右手边的建筑物。当遇到结构复杂（主要是道路复杂）的小区或者村庄时，绘图员往往需要反复行走确认才能最终完成绘图，这对绘图员来说是很大的考验。一旦超过绘图员的承受范围，绘图员很可能会知难而退，草草了事，也就为之后的核图、入户访问带来很大的困扰。此外，因纸版地图为示意图，图中建筑物的位置和大小仅为相对形态，和实际的空间状况有一定差异，绘图员之外的人拿到这样的地图能够迅速识别并找到要去的地址也是较为困难的。

制作住户清单列表容易出错。绘制好的建筑物中的每一个住址都需要一一记录在住户清单列表当中，这种记录是完全的手工纸笔作业。而每一村/居的住址数，少则百余，多则上万，工作量大的同时出错率也较大。手工抄写完毕之后，在录入 Excel 表格的过程中，建筑物内部住址分布的不规则，又成为录入工作的"拦路虎"。如不同单元的结构不同、不同楼层住址

数的不同等都使得录入的快捷键无用武之地。

使用随机数表抽样易出错。纸版操作中抽样的方式同样较为传统，即在纸质随机数表上手动圈选符合条件的随机数，然后再对应到住户清单列表上。这一过程中有两个地方容易出现问题，从而对抽样的随机性有直接的影响：一是在圈选随机数的时候会出现漏选情况，即越过符合条件的随机数；二是在将抽中的随机数对应到住户清单列表上的时候会选错。另外，还有一种可能存在的顺序偏差（即并非完全的随机）：因为每一个省的随机数表是一样的，而绘制地图的时候是从村/居的西北角开始的，因而从大概率来讲，我们在每一个省份内部抽中的住址位置分布应该是类似的。这在一定程度上可能降低抽样的随机性。

（二）不便于沟通和管理

绘图员与后台质控沟通不畅。在纸版绘图中，绘图员与后台质控是两个完全独立的存在，双方的沟通只能通过多次往返的联系来实现，难以做到实时沟通。后台的质控只能根据绘图员发来的纸质示意图和实地建筑的部分照片来确认绘图员实地遇到的问题，之后结合绘图原则和自己的经验来给出解决方案。由于无法了解绘图员的实地绘制过程，后台质控甚至无法仅根据纸质地图迅速明确绘图员具体是谁，因此出现问题时追溯难度大。此外，纸版资料上的建筑物没有唯一的 ID 与其对应，一旦绘制的建筑物发生重复编号便无法区分抽中的具体是哪一个建筑物，从而产生误差。

后期入户访问时确认住址不便。在入户调查阶段，访员根据绘图员提供的住址信息和备注情况，手持纸版资料寻找将要访问的住址。这一过程基本上是对绘图员绘图和核户过程的重复。再者，因信息记录的方式缺少硬性规范，再加上访员在识图技能方面的欠缺，常会出现访员找错地址的情况，从而给后台质控带来很大压力，影响数据质量。

（三）资料不易保存

纸版资料体量大，需要较大存储空间。每次调查结束，项目组都会收到来自全国各地的纸质地图，而每个村/居的地图少则三五张，多则二三十张，一次调查下来总共收集到的纸质地图近万张，如此体量在需要较大空间的同时也给整理带来了很大负担。

纸版资料易碎易脆，保存较难。纸版资料在长期使用过程中会出现磨损、撕扯、散佚以及产生污渍等问题。最为严重的情况是资料散佚。一旦某一村/居的纸质资料整体丢失，就意味着绘图工作前功尽弃，需要从头再来。即使是部分遗失，哪怕缺少某一页，也需要与合作机构反复确认，其间涉及的人数之多以及产生的沟通成本之高自不在话下。

纸版资料不易于重复使用。首次绘制的地图是最为清晰的地图，但在纵贯调查中，同一村/居的纸图资料是扫描打印重复使用的，多次扫描后清晰度下降，渐渐不堪其用。另外，纸版地图的修改也难以识别。村/居建筑物发生的变动（新增建筑物或者拆除建筑物）都需要在纸版资料上体现出来，直接在纸版资料上修改一次还勉强能够清楚区分，二次修改对纸版资料带来的破坏几乎是毁灭性的。

五　CARS 绘图功效显，实地抽样领前沿

（一）CARS 绘图的本质性改进

一是减轻工作量，减少失误。使用 CARS 系统，依据其卫星底图，绘图员可鸟瞰村/居全貌，对将要绘制的村/居建筑物的分布有了一个全面的掌握，面对手中的"实景"，绘图员能够在实地绘制过程中清楚地界定所绘制的是哪一个建筑物。并且，在 CARS 系统的工作环境下，每一个建筑物都是独特的和唯一的，避免了纸版操作方式下建筑物的"均等化"、重绘、漏绘的情况。住户清单列表则是在绘制过程中编辑而成，省去了大量的抄写和录入工作。至于随机抽样则更是实现了"一键式"操作，即只需输入抽取的住址数目，内置抽样程序几秒钟即可将抽中的住址以坐标点的形式展现在地图之上，短时间内完成纸版作业方式的复杂操作。内置随机数系统的完全随机性对于纸版绘图使用统一随机数表带而来的抽样偏差具有一定的改善作用。

二是便于沟通和管理。CARS 系统的使用极大地提高了地图地址抽样的沟通和管理效率。绘图员和后台质控实现了同步协作。在处理现场问题

的沟通方面，绘图员和后台质控看到的建筑物状况是一致的，质控人员在看到更为具体的建筑物外观时，给出的建议和解决方案也更为准确，从而降低了沟通成本。在绘图进度和质量管理方面，质控人员对绘图员的绘图进度和绘图质量能够实时掌控，对绘图质量的审核也有了更为客观和规范的指标，为提高现场绘图质量提供了保障；在与之后的入户调查对接方面，CARS环境给访员提供的是具体的地理坐标点，访员可根据坐标导航至要调查的住址。同时，访员可根据绘图员事先上传至系统中的受访住址大门照片来确定唯一调查地址，保证了入户调查的准确性。

三是易于存储和分析。在纸版形式下，每个村/居的每张地图的每个元素都是孤立的，是信息"孤岛"，即使是将这些材料进行简单的汇总都需要大费周折，更遑论对其中大量的信息进行分析了。信息存储在电子系统中相较于存储在纸质材料上的优势自不待言。更为重要的是，存储于电子系统之中更是为更好地处理和分析这些资料提供了可能。比如利用CARS系统可以测量出SSU的面积，不同聚落点之间的距离，为绘图工作的人员安排提供了依据；每位绘图员的工作状况都同步在系统中，便于计算工作量。

（二）CARS绘图不足之处

CARS系统在CSS 2019实地执行中发挥了巨大的作用，在提高效率与减少误差方面发挥了重要的作用，但其在使用过程中依然存在一定的问题有待解决。

其一，手工劳动依然繁复。在抽样地图的获取上，CARS系统与纸版地图并无本质区别，依然需要大量手工劳动，即绘制大量的图形与反复地录入。

其二，导入工作冗余。此次CARS系统未能与后续的调查系统实现有效对接，因而在实际使用过程当中增加了一项手动操作导入地址信息的步骤。在大型社会调查运作过程当中，但凡多一步操作都会增加数倍的人力与时间投入，同时也增加了出错的风险。

其三，绘制的信息未能完全利用。所绘制的建筑物门的朝向没能被很好地利用（主要是因为抽中的地址不能和绘制的界面相对应，或者说，抽中的地址缘何不直接显示在最初绘制的图层上，而成为另一个图层）。在这种情况下，门的作用只能通过在不同图层之间的切换来实现了。进一步设想，如果门的作用不是很重要，是否可以直接在地图上打点和编辑。

其四，绘制区划存在偏移。绘制的建筑物边界发生偏移产生的影响自不必说，若是绘制的社区边界发生偏移，造成的困扰可就大了。在实地调查中存在一定数量的偏移现象，但均未对调查造成重大影响，因此暂未做具体统计和分析。据技术人员说，偏移的问题是无法解决的。

其五，村/居行政边界难以确定。目前的 CARS 系统无法精确圈定村/居行政边界。在实地绘制过程中，几乎所有村/居的行政边界都是由绘图员在实地询问村/居负责人得到的。此外，在实地中遇到的"管地不管人"与"管人不管地"的情况则更是给 CARS 系统确认 SSU 层面抽样框范围带来极大的挑战。这涉及行政区划边界与人口管理边界的矛盾。举例而言，抽中的 A 社区中的部分居民被安置在未被抽中的 B 社区中，对 B 社区而言，其管辖的行政区域内有无法管辖的外社区居民，称之为"管地不管人"；同样，对 A 社区而言，对属于自己社区却居住在 B 社区的成员，是"管人不管地"。由于 CSS 是以 SSU（村/居）为末端抽样单元，在"管人不管地"的情况下，按规则本不应抽选离开本 SSU 的成员，但可能出现 SSU 人口数量不足以完成调查样本的情况。同样，如果抽中的 SSU 中存在"管地不管人"的情况，按规则应该视同本辖区的外来人口，纳入抽样范围。但村/居协助入户的行政工作就因无法管人而难以开展。

其六，卫星底图要及时更新。在村/居面貌变化迅速的时代背景下，卫星底图的时效性对于地图的实地绘制有重要的影响。部分底图年代较为久远，很久没有更新，无法与实地情况对应，小至村/居个别建筑物的房顶变换颜色，大至村/居大范围的拆建等，若不能如实反映，就会给绘图员带来很大困扰。一旦绘图员无法在底图上准确确认建筑物的实际位置，绘制结果就与纸版方式绘制的结果无异。

六　地图地址与抽样方法的反思与展望

从纸版方式到 CARS 系统在一定程度上反映了灵活性与标准化的矛盾。

虽然纸版工作方式也有着一套严格的规范体系，但是在遇到特殊问题时，纸版资料为灵活处理留下了很大空间；而系统则不然，系统一旦设定好，只得根据设定的参数机械性地填写数据，一旦需要修改，其周期就很长。因而，在系统建设之初，就需要对可能遇到的问题以及可能的冗余工作进行规避，而这对于参与设计开发的人员来说，着实有一定的压力。矛盾的是，一旦系统设计得很完善，就会脱离了研究者的控制，成为完全的"黑箱"操作。

以住址为核心的地图地址抽样方法在一定程度上忽视了重要的地理信息。无论是纸版方式还是 CARS 系统关注的核心都是住址。一是在村/居边界确认方面，核心要求是保证该村/居的住宅类建筑物都要在边界内，这也就意味着其他区域和地理信息都将排除在该村/居之外。二是在绘制过程中对于非住宅类建筑物采取的是粗糙绘制的方式，这一点上 CARS 系统相较于纸版系统有改进，原因在于这些地理景观会被列入清单之中。

就 CARS 系统而言，我们希望的是实现末端抽样的"一步化"，即省去诸多步骤，给出的直接就是抽中的地址。在实际使用过程中，村/居、建筑物以及自然景观等诸多信息是通过系统自动识别并记录形成可分析的数据资料的。以建筑物为例，系统不仅要识别出它是建筑物，而且要能够做到将其轮廓和结构自动采集下来并自动编辑建筑物内部信息和完成抽样。上述问题都应在 CARS 系统的二期开发中予以重点关注并得到解决。

减少调查中的无应答

——基于 CSS 2019 云南、四川 "拒访" 见闻

陈艺华　中国社会科学院大学文法学院

通常来讲，社会调查中的无应答可以分为两种：一种是单元无应答（unit nonresponse），即未能成功对抽中的受访者完成问卷访问，"拒访"即最常见的，也是让访员最头疼的一种单元无应答形式；另外一种是访题无应答（item nonresponse），即问卷中的题目并未完全应答，因此造成某些题目的信息缺失。由于篇幅有限，在此，笔者仅讨论前一种无应答，即"单元无应答"（注：以下内容均以单元无应答为基点展开）。

应答率（response rate）是与无应答现象相对

应的一个概念，也是每一项社会调查都重点关注的问题，指符合资格的受访者接受调查的比例，这一比例的高低可侧面反映出一项调查在某地区内的进展情况。以一个 SSU 为例，若应答率高，可侧面反映出访员在该 SSU 内的访问过程比较顺利。具体表现为：SSU 住户抽样框品质较好，符合资格的受访者合作率高，访员重新访问新地址的时间精力耗费少，所获信息与问卷完整性好，等等。

若要提高社会调查的应答率，则需督导在实地执行过程中注重提升受访者的合作率，减少样本无应答现象。在社会调查中，造成无应答的原因主要有以下三个方面。

一　未能将调查请求发送给被抽中的受访家庭（人）

此种情况主要表现为符合资格的受访家庭联系不上、地址错误、空户等，这也是一种"无接触的无应答"。如在城市社区中，常设有小区、单元门禁，访员被"拒之于铁门"之外，根本接触不到受访家庭；又如受访家庭地址错误或无人居住，这样一来访员根本无从寻找。要想解决这方面的误差，需要在访问之前做好地址抽样框工作，认真仔细地绘图、排空户，从而减少访员不必要的麻烦。

在实地访问中我们发现，充分借助社区网格员的力量可以有效减少这种"无接触的无应答"。现如今我国基层社区，尤其是城市社区都进行了网格化管理、建档，并配备了专门的社区网格员。所以，在拿到某一个 SSU 的访问地址清单后，可请社区网格员帮我们确认受访家庭的地址是否正确，并通过电话向该受访家庭确认访问期间是否有人在家，说服对方予以合作。如此一来可大大减少访员的工作任务量，避免做无用功。

要注意的是，邀请社区网格员帮忙排空、联络，并不意味着访员拿到访问地址清单后只需被动等待社区网格员的协助。由于访问地址清单的编号生成规则和实地的住址门牌并不一致，因此社区网格员很可能产生"辨识误差"。比如访问地址清单中的地址是遵循调查抽样手册"右手原则"进行编号的，而现实生活中，同一层的家户门牌并不是按照"右手原则"进行编排的。也就是说，地址清单中的"地址 1–1"，表示楼房 1 层右手第一户，而非 101 号门牌；又如高层住宅小区中同一楼层可能有不止一个楼梯口，若楼梯口的朝向不同，将很有可能造成"右手原则"识别错误。因此在进行地址排查时，要牢记"对方方便"的处事原则，我们不能让社区网格员在炎热的夏天跟随访员一一走访家户。

正确的做法是：在邀请社区网格员协助联络之前，访员应进行访问地址"预处理"。利用大约半天的时间，把样本清单中的地址进行逐一核对、排空，利用拍照、备注等方式标记清楚，使社区网格员不用"走访"实地，就知道所要联系的具体是哪一户。例如在四川省富顺县的一个城市社区的入户访问中，我们就充分发挥了社区网格员的力量。该社区入户难度比较大，白天家中基本没人，人们戒备心较高，若只依靠访员自身的力量，很难在规定时间内完成问卷访问。所以，我们转变了工作策略。上午，在北京值守发送给我们访问地址清单后，访员一行 8 人全部进行排空工作。每人平均核查 10 个地址，大概利用半天的时间即可完成。下午，在小队长的带领下，我们来到了社区居委会。由于一个 SSU 常被划为很多个不同的网格，且每个网格的负责人员都不尽相同，而我们的受访户是随机"散落"在整个 SSU 里面的，那么在某一固定时间内，将所有的社区网格员汇集起来显然不可能。所以，我们可以采用"滚雪球"的社区网格员联络方式来邀请他们帮忙联络受访户。具体的操作方式为：先请求居委会工作人员帮忙联系其中最便利接触到的网格员，将整个正选访问清单拿给他看，邀请他识别并联络自己所管辖区域的样本户，并记录联络情况，预约访问时间；待第一个社区网格员全部联络完自己辖内的受访户后，再邀请他帮忙联系他最便利联系到的社区网格员，用如此"滚雪球"的方式一层一层地联系下去，直到联系到足够的样本量为止。在整个联系的过程中，如果受访户可即时接受访问，就立即派访员前往入户。在富顺县城市社区中，采用上述方式，一下午就联系完毕足够的样本量了，大大减少了访员来回奔波的不必要麻烦。

二 未能获得抽中受访户（人）的合作

这种"有接触的无应答"，也就是一般意义上的拒访，是实地入户访问的关注重点。按照与受访者接触的时间顺序来看，拒访主要表现为以下几个方面。

（一）不信任

入户访问是一个陌生人之间的互动过程，缺乏信任常成为双方关系进一步发展的桎梏。由于对访员身份存疑，很多时候访员连受访者的面都未见到就被冰冷的铁门拒之于外。甚至有极个别的受访者，还会做出一些过激的举动，比如恶语相向。在这个夏天，几乎每个访员都经历过因为信任问题而遭到的拒访，有委屈也有无奈，但这并未让 CSSer 们退缩。

信任缺失并非完全源于访员本身，更多是受社会大环境的影响。一方面，随着经济发展，人口流动加速，社会不安全因素增加。人们从过去"守望相助"式的同质性较强的村落搬迁到城市，邻里间的亲密关系被高楼围墙所禁锢，人们之间的熟识度下降，对于陌生人会本能地产生一种防备心理；另一方面，互联网技术飞速发展，相比以往，现如今人们会接触到更多负面新闻，社会安全意识会更强。在以上两个因素的作用下，接触访员这样的陌生人，受访者做出"不信任"的反应，也就不难理解了。在此，笔者想"宽慰"一下每一位曾因"质疑"而遭受拒访的访员：有时，受访者的不理解行为，并非针对访员本人，也并非怀疑我们所做的这件事。当举手摁响门铃，踏出第一步时，你就是 victor（胜利者）。

消除受访者内心的疑虑，除了做好前期的行政联络，访员还要注意以下两个方面的访问细节。首先，证件护身。在入户访问中，相关证件一定要佩戴好，尤其是身份证和学生证，前者证明你身份的真实性，后者证明你的社会角色。一般来说，大多数人都不会对学生恶面相向的。其次，男女搭配。在人们印象中，女生的攻击性更小一些，所以女访员入户访问的成功率会高一些。在实地入户中，有好几次都是由于我们的访员是又高又壮的男生而被受访者要求不得入内，这种情况在城市社区中尤为明显。当然，这并不能否认男生在提升合作率中的积极作用，有的受访者也可能对男访员更亲和一些，这都带有一定的不确定性。所以，基于安全和提升合作率的双重考虑，最理想的访员搭配模式是"一男一女"。在被初次拒访后，还要充分利用好接触记录的备注信息，将拒访者的特征记录下来，以便第二次接触时更改访员策略，提高拒访转化率。

（二）没兴趣

受访者对访问没有兴趣，也是造成拒访的重要原因。当访员敲开受访户家门，说明来意后，常常会被问道："你们这个调查对我有什么用？"或者是"我能得到什么好处？"当接触者向访员如此提问时，则说明他/她还是愿意花时间听我们解释的，这是一种积极的信号。如果访员的回答能够吸引接触者，那么就很可能促成受访者的合作，所以，访员的回答技巧非常重要。参照社会心理学的相关理论，我们可以将访员与接触者之间的互动看作一个说服过程。针对不同的接触对象，采用的说服策略也要有所不同，例如：

理性说服：对受教育程度较高且善于思辨的接触者，倾向于采用理性说服的方式，访员可有针对性地解释此次调查对个人以及社会的积极影响，并及时声明数据应用的可靠性、权威性及保密性；

情感说服：针对受教育程度较低的接触者，可采用情感说服的方式，如及时出示问卷完成后赠予的礼物，访员多说两句好话"磨一磨"，都更有可能调动其参与的兴趣。

关于受访者受教育程度，可通过受访户的接触环境、行为举止、仪表谈吐等方面进行判断。如在高档的城市社区中，可能更适合理性说服的方式，而在偏远的农村地区中，基于情感的说服方式，效果可能更好。但要注意的是，上述两种说服方式只是一种"理想类型"，在实际的说服过程中，二者可以相互借鉴，最主要的还是要做到具体情况具体分析。

另外，访问作为一种面对面、以对话为主的交流方式，还要考虑说服过程中"首因效应"的影响，即最先呈现的信息最具有说服力。也就是说，在说服受访者合作、提高参与兴趣时，要将最能引起受访者注意的信息放在最前面。在实际入户中，笔者发现，相比官方的完备解释版本，言简意赅的说明反而更具有说服力。因为在初次短暂的交流中，尤其是对于文化程度较低的人来说，访员解释再多他们也听不懂、记不住，相比于抽象的长远社会利益，他们反而更关心个人的眼前的好处。当然这并不是说，在说服时不提及此次调查的社会效益，只是访员在说服时要注意信息呈现的顺序，并及时出示礼物。

（三）没时间

有时，访员取得了受访者的信任，也引起了他 / 她的参与兴趣，但受访者却没有时间完成问卷，这也是在现场面临的一大窘境。在此，笔者想提醒各位访员注意区分受访者是"真没时间"，还是"虚假没时间"。

对于受访者"真没时间"的情况，这比较好处理，访员只需和受访者约定合适的访问时间即可，在此注意要留下受访者的联系电话，在下次访问之前主动打电话询问受访者是否可以在约定的时间内接受访问，获得受访者的同意后，访员即可前去访问。而对于"虚假没时间"的情况，则要考察受访者是否因为不想合作而以没时间为托词。如果受访者拒绝的态度比较委婉，督导可以换个访员再去拜访一次，一般而言，第二次拜访的拒访转化率会高一些。倘若是受访者拒绝的态度比较强硬，督导可邀请村 / 居委会的相关人员协助，在本地"权威人员"的说服下，拒访转化率也会提高。

总之，切不可因为受访者没时间就放弃该样本。要知道，每一份样本来之不易。重要的是找出受访者回复"没时间"的真正原因，并有针对性地解决问题。

（四）他人在场

在实地入户中，他人在场也是干扰合作、造成拒访尤其是中途拒访的重要原因。有好几次，访员获得了受访者的信任，受访者有参与兴趣，也有合适的时间，但是受访户家中其他成员突然回来，对我们的来访不知情就会产生明显的抵触。在他人的影响下，受访者常为了家庭和谐，也不愿意再合作，这种情况造成的拒访，难免让人惋惜。被"轰出来"以后，我们可以再尝试联络一下社区相关负责人，邀请其带领入户，替我们解释来意，或许会有效果，从而促成合作。

三 抽中的人没有能力提供调查所需要的信息

这种情况多由于受访者受教育程度比较低、存在语言障碍或者有身体残疾等原因，没有能力回答调查问题。笔者在此将这种由客观原因造成的无应答，称为"被动的无应答"。

笔者在云南省德宏市一个中缅边境的村庄里就遇到过这种问题。在这个 SSU 里面，有很多缅甸妇女嫁到中国，虽然国籍变成了中国，但说的仍然是缅甸语。另外在这个村庄中，有很多老人也只会说缅甸语，他们当中很多人愿意参与我们的访问，但若旁边没有人做翻译，访员就很难对其完成访问。遇到这种情况，就要在户内抽样列举住户人口时，仔细询问求证。在确认没有办法可以解决的情况下，将此类受访者从户内抽样框中排除。否则一旦抽到了这种受访者，就不得不将这个样本作废。

以上是笔者基于四川省和云南省的实地入户见闻，总结出的无应答产生的原因及相应的解决对策建议。这些原因都是需要每一个督导仔细考虑并在调查执行中努力规避的。

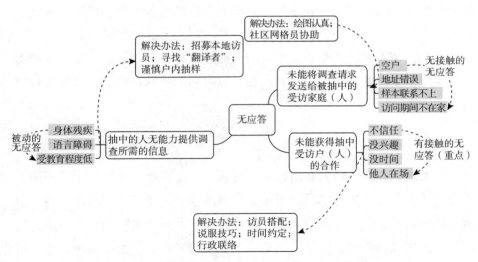

图 1　社会调查中无应答产生的原因及解决办法

注：该图由陈艺华绘制。

笔者在芒市的督导过程中，采用了一套减少拒访的入户接触流程，现将芒市经验总结出来,与大家分享交流。芒市小队共有 6 个人,遵循"5+1"的模式,即一个督导带领 5 名访员,男女比例为 1:3。该小队平均每一个 SSU 的入户完访周期为 3 天,具体时间及工作安排分布如表 1① 所示。

表 1 芒市小队的工作内容和工作时间

工作内容	驻村天数	工作内容	驻村天数
驻扎休整	0.5	入户访问	2.5
前期摸底	1	回访	3
书记联络	1.5	撤离	3.5

注:此表由陈艺华绘制。

驻扎休整:第一天上午,小队成员离开上一个 SSU 并达到 PD 村,安顿休整,并及时张贴宣传海报。

前期摸底:第一天下午,督导先进行样本清单的预处理(将地址相近的样本户放在一列),并和其中一两个访员进行样本户的踩点,大体了解样本户在村内的分布,因为有的时候村里负责人也可能找不到样本户的住址,所以督导和访员要自己提前做好功课,尽量少给村里负责人添麻烦(与四川省富顺县的"社区网格员"协助同理)。

书记联络:第二天上午,到居委会邀请书记去各个受访户帮我们打招呼,并当场进行户内抽样、预约受访者,整个过程 2~3 小时即可完成。在书记联络阶段,有两点需要注意:①整个联络过程需要有一个人全程跟下来,记清各个样本户的地址、预约时间并尽可能留下联系方式,这个"全局掌控人"的角色一般由督导来担任;②对于可以即时进行访问的受访户,可留下 1~2 个访员直接访问。也就是说,书记联络和访问是可以同时进行的,但对督导的统筹安排能力要求比较高,督导要做好相关人员和入户时间的把控和安排。

入户访问:书记全部联络完毕后,当天下午开始全面的入户访问,由

---

① 此工作模式的适用前提:前期实地绘图人员已经提前做好行政联络。原则上,入驻一个 SSU 开始实地工作之前,均要提前进行行政联络,这不仅是出于礼貌,还有利于工作的开展。

督导和前期踩点的访员带领大家入户，确保住户家安全后，可留一人在此访问，如此循环。大概第三天中午就能完成 17 份问卷。

回访：第三天下午及晚上的主要工作是问卷核查回访，对前期有问题的问卷进行回访，以保证信息准确以及问卷的有效性。此阶段的质量问题还需督导全面把控，确保 17 份问卷完整无误后方可计划离开。

撤离：在完成 PD 村的全部访问工作后，第四天上午即可撤离，并前往下一个 SSU，因此，该阶段也是下一个 SSU 的第一阶段——驻扎休整阶段（所以在此将撤离阶段与驻扎休整阶段进行合并）。

我们采用此种方法，在芒市 PD 村做到了"零拒访"，并且效率也大大提高，在时间安排上也是忙中有序。此外，在 PD 村，我们做了一个实验，单独抽出两个访员，不采用此种方式，而是通过直接敲门的方式进行入户，但是入户效果显示，不论是成功完成一个样本的时间，还是受访者的耐心程度等都不如前一种方式。

2019 年夏天，我很荣幸能加入 CSS 项目组，感谢我的大区督导李炜老师带我入门，更感谢团队中每一位老师和同学的帮助。"没有参加过 CSS 的学生生涯是不完整的。"这句话想分享给每一位对 CSS 怀有热忱的学子。经过这次历练，除了获得丰富的社会调查实践经验，我更收获了无数的友情与珍贵回忆。忘不了在个旧市完成问卷后，沿湖返回途中的欢声笑语；忘不了在大理市转车突遇大雨，浑身湿透的"悲壮"；忘不了傣族老奶奶跟我们讲她年轻时的故事；更忘不了队员们为照顾我这个北方妹子，吃饭时特意嘱咐老板不要放辣。

最后，鉴于应答率所包含的丰富信息，建议每一轮抽样调查都可以 SSU 为单位，建立一个"应答率档案"，以从整体上掌握各个 SSU 访问的难易程度。"应答率档案"尤其对长期纵贯调查最为有利，可有效地为下一次的访问提供判断依据，以合理安排调查资源，制订相关计划，以及采取必要措施。

煽情的话不多说，谢谢你们，我的每一位访员和督导。CSS "江湖"，我们有缘再会！

关于入户调查的反思与总结
——基于四川 CSS 的经验

梁晓伟　西南民族大学社会学与心理学学院

自2019年7月上旬参加 CSS 培训开始，至 2019年8月中旬，历时一月有余，笔者的四川 CSS 之行圆满结束。现在回忆起来，那段时光过得相当充实。作为整个四川地区唯一的一个"本校研究生学长"，笔者本来从一开始就被蓝李焰老师指定为4个小组的大组长，负责充当老师与学生之间的联系纽带，起到组织协调的作用，为各个小组的成员答疑解惑，必要时帮助其完成调研任务。不过，理想与现实总是存在差距，在实际的操作过程中，笔者前后分别参与了南充市和内江市两个小组的实地调查工作，工作的主要任务也和其他的小组成员一样，进行一线的绘图抽样和面对面的问卷访问（此点需要说明，四川地区调查的前期绘图抽样和后期的问卷调查由同一个小组完成，这种方法有利有弊，具体见下文详述）。

在调研过程中，由于同学们都比较认真、积极、努力，笔者所参与的两个组也是最先完成调查任务的两个小组。调研期间，笔者充分感受到了"城市社区入户之艰辛"和"农村居民之淳朴热情"，看到了许多以前没有看到过的风景，遇到了一些以前没有遇见过的人，经历了一些以前没有经历过的事情，也有了一些感慨，更加确信了社会上每个人都有自己的难处，深刻理解了家家都有本难念的经。与此同时，笔者提高了自己的学术调查能力，提升了与人沟通的技巧，且对 CSS 以及入户调查这一社会调查方法产生了一些思考。恰逢项目组正在征集 CSS 2019 督导笔记，笔者遂打算将参与调研后的所思所得整理成文。本文无意将调研中的故事及经历进行"一五一十"的描绘，仅想就入户调查中存在的问题，具体的入户方法与沟通技巧，CSS 及入户调查方法的优劣进行尽可能学术性的讨论。文中可能出现对个人经历和具体场景的描写，以及对社区管理人员、小区物管主任、受访者等人的话语引用，其目的在于对本文的观点进行合理地解释说明及论证。

一　入户调查过程中存在的问题

入户调查，顾名思义，是指访员进入受访者的家中进行面对面的直接访问，一般是利用结构式的问卷，由访员对受访者进行逐一提问并记录下答案，或是将问卷交给受访者，说明填写要求，等待受访者填写完毕之后再收回的调查方式。这是社会科学研究中最为常用的调查方式，获得的数据也比较真实可靠，可操作性强，且运用合理的抽样方法获得的样本也比较具有代表性，问卷的有效回答率也较高。中国社会科学院发起的 CSS 就属于入户调查的典型代表。诚然，入户调查有许多优势，但在实际的操作过程中也存在着一些问题。笔者认为，调查需要大量耗费时间、人力、财力的问题尚且容易解决，但在整个调查过程中，有一个至关重要的问题，它关乎调查能否顺利完成，调查质量的好坏，以及访员的心理建设，那便是受访者的拒访问题。实际上，在社会调查领域关于拒访相关问题的讨论已是老生常谈，但笔者还是想基于实际参与调查的经验和所见所闻所感，分别从访员自身与受访者的角度来进行详细探讨。

（一）访员自身的障碍

1.社会经验不足

访员的个人能力和素质的高低无疑是决定抽样调查成功与否的关键，他们的专业知识、行为举止、沟通技巧和方式等都可能会对调查的结果产生影响。由于 CSS 的访员基本是各大高校的在校学生，而受访者往往是社会各阶层人士，二者相较，在文化背景、生活习惯等方面可能存在很大差异，访员在人生经历和社会经验等方面可能存在不足，受限于此，有些受访者可能会对学生访员产生轻视心理，进而不愿意配合访问。

2.性别差异：男生更易被拒访

一般来说，相较于女生，男生访员被拒访的可能性更高。这点其实在培训时老师就曾提到过，笔者在实际的入户访问的过程中更是深有体会。举例说明，笔者（男生）和一位搭档（女生）曾在入户一家只有婆婆和儿媳在家的样本时遭到了拒访，后期我们及时调整了人员配备，由两位女生一起入户访问，最终成功完成调查。受访者对后去访问的两位女生反馈道："之前也来了一男一女，也说是要做问卷调查，我看那男生长得又高又壮的，家里又只有我们两个女的，就没敢同意。"

当然，不光笔者，我们小组中的其他男生基本也都遇到过这种情况。究其原因，确实男性在力量方面优于女性，受访者出于自我安全防护的需要，想尽可能避免意外的发生，故对于陌生男性缺乏信任，存在戒备心理，因此表现出对于男性访员的更加排斥的行为。

3.身体与心理的双重压力

早在一开始，其实笔者也能预料到 CSS 之行肯定是一条曲折蜿蜒的山路，不可能轻轻松松地穿越。笔者与小组内其他成员当然也做好了吃苦的准备，不过在真正的调研过程中，我们还是感受到了来自身体和心理的双重压力。身体方面的劳累自不用多说，每到一个 SSU，前期的绘图、核图、抽样、核户基本就是一整天的"在路上"，顶着烈日每天走两三万步都是常有的事情；后期的入户面访，每天走的路可能少了一些，不过一直"机械地、一字不落地"读问卷题目，与受访者斗智斗勇，一天下来也难免身心俱疲。在心理方面，笔者作为队伍里最为年长的"大哥"，还比较会自我调节。而有些社会历练较少的组员，在面对陌生的环境、陌生的人群，还处于一种"有求于人"的情境之中时，往往会产生较大的心理压力。当然，适当的压力可以更好地促进调研任务的完成，而当这种心理压力过大时，势必会影响访员在交流时的语言、表情和动作，那么访员与受访者的沟通效果也会大打折扣。

（二）受访者的障碍

1. 时间障碍

从经济学的角度来说，时间是一项具有排他性的私人产品。当调查对象的个人时间被毫无缘由地占用时，他们便会对其时间的占用者产生心理和行为上的排斥反应。设身处地地想，即使是我们熟悉的人由于某些原因占用了我们本可以用于个人享受的时间，我们都会因为时间的失去而焦躁不安，更无须说那些与我们关系生疏的陌生人了。访员之于受访者，就是一个陌生的闯入者，且可以预见以后也极少有可能会产生联系。在这种情况下，时间的排他性会更为明显地表现出来，受访者的拒访和谢客行为也会十分常见。因此，这就需要访员运用合理的技巧来应对受访者的拒访行为。虽然由时间障碍引起的拒访行为相当常见，不过这种情况也是会随着时间、地点、条件的改变而改变的，不同的人群在面对相同情况时的表现也会存在差异，这也给我们入户调查提供了机会。

2. 信任障碍

相信在经历过 CSS 的人之中，不止笔者一个人发出过"当前的社会信任水平真低啊"这样的感慨吧。受访者的拒访频率实际上也可以作为当前社会信任程度的反映。由于当前社会上诈骗、盗窃、抢劫等犯罪事件时有

发生，新闻媒体也对此类案件加以渲染，广而告之，社会大众的安全意识
有所提升。其实群众安全意识的提高本是一件好事情，不过在客观上也增加
了访员入户面访的难度。在成都（成都市武侯区的 4 个 SSU 是四川 CSS 团
队最先开始做的社区，分别由 4 个小组各负责一个社区，完成之后分别赶
赴南充、内江、乐山、资阳和自贡 5 个地级市进行调研），笔者入户一家只
有两位老人（一男一女）在家的样本时，一开始便遭到了强硬的拒访，后
来联系了小区的物管人员，给他们打了电话进行沟通，再次上门，才成功
完成访问。一开始拒绝笔者的老爷爷后来跟我说："真是不好意思，一开始
以为你们是骗子，才说话比较难听，主要以前我们遇到过骗子上门推销骗
钱，所以就把你们也当成一类人了……"

相信有上述经历的绝非仅此一家。当然，也并非所有时间段、所有地
区居民的安全意识与信任水平都是一致的。与白天相比，在夜晚居民的安
全意识与防备更重，也更可能拒访；与农村居民相比，城市居民的安全与
防备意识往往更强，拒访频率更高；与大城市（如成都市）相比，小城市
（如内江市）的居民社会信任水平相对更高，戒备心理相对更弱。

3. 沟通障碍

想要获得真实有效的数据，访员与受访者之间信任关系的建立至关重
要。沟通则是信任建立的基石，这就要求访员拥有良好的与人沟通交流的技
巧。不过上文也提到像 CSS 的访员大多数是初次参与社会调查的学生，由
于客观差异，他们与受访者之间的沟通交流往往会存在一些障碍。障碍产
生的原因除了访员自身的心理压力导致沟通交流时的紧张、不自信、角色
失调等情况外，还有与受访者相关的一些表现。比如我们在入户之后，通
过计算机辅助调查系统（CAPI）进行户内抽样之后，会确定一位受访者作
为样本进行访问，此时如果户内还有其他家庭成员存在，他们可能会"出
于好心"，帮助受访者回答问题或提出建议，这种时候访员与受访者之间的
直接沟通便会存在阻碍，受访者问题回答的真实性和准确性也会受到影响。
可以说，这种情形在实际的面访过程中已经不遑多见了，这种情况下访员
出于维护信任关系的考虑也不好直接强行打断，有时不得已继续访问最终
导致产生废卷。此外，还有一种因访员与受访者文化背景的差异和掌握的语

言技能不同而产生的沟通交流的隔阂，一般体现在访员对于某问题的解释无法被受访者较为完整地理解，这时便会产生沟通困难。这种情况往往会在大学生访员访问年纪较大的老人或者受教育水平较低的人群时出现。在CSS中，笔者所在团队的一些成员就遇到过这类人群，最终访问时间长达一整个上午或下午。这种受访者一般是老人，受教育水平较低或没有接受过正式教育，对于普通话的掌握也存在不足。此时，访员需要对大量问卷题目逐一地进行解释，因而时间的花费也就比较多。

二 入户面访的具体技巧及建议

总体概括说来，入户面访这一调查方式主要可以分为三个阶段：前期抽样阶段、敲门入户阶段、直接面访阶段。针对不同的阶段，需要访员关注不同的侧面，运用合理有效的方法完成任务，且要关注不同阶段任务之间的连贯性，提升总体效率。比如，在CSS中，在前期绘图抽样阶段就要提前考虑到后面敲门入户以及面访的便利性问题，在入户前就要想到以何种方式敲门才能提高问卷调查时受访者的配合度。下面，笔者分别从上述三个阶段来提出一些具体可操作的建议。

（一）抽样阶段的注意事项

为保证样本的准确性与可靠性，目前社会科学界大型学术调查一般采用多段抽样，在不同的阶段，会采用不同的方式选取样本。以CSS为例，就是采用了多段混合比例抽样（Multi-stage Composed Sampling），以全国城市区、县（含县级市、自治县、旗）为一级抽样单元（PSU），以行政村、社区居委会为二级抽样单元（SSU），最后在每个村／居委会中抽取居民户进行访问。由于笔者实际参与的抽样阶段属于最后一级的抽样，故仅就这一级的户抽样与户内抽样（户内抽样若严格按时间划分的话，属于敲门入户之后的阶段，不过因为同属于抽取样本阶段，故在此一起讨论）谈谈自己的看法。

为了保证流动人口被也纳入样本框中，CSS采用的户抽样方法是学界常用的"地图—地址抽样方法"。具体的操作方法是，由抽样人员对所有抽中的 SSU 内的各种建筑物进行绘图，对地域内住户地址进行标注和统计，然后运用后台的计算机系统进行住户地址的抽样。这种方式需要入户调查员对于前期抽样人员所标注的地址有较为准确的了解，二者的配合需要前期合理的沟通。上文提到，四川地区调查的前期抽样和后期入户的人员是同一小组的成员，即团队统一行动，到达一个 SSU 之后，分成 2~3 人一组，根据社区（村）分图的划分由每个小组自主选择一块分图，负责分图内的绘图、抽样、核户、调查等所有事项。这样就省去了因为绘图人员与入户调查人员不一致而产生的交流成本，可以有效地提高调查的效率。不过，这种方式对调查人员的个人能力要求更高，需要培训的内容也更多，毕竟调查员需要同时负责两项任务，调查过程中承受的压力也更大。笔者认为，此种方法在其他地区往后的 CSS 中，可酌情参考使用。

在入户之后，还有一步户内抽样，即在家庭成员中随机抽取一位受访者，在这一过程中不仅需要调查人员询问清楚户内究竟有多少符合条件的样本，还必须保证是在访员调查期间能够接触到的。对后者的澄清至关重要，这决定了是否能成功地完成样本访问的任务。刚开始调查时，笔者在访问第一个受访户时就没有问清楚户内所有成员是否都能接触到，从而导致访问失败。在费尽心思敲开一户只有儿媳在家的受访户时，抽到了其公公作为受访者，但她反映公公婆婆出门旅游了，需要一周后才能回来，然而抽取到的受访者已经固定，无法改变，这就导致了一个样本地址的失效，之前的努力也基本成了徒劳（这一样本是在成都的某一高档小区，儿媳本来防备心很重，一开始直接拒访，后来在笔者和搭档的"苦苦相求"下，才同意跟我们隔着窗户进行交流，也是因为第一次经验不足，没有问清楚情况，导致最后只能无奈离去）。所以，在户内抽样之前，一定要注意排除在调查期间无法接触到的成员，这样可以避免做一些无用功。这样的情况小组其他成员也遇到过，所以在此特别提出，希望引起大家的注意。

（二）敲门入户的实用方法

在实际的社会调查中，城市社区和农村社区的入户难度是存在差异的，具体表现为城市的门禁系统往往会更加严密。邹宇春老师在《拒访：是因为入户调查不被认可吗？》一文中指出了城市社区入户的"三重门"，并在此基础上谈了"无互动的拒访"。笔者认为相当准确，因此打算针对如何敲开这"三重门"，谈谈看法。

第一重门，即小区的大门。若是无门禁、无保安看管的小区，当然可直接进入。若遇到门禁较严的小区，一种做法是"蹭"，即等到小区其他业主出入时，抓住机会直接进入，不与保安产生直接接触；另一种方法是主动与保安沟通，请其帮忙开门，必要时说明来意，一般都可正常进入（在入户调查时，访员需要带好访员证和身份证等证件，以备不时之需，笔者在入户一个高档小区时曾被索要证件进行登记，这种时候无须慌乱，也无须多说，积极从容地配合即可）。在与保安沟通时，也有一些妙招，比如男访员可以利用递烟的方式向小区保安传递友好善意，打开局面，顺势与其交谈，效果好的情况下有些保安可以直接带领访员入户。女生也可利用自身优势，寻求帮助。据笔者了解，有些小组确实利用了前期与保安建立好的关系，由他们带领入户，显著提高了调查效率。

第二重门，是单元楼的门禁。这一重门，在笔者实际的操作过程中较少遇到，一旦遇到，也是需要"蹭"其他业主出入的时机，暂时没有一个特别有针对性的解决办法。不过好在出现的频率不高，也没有特别大的难度，只要访员有耐心即可。

第三重门，也是最为重要且难度最高的一重门，就是受访者的家门了。想要敲开这一扇门，根据笔者自身的经验，有两种非常有效的办法，且这两种办法对之后的调查沟通也有积极意义。第一种是"引导人带领"，这需要在调研小组到达某一社区之后，在与社区工作人员沟通时，就请求他们提前联系好熟悉社区住户的街道管理人员或者社区网格员作为引导人，留下他们的电话，当调查开始时，请求"引导人"逐一带领访员敲门入户。"引导人"往往在当地拥有一定的知名度，同时直接借助社区的名义，住户基本不会拒绝。笔者的团队在调查阆中市某一城郊社区时，就曾经在社区网格员的带领在一天之内完成了 17 份问卷。第二种行之有效的方法是"电话提前通知"，这一方法是笔者在某城市高档小区遭遇拒访之后发现的。具体的操作是，在进入小区之后，先找到物业管理部门，向他们说明来意，请求帮助，让物管人员根据调查员拿到的小区内的样本地址，查询住户，逐一进行电话通知。由于物管部门也具有一定的"权威"性，业主对物管部门比较信任，一般约好时间便可以进行入户访问，这在实际操作中也是可行的。某小区物管主任对笔者说道："你们这样随便乱敲别人家的门，肯定是不行的，现在人的防备心很重，根本不会听你们说什么，我们随便打个电话，比你们乱敲门要好多了……下次你们有了新样本，应该先来找我……"

在入户时还有一点需要注意，最佳的配合是两人一组。出于安全考虑，最好不要单独行动，尤其是女生。但是也要注意，男生要避免成对行动，因为这样给受访者的压迫感和威胁感太强，尤其是对只有女性在家的样本而言。

（三）沟通交流的具体技巧

社会调查的对象是人，调查是一项与人沟通的活动，调查的内容也主要是通过语言的交流以及非语言的面部表情、肢体动作来传递。良好的沟通交流技巧对访员来说十分重要，良好的访问氛围可以促进有效的沟通，优化调查的效果。

首先，要注意第一印象的营造。心理学中时常提到的"首因效应"揭示了"先入为主"带来的效果。所以在敲开门之后，访员应注意从各个方面塑造自己专业、真实、有亲和力的形象。访员的穿着需要得体，表情需要自信，态度需要温和，要让受访者感到舒服，对访员建立起足够的好感与信任。具体可以通过事先记下受访人的姓名、称呼来拉近关系，也可以提前准备好一段常用话术来展现自己的专业能力。

其次，在正式的沟通当中，真诚的心态是访问成功的基础。有句话说得好，"没有一条道路可以通往真诚，真诚本身就是道路"。访员不要把调查当成必须完成的任务，而要真实地打开内心，与受访者交流，这样往往会取得更好的调查效果。在与受访者交谈时，访员要尽量保持面部表情自然，时而微笑，肢体动作也要轻松自然，无须过于紧绷。说话的语音语调也要根据场景灵活转换，避免生硬。态度要认真积极，全身心投入谈话之中，对待受访者，要有足够的耐心。

最后，访员要注重观察细节，善于共情，掌握足够的专业知识。在细节和共情方面，由于受访者差异很大，所处的年龄、性别、教育程度、社会背景和阶层、人生经历也各不相同，因而需要访员注重从受访者的角度思考问题，有针对性地引出话题。比如要和老人聊健康，和家长聊孩子，和青年人聊未来，和学生聊学习，和男人聊事业，和女人聊形象。掌握面对不同对象的不同沟通技巧，发自内心地关心他们的处境，就可以有效地促进沟通。在专业知识方面，访员也需要对问卷涉及的主题领域有足够的了解，当受访者对问卷题目存在疑问时，访员需要给出准确合理的解释。此外，掌握一定的心理学与社会学专业的知识也可以帮助访员更好地与受访者交流沟通，建立专业的调查人员形象，提高调查的质量。

三　CSS 的社会价值及不足之处

作为全国范围内比较具有代表性的大型连续性学术纵贯调查，CSS 经过了多年的磨炼和改造，其调查方式和调查数据的严谨性与科学性已然能经得起学界的考验，每年借助 CSS 数据发表的文章及出版的专著也能证明其数据的质量与实用性。鉴于笔者在社会调查领域的知识有限，因此，关于 CSS 的方法论及具体技术层面的科学性，就不在此赘述了。下文主要讨论下 CSS 的社会价值及不足之处。

（一）CSS 的社会价值

在笔者看来，CSS 的价值在很大程度上体现在能够让访员通过真实、面对面的观察和交流来获得各个群体的家庭基本信息以及他们关于社会问题的真实看法。针对这种真实样本数据的分析，可以有效地推断出社会总体的情况，这对于国家和地方政府层面社会政策的制定具有一定的指导意义。对于学术界或社会调查界而言，CSS 所积累的问卷、抽样与调查方法的经验模板其实可以作为学术组织或个人自行开展社会调查的借鉴，其形成的数据库也可供各个研究组织和学者在进行专题研究时使用。对于参与过 CSS 的学生来说，这种切实感受社会百态的经历，会对他们的学习生涯乃至生活都产生较大影响。这点笔者就深有体会，曾经在经历过敲门无人应答或者被拒访的情况下，一度怀疑城市社区入户调查的必要性。当然，本文的撰写也是来源于这段经历促使笔者产生的思考。此外，还有利于社会阅历的增加和沟通技巧的提升。最后，对于受访者即社会大众来说，此类社会调查的作用或许还在于使他们了解到，国家政府和社会始终关心着人民的生活状况，始终想着能够为人民做些什么，这样大众对未来社会的发展和美好生活也将更有信心。

（二）CSS 的不足之处

CSS 属于入户调查类型，在拥有着入户调查一手资料的真实性的同时，自然也有着入户调查所具有的缺点。首先，调查所花费的成本较高。由于入户访问的步骤较为烦琐，访问所需要的费用也比较多，这些花费包括访员的各种交通费、食宿费以及受访者的礼物费等。在时间方面也需要经过前期调查员的招募、培训等一系列工作。与电话调查和网络调查相比，入户调查在人力、物力、财力、时间上所需的成本都大大增加。此外，还有上文具体提到的拒访问题，入户调查的拒访率也相对较高。其实在调研过程中，笔者还发现一个比较重要的问题，就是受访者回答问题的真实性问题，即问卷调查的效度问题。有些受访者可能在社区或者物业的压力下，表面上接受了访问，但在回答问题时采用一种敷衍了事的态度；有的受访者回答问题的速度很快，给人的感觉是并没有进行认真的思考；有的受访者在面对一些隐私或者敏感性问题时甚至直言："我这回答的肯定不是我内心的真实想法嘛。"但你若问他真实想法如何，他还会保持原回答，不肯吐露实话。笔者指出的入户问卷调查数据的效度问题，可能也是量化研究方式的一个固有缺陷，毕竟想要使得获得的样本数据在整个社会层面具有推广性与概括性，必然要牺牲一定的准确性与深入性，因此对这一问题的解决可能需要不同研究方式的有效结合才能实现。而在实地调研现场，我们访员能做的就是不厌其烦地将社会调查的积极意义和真实作用告诉受访者，让他们明白每个受访者的积极参与都有正面效果，正是需要通过访员和受访者的共同努力，社会才可能变得更好。

　　CSS 这段经历在笔者的学习生涯中是浓墨重彩的一笔。除了有关社会调查方法的思考之外，笔者还在其他社会问题方面产生了一些思考，比如因为看到了不同职业人群的生活环境和发展状况，对阶层固化问题有了更加立体和深刻的认识；又比如听到一些低收入受访者说"低保都是有关系的人吃的"，更加清楚地感受到了当前的社会保障制度还不够完善，政策执行过程中的问题仍然存在。这些思考对于笔者的研究学习也有很大的帮助。

　　最后，感谢这段经历带给笔者的成长，感谢调研途中遇到的所有人和事，感谢所有的欢笑和汗水。希望这一份有自己参与的 CSS 数据能更好地为利国利民社会政策的制定略尽绵薄之力。

CSS 2019 我的评估总结

申光明　中国社会科学院大学文法学院

对于过去的 CSS 2019，我的评估总结分成三个部分，分别对应我做过的线上质控、核户和入户访问三件事。

首先来谈一谈对于线上质控的总结反思。线上质控本来设计由几位北京的督导来完成——毕竟只是绘图审核通过、分发图层这样的管理性工作。可暑期调查一展开才发现不是那么回事，一线的绘图员在实地绘图很辛苦，画完一个村 / 居的地图后要等着北京督导给他们审核通过、发放抽样图层权限，然后去核户或转移到下一个地方，如果核户发现问题还需要补抽。一两个社区当然不是太大的问题，可我们的调查是在暑假全面展开的，各地都需要北京市的督导给予及时的审核和发放权限，以及及时的补抽。这样北京督导就会忙不过来、顾此失彼。于是项目组临时招募了我们 5 个人在线上辅助，由于上岗比较急，我们只经过了简单的线上操作培训，就投入了紧张的线上工作中。刚开始还出现了一些小问题，主要是对于系统及调查数据认识不全导致的，后来才慢慢得心应手起来。所以建议在今后的调查中，后台要有专门的小组来负责审核绘图以保证绘图质量、负责及时响应全国各地的补抽申请。这个小组应当属于数据组并和北京主要督导保持联系，和全国各地的一线绘图督导保持联系。这个小组最好是 24 小时全天值守，因为发现半夜常常是一线申请审核的高峰期，或者从早上八点开始一直到晚上零点，可以考虑 2 人同时值守，实行轮班制。这个小组的成员应当提前获得有效的培训，也可以实行流动管理，酌情将后台质控派往一线做绘图和核户的督导工作。

在系统里检查绘图质量的方法是在 CSS 2019 的经验中总结形成的，后来也见之于文件了，主要用到 Excel 表格的一般功能和系统的筛选等少量功能。在系统设置里，补抽环节出现较多的问题是两个督导同时补抽，这会导致抽样过多而不得不逐个删除。建议完善系统，限制同一时间内可能的抽取人数或最高抽取额。另外，还建议加上批量删除个案的功能。为保证绘图质量，在审核环节应当实现盲审甚至二审通过。当然，也不得不考虑整个调查执行的效率，在二者之间略作权衡。

再来谈一谈对于核户的总结反思。核户是为了查验抽选出来的住址是否有人居住，原则上，我们要仔细观察而不轻易打扰到居民。通过观察窗户、隔门听声音、看门把手有没有灰尘、看门口有没有新鲜的垃圾等方法来判断这个住址目前有人居住的概率。但是，有些高档住宅我们是进不去的，有些涉及机密的住址也只能作废补抽。另外，由于小区有门禁我们不容易进去，只能等到有人刷卡时偷偷跟上去。这种做法虽然能实现目的，但终非长久之计。我们不得不思考如何突破小区单元楼电梯门禁这一关，很多情况下，这个问题得到解决后我们才能接触到住户。也许我们可以通过社区行政关系来实现。

最后，谈一谈由问卷访问引发的思考。在做问卷调查途中，我遇到了一些阻碍，就问卷本身来说，也有几处值得总结。CSS 2019 问卷的主体部分包括从 A 到 K 十一个大模块，下面我将对其中 A~D 部分的主要问题分别进行阐述。

A：住户成员情况

A1a 这个大表信息丰富，要求记录受访家庭所有成员的性别、年龄（出生日期）、婚姻状况、受教育程度、就业状况、当时人在何地以及家庭成员之间的亲属关系、经济关系（共同收支）、生活关系（同吃同住）等。家庭成员的数量由受访者决定，只要受访者认定一个人是其家庭成员，访员就要如实记录，这就有可能把未婚同居、收养关系、同性恋同居等特殊情况纳入进来。为何受访者的出生日期要记录到出生月份而其他成员的出生日期只需记录出生年？我不太明白其中有何科学方面的考虑。受教育程度、婚姻状况、目前工作状况这三个问题最好直接让受访者阅读示卡做出选择，因为此时访员读题会干扰受访者的阅读和思考，另外，直接询问对方初婚或再婚的状况不太礼貌。一旦是再婚的情况，由受访者阅读示卡并说出"选第3个"要比受访者当着配偶和孩子的面亲口说出"选再婚有配偶"压力小一些，使得真实性也更有保障。

这里有一个特别重要的访员追问环节，此环节有助于促进受访者进一步考虑，以免漏掉目前不在家的成员。A1b 中的"有几对夫妻关系"是CAPI 自动生成的，但是访员应该判断并核对一下（这里的夫妻关系是指受访者主观认定的夫妻关系及 CAPI 自动识别的夫妻关系，那么，如果有的人觉得未婚同居算事实上的夫妻关系、有的人觉得只有领了结婚证才是夫妻、遇上同居的同性恋该怎么办呢？当然，同性恋关系一般会被掩饰起来）。

就业状况中的选项"兼业（农业和非农）"无法分辨出受访者是以农业为主还是以非农为主，即无法分辨出其个人工作时间或收入主要是在农业上还是非农上，比如把土地租出去收取租金和把土地租给合作社并参与农业劳动且有分红。

A1a2 询问受访者父母及其配偶父母的信息，在实际调查中存在虽然受访者父母已经去世但仍旧追问其生前信息的情况，此部分的追问不但不礼貌而且没意义，建议 CAPI 识别去世的人并省略其相关问题（目前就业、目前居住地、同吃同住及收支共同）的询问。

A2 到 A5 开始询问受访者个人的基本信息，包括民族、政治面貌、户口、宗教信仰等，并开始有了一些跳答的情况，在 CAPI 中，自动跳答节省了访员许多精力，而且更为便捷准确。A4d 询问"来此地居住多久了"，答案以半年为界，很好地区分了常住人口与流动人口。在 A5 题中访员要明确受访者所言"我信共产主义"是政治信仰而非宗教信仰。

B：个人工作状况

询问受访者有无工作时，访员有必要向受访者解释这里"工作"的含义。人们一般直观地认为，"农民在家种地""推着小车卖烤冷面""干小时工、没有劳动合同的临时工"这些情况都不能算是有工作。B1 题目的选择直接影响了整个 B 部分的访问，所以这个问题至关重要，要详细追问，不容出错。我曾在北京市 XH 社区碰到过一个受访者，他是收破烂的（访员观察），但他非说自己是捡破烂的。从严格意义上来讲，捡破烂然后卖掉赚钱这种行为算是有工作的，但此种情况下严格按照定义做出判断有些不合情理，以此统计出来的失业率也要低很多。另外，随着手机上网的普及，原来一些无就业的城市家庭主妇偶尔通过手机上的一些 APP 看广告挣零钱或看视频挣钱并在近 1 周达到了 1 小时以上，这种情况算是有工作吗？关键是这种行为能否被定义为工作。

B3b 是需要访员主观询问、理解受访者并准确判断其职业行业类别同时做文字记录的开放题。这道题特别考验访员的专业素质，由于访员之间不可避免地存在理解上的不同，极容易出现行业类别、职业类别归类错误，是质量控制要重点检查的地方。同时，在后期编码和统计分析中会存在访员偏差，需要做加权处理。

对于 B3f（同上，这是问卷中题目编号）"今年以来，您这份非农工作平均每月给您带来多少收入"一题，有的受访者会分不清是扣除个税和五险一金以后的实际到手收入还是税前收入，访员要及时解答，即我们调查的是税前收入。

C：家庭生产生活情况

本部分主要调查受访者家庭的支出和收入，"先问支出，再问收入，后问财产"的顺序有利于受访者放松戒备，说出真实情况。总之，要从受访者愿意回答、容易回答的问题开始，一步步深入追问。

C3b. 请您告诉我，去年（2018年）您全家的生活消费支出情况：【出示示卡第27页】

项目	金额（元）						
	百万	十万	万	千	百	十	个
a. 生活消费总支出	[ ]	[ ]	[ ]	[ ]	[ ]	[ ]	[ ]
b. 饮食支出（包括外出饮食支出；自产食品估算其价格，并计算在内）	[ ]	[ ]	[ ]	[ ]	[ ]	[ ]	[ ]
c. 衣着支出（衣服、鞋帽等）	[ ]	[ ]	[ ]	[ ]	[ ]	[ ]	[ ]
d. 缴纳房租的支出	[ ]	[ ]	[ ]	[ ]	[ ]	[ ]	[ ]
e. 购房首付及分期偿还房贷的支出（非 2018 年首付不计）	[ ]	[ ]	[ ]	[ ]	[ ]	[ ]	[ ]
f. 电费、水费、燃气（煤碳）费、物业费、取暖费	[ ]	[ ]	[ ]	[ ]	[ ]	[ ]	[ ]
g. 家用电器、家具、家用车辆等购置支出	[ ]	[ ]	[ ]	[ ]	[ ]	[ ]	[ ]
h. 医疗保健支出（如看病、住院、买药等的费用，不扣除报销部分）	[ ]	[ ]	[ ]	[ ]	[ ]	[ ]	[ ]
i. 通信支出（如固定电话/手机/小灵通的话费、电脑上网费等）	[ ]	[ ]	[ ]	[ ]	[ ]	[ ]	[ ]
j. 交通支出（如上下班等交通费及家用车辆汽油费、保养费、养路费、路桥费等）	[ ]	[ ]	[ ]	[ ]	[ ]	[ ]	[ ]
k. 教育支出（如学费、杂费、文具费、课外辅导费、在校住宿费等，但在校的饮食支出计入家庭饮食支出）	[ ]	[ ]	[ ]	[ ]	[ ]	[ ]	[ ]
l. 文化、娱乐、旅游支出	[ ]	[ ]	[ ]	[ ]	[ ]	[ ]	[ ]
m. 家政服务支出（说明：指的是受访者家庭的家政支出）							
n. 赡养或者照料不在一起生活的亲属（如父母等老人）的支出	[ ]	[ ]	[ ]	[ ]	[ ]	[ ]	[ ]
o. 红白喜事支出；人情往来支出（如礼品、现金等）	[ ]	[ ]	[ ]	[ ]	[ ]	[ ]	[ ]
p. 其他支出（请注明）__________	[ ]	[ ]	[ ]	[ ]	[ ]	[ ]	[ ]

图 1 CSS 2019 部分问卷（C3b）

C3b 分类别的支出大表有助于引导受访者逐项回忆过去一年的支出情况，必要时，访员可拿出计算器帮助计算，以此减轻受访者的回忆压力。一般来说，在没有家庭记账的情况下，a、b、f、i 项等日常性小额支出很难回忆准确，对此，有的访员提示受访者可以计算出近一个月的花费，然后乘以 12 得出结果。对于水电、物业、煤气、暖气等支出，有的受访者会一下子给出一个大概的整数，有的受访者则倾向于逐项计算，力求精准回忆，这与受访者的个人特点有关，也与访员的现场引导有关，总之，我们应该在访员培训中对此有一个统一的操作规范。

C4a 收入表囊括了许多常见种类的收入，但在少数情况下，访员需要仔细判断受访者所言是否能算作收入或支出，比如张三被诈骗了 1000 块钱，这算不算支出？李四在路边捡了 500 块钱揣自己兜里了，能不能算收入？张三向李四借了 5000 块钱，这 5000 块钱能不能算是张三的收入，这 5000 块钱算不算李四的支出？借贷关系能否看作收入支出关系？综合收支两个大表来看，除了房贷房租，还可以增加专门测量家庭负债或家庭借贷经济情

C4a. 请您告诉我，去年（2018年）您全家的收入情况：【出示示卡第28页】								
项目	金额（元）							
	千万	百万	十万	万	千	百	十	个
a.您家的总收入	☐	☐	☐	☐	☐	☐	☐	☐
b.您家的工资收入（含工资、奖金、津贴、节假日福利等，如有实物，请折价计算；注意不含离退休金）	☐	☐	☐	☐	☐	☐	☐	☐
c.农业经营纯收入	☐	☐	☐	☐	☐	☐	☐	☐
d.经商办厂收入	☐	☐	☐	☐	☐	☐	☐	☐
e.出售/出租房屋、土地收入	☐	☐	☐	☐	☐	☐	☐	☐
f.家庭金融投资理财收入（债券、存款、放贷等的利息收入，股票投资的股息及股息、红利收入等）	☐	☐	☐	☐	☐	☐	☐	☐
g.家庭成员退休金、养老保险金、失业保险金、工伤保险金、生育保险金等社保收入	☐	☐	☐	☐	☐	☐	☐	☐
h.家庭成员医疗费报销收入	☐	☐	☐	☐	☐	☐	☐	☐
i.政府、工作单位或其他社会机构提供的社会救助收入（如最低生活保障、困难补助、疾病救助、灾害救助、学校奖学金/助学金、贫困学生救助等）	☐	☐	☐	☐	☐	☐	☐	☐
j.政府提供的生产经营补贴、政策扶持收入（如农业补助、税费减免等）	☐	☐	☐	☐	☐	☐	☐	☐
k.居委会、村委会提供的福利收入（如集体生产经营分红、非救助性补贴等）	☐	☐	☐	☐	☐	☐	☐	☐
l. 其他收入（请注明）_____	☐	☐	☐	☐	☐	☐	☐	☐

图 2　CSS 2019 部分问卷（C4a）

况的题目或选项。建议在支出项里增加商业保险支出，在收入项里增加偶得收入、遗赠收入等。

C4c 和 C6b 两道题目旨在测量家庭中谁在支出、谁在收入。在一个家庭中，逻辑上支出人数应该大于、等于收入人数。但在清理数据时我们发现很多数据并非如此。

调查统计中造成支出人数小于收入人数的可能有如下原因。

1. 访员提问不准确及受访者理解偏差。C3b 记录的是家庭中谁的支出，逻辑上，每个家庭的支出人数应该等于 A 部分的家庭人口数，因为支出项里包括了饮食支出和衣着支出等生存必要支出，上至老人下至婴儿应当都有此类支出。在实际提问中，许多访员把 C3b 问成了"刚才说的这些支出主要是家里谁花的？"这就使得受访者把焦点集中在了家里"花大钱"的成员身上，从而导致 C3b 中只填写了家庭中"花大钱"的成员，忽略了"花小钱"的成员。

2. C3b 部分填答不完整，答题率低。支出选项中受访者选择了空答或不清楚，饮食支出、衣着支出两项的作答出现的问题尤其严重，从而造成统计缺失。家里每个人都是要吃饭穿衣的，都离不开这两项支出，而这两项支出的作答出现的问题直接导致了儿童、少年、家庭妇女、老人等没有其他大项支出的成员在支出人数中被忽略。

3. 访员和受访者在访问互动中对"家庭"概念的随意化处置。在访问中，不同的受访者对于访员口中"您家里"这一概念有着各自不同的理解。在回答收入和支出的过程中，家庭的概念也是时大时小，有的受访者只算了四口之家的小家庭，有的则计算了包括双方父母和兄弟姊妹在内的整个大家庭。例如，在一对夫妻和一个五岁女儿构成的三口之家中，支出人数为 3，但收入人数也是 3，听录音才发现原来是把家里一位老人的退休收入也算进来了。

4. 部分问题对于受访者来说有难度。在计算收入时，人们倾向于计算家里的大宗收入，一些不算正式工作收入的临时收入经常被认为"不值一提"。在计算支出时，也是同理。受访者能回忆起来的多是诸如看病、买房、买车、教育等一类的家里的大项支出，对于在这些大项支出，受访者也能比较准确地回答出分别是谁的支出；而当涉及吃饭穿衣等细节支出时，受访者时常难以作答。在对 C3b 支出的回答中，受访者很难回答出"2018 年您全家在饮食方面大概花了多少钱"以及"2018 年您全家在衣着支出上大概花了多少钱"等问题。大多数人是不将生活中细小的支出记录在账的，当被问到这样的问题时，由于回忆起细节比较困难，大多数受访者不愿意认真回忆甚至干脆含糊作答。我们在听录音时发现，在饮食支出上有具体数字的回答，多是受访者说出一天或一个月大概吃喝多少钱，然后由访员计算得出的。人们对自己支出的记忆尚且模糊，对父母、已成家的子女、孙辈的教育支出情况等更是无从答起。

D：生活状况

前面几个部分的题目较为客观，访问过程中即便有其他人插话也影响不大。但是从 D 部分开始，问卷题目会测量受访者对一些社会问题的主观态度，访员要注意把控局面，尽量减少无关人员对受访者态度测量过程的干扰。D 部分测量受访者的生活质量，包括家庭生活中遇到的问题、网络生活参与、主观社会经济地位、生活满意度等指标。

总的来说，CSS 2019 的电子化问卷和 CAPI 的使用是相当成功的，通过对整个调查流程的逐步分析和总结，下次调查一定会更加顺利！祝愿 CSS 越来越好！

从"科学化"到"有温度"

——以 CSS 2019 为例浅谈社会调查中的质量管理

贾　聪　中央民族大学民族学与社会学学院

质量是调查的生命线，数据的质量管理也是调查项目的关键环节。一旦调查数据的质量不尽如人意，那就失去了其分析、预测的科学性，失去了存在的意义。从某种意义上来说，对调查数据的质量管理，就是要充分保证数据的真实性和有效性。因此，社会调查需要数据质量管理的"规范化""标准化"，从而达到"科学化"。同时，调查数据并不是冰冷的，它是访员与受访户共同努力的结果，是受访者个体的微观反映，是"有温度"的。这里的"温度"是访员与受访者、访员与访员、前台与后台不断磨合才最终获得的，是入户调查得以在艰苦条件下顺利进行的动力，也是调查数据得以真实、有效的潜在推力。正是因为 CSS 有了"温度"，我们这群 CSSer 才能一如既往地坚持初心、坚守责任、努力探索与前进。

一　总部后台的"前世今生"——压力中前进

戈夫曼提出，人们为了表演，会区分出前台和后台。同样，我们的调查也有前台与后台。前台的工作是现场的访问执行，后台的工作则包括后勤支持、行政沟通、样本分发和访问质量管控。

从没想到，CSS 2019 总部后台要由我来负责。虽然自己经历了 CSS 2017，积累了一定的社会调查经验，但一直都是在前台和现场，对后台的工作并不是太熟悉。CSS 2017 的后台由北京大学中国社会调查中心的专业团队负责进行标准化、规范化、科学化的执行，保证了当年现场执行的顺利进行，也保证了当年调查数据的质量，在一定程度上，我们也学习了他们数据管理的一些经验。CSS 项目组全体老师还在 2019 年 5 月份多次赴北大调查中心就调查质量管理问题进行交流、学习，也讨论了很多合作事宜。但由于软件系统对接等一些特殊原因，最终决定 CSS 2019 的后台质控由 CSS 项目组自己独立运行。从李炜老师和邹宇春老师"临危授命"起，自己内心一直紧张、忐忑、害怕。紧张的是这份责任与压力太大，自己在后台的经验还缺乏，脑中不停地想象如何能够更好运行；忐忑的是一旦调查全面铺开，老师们就不在身边，总觉得缺少"主心骨"，万一出现差错怎么办；害怕的是万一后台哪方面没做好，给现场执行造成困难，造成收回样本的偏颇或数据质量的损害，这些都会对 CSS 2019 的调查造成不好的结果。在刚开始的那些天，我总是失眠或者半夜惊醒，过度的紧张造成生理上的不适，口腔溃疡、脸上冒出了一些痘，整个人的精神状态也显得格外疲劳。李炜老师和邹宇春老师那时常常给我鼓励，他们即使在外地进行调查培训，也每天抽出时间听我汇报后台的进展，给予我指导和安排，与我探讨后台如何在保质保量的前提下有效运行，好多次在电话上沟通到半夜 1 点，他们还是耐心听我说，并给予反馈意见。他们总说："没事，聪聪，放心做就行，别害怕，你有能力做好，出现问题了还有我们呢……"胡玉淑老师也一直给我加油打气："我一直在呢，我跟你做伴儿，有什么事儿，咱们一起扛……"正是在他们的鼓励和帮助下，我觉得必须要承担起这份责任，迎难而上，努力守好 CSS 2019 的后台。也正是在这种压力和鼓励下，总部后台的工作快速走上正轨。

（一）招兵买马，组建团队

自 6 月中旬起，我们开始在中国社会科学院大学招募在校学生参与项目，通过筛选简历，确定面试 20 人，按照专业素养、责任心、吃苦精神、方言掌握情况、参与时间保证等要素进行筛选，最终确认入选 18 人并进行为期 3 天的培训。培训的内容包括 CSS 项目介绍、问卷培训、问卷审核基本要点、后台值守基本规范、后台质控基本流程、后台软件操作使用等。培训后，我们又按照语言交际、灵活度从中选出 5 名同学组成值守组，其余同学组成质控组。与此同时，中国社会科学院大学社会学系曹春兰、谢国联两位研究生的加入，也让我有了更多信心，他们的坚守、效率、耐心、才智让后台的工作高效推进。鉴于后台工作细而多、繁而杂，个人精力毕竟有限，我们与项目组商定，由曹春兰同学担任值守组组长、谢国联担任质控组组长、我担任后台的总协调人和总负责人，大家划分好责任，各司其职，奋力前进。我们在统一培训后，又按照值守组和质控组分组再次进行培训、演练，甚至手把手、眼盯眼地指导操作，直至在培训账号上练习到无误后，同学们才能在正式系统里进行工作。

（二）兵马未动，粮草先行

CSS 2019 涉及大量的人与事，程序也较为复杂，有着一套标准流程。我们在调查开展前需要系统地梳理相应的资料，将其分门别类地进行整理，这样一方面便于执行人查阅，另一方面也便于团队的管理与调查的执行，还有利于更好地把握全国、分省、分村 / 居的情况，留下原始材料，以便后期查阅。因此，后台将各种资料分门别类进行整理，对于电子资料，我们按照"全国基础类""文字宣传类""联系机构类""调查开展类""巡视质控类""辅助物品类""值守质控类""财务报销类"8大类，整理了60项电子资料；对于纸质资料，因其主要用于地方机构培训、调查，需要保证种类无缺、数量无误，所以我们采用贴条的方式，分类归整纸质资料，按照各机构纸质资料计划数进行整理、打包、邮寄。这些工作并不是专人专做的，而是后台和一些执行督导共同牺牲了很多休息时间，加班加点完成的。

（三）后台工作内容

组成了团队，保证了"粮草"，接下来就是做事。在某种程度上，后台是个"多面手"，需要联系各方形成配合，也要针对专门领域做好管理与服务。基本有五大类工作。一是值守工作。做好与巡视督导和地方机构的联络工作、准备工作、问题解答工作，及时做好样本的分配、发放。二是质控工作。针对收回的问卷情况进行质量控制，审核，并要求地方及时反馈。三是沟通协调工作。针对各大区督导的意见，及时处理各种问题，协调抽样、执行、后台和地方各项工作，追溯各种问题，及时处理解答各方疑问，寻找责任方。四是来电解答工作。针对各地调查村/居、行政机构对调查的疑问进行解答，向来电者说明调查的真实性。五是后勤服务工作。协助打印、整理资料，协助收发快递等。后台居于幕后，为各方提供信息交换、疑问解答和技术支持的平台，同时推进进度、做好质量控制等。如图1所示，后台需要联系地方机构、执行组、抽样组、城乡居民，联系的过程是一个双向的互动过程，针

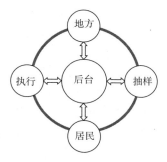

图1　CSS后台联络流程

注：此图由贾聪绘制。

对各方的问题，能解答的直接解答，能解决的即时解决，需要沟通的寻找到相应的沟通方，很多问题可以通过后台追本溯源，找到相关的责任方，找到相应的解决之策。后台一方面是"问题联络处"，为前台的调查顺利进行提供保障；另一方面也是"情感联络处"，执行督导、地方督导、地方访员也可以向后台倾诉调查中的故事，分享调查中的喜怒哀乐。

（四）经验和教训

后台的组建和物资的准备中也有一些经验和教训。

团队组建的经验是：团队的组建需要一个融合、熟悉的过程，队员之间也需要建立深厚的关系，无论是实地调查还是在后台坚守，都需要团队的合作，需要团队精神作为支撑，在迎战困难的过程中维系团队的向心力不可或缺；队员的专业素质需要不断进行培训、练习，分小组工作的方式能快速发现问题，也能集中小组的智慧得到解决，同时也为后续的类似问题提供了解决办法；培训中的实操演练尤为重要，逐步确定操作的基本原则，确定统一的质控用语和交际用语，为标准化、规范化的流程提供了基础；针对组员的失误，要尽可能多地给予补救和示范，而不是一味地批评和指责。

物资准备的经验是：一要分类打包，可以先按照固定不变的调查资料计划数（以 SSU 数为基准的）对各调查机构的资料进行整理打包装箱，有变化的资料可以随后补充；二要制作清单，及时做出各省的物资清单，一并附在邮寄物品中，方便地方核对；三要进行再检查，可采用交互检查的方法核对物品的种类，以预防资料的缺失；四要及时进行快递追踪，包裹的数量、邮递的单号、包裹的收发情况等。这样才能保证物资准备充分无误。当然，也有一些问题值得我们讨论：一是后台成员应该跟执行督导一同参与整个项目的培训，应该具备调查的经验或参与过试调查，这样可以加深对项目的理解，能对调查有切身的感受，在做值守和质控中也能够更好把握处理问题的尺度；二是要考虑整个团队的后勤工作，如办公环境的选择、办公场地的网络、电话、插座口、空调的问题、通勤时间问题、食宿问题等，营造一个舒适、方便的工作环境对工作的顺利开展也很重要。

二　总部值守的"十二时辰"——紧张中坚守

（一）基本运行模式

我们按照前、中、后期探索了总部值守的基本运行模式。

前期。A.及时建立督导、访员账户：总部值守在调查培训前建立好地方调查督导、访员的账号，分配相应的权限。没有提交督导和访员登记表的及时督促相应的巡视督导组组长。B.提供访员名单，请抽样组建立抽样账号，分配图层等。C.导入样本清单、检查质控：分配前需要检查一次导入的调查样本清单是否正确、完整，调查样本清单纸质版与系统的电子清单是否一致，是否有重合缺漏，以便及时更正导入清单的错误。D.及时分配正选地址：调查培训前应将导入好的村/居样本分配给相应的督导和访员（只分配前25个正选地址），在调查培训前还有未将村/居样本入库的，及时催促抽样组入库。E.自我检查：抽取分配完的一名访员，登录相应的账号，检查分配是否完整正确。F.邮件告知：总部值守将样本分配给地方督导和访员后，通过邮件形式告知地方督导和巡视督导，并附上相应的调查样本清单、本省值守的联系方式和发放备用样本的相关事宜。G.记录准备：按照分省原则，谁值守谁负责，及时通知质控组做质控准备，并和相应的巡视督导、地方督导做好联系。

中期。A.发放备用样本：按照空户、非住宅、拒访、敲门无人应答、访员数量、调查开展时间、社区类型、地区类型等情况，遵照"备用样本表"发放备用样本。B.接听、回答问题：解答各种现场问题，记录问题样本。C.分村/居记录：调查开始时间、备用样本发放情况、完访样本数量、社区问卷情况、样本地址使用情况登记表反馈。

后期。A.整理表格：分省、分村/居整理相应材料，归档整理。B.协调沟通：针对质控问题，联系巡视督导、地方督导。针对收回的问题平板（加密、破损、需要重新上传数据）再次处理。C.资料追寻：针对需要上交的缺失的电子和纸质资料进行追寻。D.汇报进度：是我们的标准化流程，这套流程也指导我们更加科学、有效地进行值守。

（二）"十二时辰"的工作时间

"社科院 CSS 大调查"公众号发过一次"总部后台的十二时辰"的漫画，代表着全国 CSSer 们的工作实态，其实也呈现总部值守们的工作日常。正如那篇推送的开篇："'您好，北京总部。'从辛瓜地到建国门，从日落到黄昏，我们陪你，十二时辰。"在那些天，只要有需要，哪怕是半夜 2 点我们也会爬起来继续工作，我和小伙伴之间相互调侃，"吃饭、洗澡、上厕所都在火箭式的加速进行"。调查最紧张的两个月，值守的状态是全天候，在早上不到 6 点的班车上，晚上 10 点的地铁里，晚上 12 点的宿舍里，随时随地掏出电脑分发样本，沟通问题。那些日子我们养成了晚睡早起的调查"好习惯"，我甚至养成了晚上睡觉时要手里拿着正在充电的手机的习惯，以便随时回答来自全国各地现场的疑问。那些日子我们都对手机产生了应激反应，害怕错过来自地方的电话，害怕自己的一个"错过"导致地方整个团队的窝工，我们一直处于紧张状态。我们也在那些紧张中逐渐熟悉工作的流程，逐渐总结应对问题的方式，在那些紧张中第一时间、最快速度、游刃有余地解决问题，在紧张中依然坚持原则，严格把控样本的发放。

（三）"咬定不放"的备用样本

总部值守有一个很重要的工作就是发放备用样本，但这个发放并不是随意的，因此有些时候无法满足实地调查者的需求，看起来有点像为难人。一些人可能会说，你们坐在办公室里吹着空调，把着样本不放，有本事下来调查试试，还有个别人对值守有许多误解甚至恶语相向。在这里特别想澄清的是，总部值守不是为了难为实地的调查者，2017 年和 2019 年我都与访员一同上山下乡，顶着烈日入户访问，遭受过无数次白眼、怀疑、拒访，尝试过无数次的"死缠烂打"，那时候心里也会想：值守为什么不多给一些样本呢？为什么不给一些离我近的样本？为什么把得那么死呢？我自己深刻体会到了现代社会入户调查的苦难与不易，同时也理解实地调查者急切的心情与身体的疲惫。但为什么还是要"咬定"样本不放呢？这是因为样本的发放不是随意的，为了保证样本的随机性、代表性，为了最大限度地减少误差，需要考虑多种因素才能发放。例如，村/居特质：经济状况、人口密度、人口基本特征、公众的参与度；访员特质：访员的数量、调查的经验、访员个人特征（性别、年龄、地域、方言、民族等）、访问态度和沟通技巧、责任心；村/居行政联络的情况；访问的时间段、访问间隔；样本户接触的情况：接触的时间段、接触的次数、接触的方式、有无熟人带路；以往此地区的调查经验；调查本身的特质：有无酬金（礼品）、访问的时长、访问的隐私问题；等等。因此，值守需要查看已经发放的样本使用情况，对已经发放的样本进行计算，才能发放合适数量的备用样本。如果没有必要发放，值守会建议地方进行多次尝试，而不是说"要了必须给，要几个必须给几个"。

有研究表明，社会调查中的无回答可以归为四类：样本对象不适合、样本对象无接触、样本对象无能力以及样本对象拒绝回答。就入户访问这种面对面的调查方式来说，虽然其中的无回答类型包括了不适合、无接触、无能力回答、拒绝回答等多种情况，但其中最主要的类型是拒绝回答。根据调查方式的不同，无回答的处理方式也不一样。面访调查则主要采用多次上门联系、耐心解释和说服以及替换样本的方式。由于样本替换存在着破坏随机抽样原则，促使访员放弃减少无回答的各种努力，不能在实质上降低无回答误差以及初期调查结果容易被掩盖等风险，因此，面访调查中最合适的处理方式是在转化和减少无回答方面下功夫，而不是采用替换样本的方法。也有研究表明，在追访中，受访对象的拒访行为是可预测的。孙妍等构建了跟踪调查受访对象配合程度影响因素的关联模型，从项目设计、社会环境、受访对象的特质、受访者前期参与调查的经历、访员的特质、实地执行行为等角度对受访对象是否继续参与调查进行了考察。[1]基于样本的代表性，我们会严格地反复确认现场已发放样本的使用情况，鼓励访员多接触拒访户，并且按照后台值守发放样本的操作原则进行发放，不存在"该放的不放"的问题，更不存在故意难为人的心态。求"快"的心情可以理解，但作为值守必须坚持原则，我们有着一致的行动目标，即高质量、高效地完成 CSS。

---

[1] 孙妍、邹艳辉、丁华、严洁、顾佳峰、邱泽奇：《跟踪调查中的拒访行为分析——以中国家庭动态跟踪调查为例》，《社会学研究》2011 年第 2 期，第 167~181 页。

（四）"小米加步枪"的工作方法

由于后台系统还需要进一步完善，我们可以在后台查看完访样本的情况，但是存在许多误差，因此我们采用人工手数的"笨方法"，一条一条进行手工统计。为了及时、有效地向大区汇报，向地方反馈调查的进展情况，我们坚持做到每天一次日报和每周一次周报。涉及的内容包括：值守样本发放工作记录表、全国分省完访样本表、全国分村/居完访样本表、社区问卷完成表、问题样本汇总表等。大家相互称对方为"建国门表王"，为了第二天能够及时发布日报，我们不自觉地形成了"数不完，不睡觉"的规定。正是在这样"小米加步枪"的方法下，我们能及时发布全国、分省、分村/居的调查进展，让大家都能做到心中有数，出现不一致的地方也可及时查找原因，寻求解决方法。我们见证了 CSS 2019 从第一份问卷的完成，到最后一份问卷的结束，确保了所有的调查村/居都收回 17 份合格问卷，也确保了所有电子文档可以顺利分类归档。

（五）"同行共进"的情感联络

当然，值守也有一些经验与教训，如系统问题、规则问题、流程问题等，也都做了相应的完善和总结，留待后续的调查进一步跟进。这里还想特别指出，总部值守与地方也传递着许多温情，大家一起同行共进。我们的值守员与地方督导、访员，在调查中也建立起了深厚的友谊，相互之间分享完访的喜悦，吐槽一天的不幸遭遇，遇到困难时相互鼓励，为彼此出谋划策。全国各地也给后台送来了很多调查实况，我们的公众号也从中选取了很多内容并及时发布，将这些调查中的经验和故事分享给全国各地的同行者。各地的访员同学都很可爱，很多虽未谋面，但相聊甚欢，朋友圈经常看到有趣的互动。我想，这是 CSS 的魅力，让我们共同成为 CSSer，成为可爱的调查人、同行者。

三 总部质控的"是非功过"——探索中合作

传统的纸笔问卷和面访的质控工作一般由现场督导和后台督导一起来

完成，后台督导多数是在实地访问结束的情况下对问卷进行后期审核，发现问题后要求访员重访或补访的成本和难度都很大，而且这里的审核也主要是对回答的完整性、逻辑性的审核。与传统的纸笔问卷不同的是，计算机辅助面访的数据回收与核查在时间上与实地访问几乎同时进行，因此也产生了更多的并行数据，如访问时间和时长、位置、录音等，从而为质量控制提供了更多材料。也有学者认为，计算机辅助调查将传统的事后质量控制提前到事前和事中，对于调查质量的提升可以说是具有革命性的作用。借助于先进的计算机技术，能够采集到多种类型的质量控制并行数据，该类数据既能直接作用于数据质量改善，也能够通过实时监控访问过程和访员行为，发现访问质量问题并进行及时干预，达到在调查过程中不断改善数据质量的目的。面访的结果是访员与受访者互动产生的结果，调查数据也会因为访员不规范的行为造成误差。

常见的访员不规范行为可以细分为：替换受访地址或受访户；替换受访者；访员不登门，自填整份问卷；访问过程中破坏中立原则，引导受访者选择答案；访问过程中用各种方式催促受访者，使受访者未加思考匆匆作答；通过跳转模式故意回避需要长时间作答的题组；有意不提问某些题目而自行填答；系统地读错题目或选错答案中的代码等。因此，访员行为一直被当作质量监控的重点；在某种程度上，质量控制也有利于提高访员访问技巧，规范访员访问行为，优化访员管理，从而提高调查数据的质量。

（一）全方位的核查网

CSS 2019 的实地访问和质量核查工作是同步进行的，基本实现了全方位的质量核查。在某种程度上，我们也开创了国内首次的"阅卷式审核"，现场或后台督导对调查问卷的批注，会直接反馈在访员的终端上，访员只要连上网络，即可查看调查问卷的修改意见，按照要求进行修改、补访或重访，这样大大减少了质量核查的滞后性。在时间安排上，中午、下午上传的问卷，当天审核完毕；晚上上传的问卷，第二天上午审核完毕，这样可以最大限度地实现即时性。在质控员分配上，按照村/居的样本上传情况分配质控员。一个 SSU 或 PSU 尽量对应一个质控员，这样可以实现一个团队标准的统一。在任务量安排上，每个村/居至少审核 4 份问卷，如审核的该村/居问卷出现不规范行为，将加大审核比例，兼顾每个访员的第一份问卷，兼顾到每一个访员，同时重点关注问题访员，这样既做到全面兼顾，也实现了重点检测。

在质控的方法上，我们采用数据核查、录音核查、电话核查组合的方式，其中以录音核查为主。数据核查是基础，数据核查不通过，就不能不进入录音核查流程，录音核查出现争议的将进行电话核查。针对个别访员规避录音核查的，将采用电话核查。当然在某种程度上，实地的执行督导也是质控员，会在实地做到现场质控。质控的内容包括：访问真实性、访问有效性、访问规范性、访问准确性、数据完整性等。部分的核查意见和核查方式如表 1 所示。如果说值守是为调查顺利保驾护航，那质控则是为了调查质量"锱铢必较"。质控员会抽取一定量的问卷，仔细核对录音以进行确认，并提出相应的审核意见。

（二）矛盾后的合作

质控是一件出力不讨好的活。质控人员发现问卷中的问题，就会把这些问题挑出来，要求访员马上改，所以一般访员的第一反应就是你在"挑刺儿"。在一开始，质控组也时常和地方访员发生争执，很多访员打电话反映质控提出的修改意见不准确，或者干脆否认质控员的修改意见。那时候的质控员和访员仿佛是水火不容的矛盾体，相互之间都认为自己是正确的。我们也在反思应该如何改变这种现状，并逐渐总结了反馈机制来达成两者之间的合作。首先让质控员直接对接访员，质控员会在审核的问卷上留下清楚的意见，并附上自己的电话，方便访员进行反馈；如果访员质疑质控员的意见，一方面可向地方督导反馈，后者可通过访问录音进行核对来确认；另一方面访员也可反馈给质控员或质控组长。地方督导如认为质控有误，也可直接反馈给质控组长。这种多回路沟通反馈机制，一则留下实在的证据不至于造成对质控员的误解，二则也给访员申诉的机会。为了访员快速明确质控员的审核意见，我们进一步改进了质控批注的方式，主要分四类："提醒：……"——供访员参考，注意提问规范与技巧；"修改：……"——要求

表 1　CSS 2019 质量核查方式

核查结果	审核意见	核查方式
答题率 ≤ 50%	不通过，作废	数据核查
访问时长 ≤ 30 分钟	不通过，作废	数据核查
户内抽样错误	不通过，作废	录音核查
主问卷代答	不通过，作废	录音核查
问卷无录音	不通过，无法核查	录音核查
臆答 ≥ 20%	不通过，作废	录音核查
臆答 < 20%	不通过，补访	录音核查
捷径跳转	不通过，补访	录音核查
抽样问卷答案对比失败	通过，提醒 / 修改	录音核查
主问卷答案对比失败	通过，提醒 / 修改	录音核查
提问不完整	通过，提醒 / 修改	录音核查
提问解释不符合题意	通过，提醒 / 修改	录音核查
关键词不准确	通过，提醒 / 修改	录音核查
追问不足	通过，提醒 / 修改	录音核查

访员进行数据修正，再次上传；"补访：……+ 质控员电话"——要求访员补访相应的问题，再次上传；"作废 + 原因 + 质控员电话"——出现了严重的质量事故，该次访问视为无效。审核的主要目的是打假和纠偏，但令人意想不到的是我们的质控员又增加了鼓励这个辅助作用，碰到访问规范的问卷，质控员会在最后写上"访问很规范，访员辛苦了，天气炎热，注意身体"的评语；碰到访员坚持不懈请求受访者配合访问的问卷，质控员也会写上"这份问卷来之不易，辛苦访员了，加油！"很多访员看到这样的"小惊喜"很意外，也很开心，悄悄对执行督导说："北京的质控嘴巴今天都抹蜜了吗？"其实就是在这一来二去的互动中，质控员与访员达成合作，一同迎战困难，完成了一份高质量的问卷。

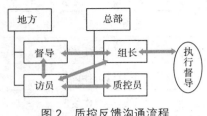

图 2　质控反馈沟通流程

注：此图由贾聪绘制。

　　质控也是对访问过程的控制，通过质控员对访员访问行为的指导和监督，达到访问的标准化、规范化、科学化和访问数据的准确化。当然，质控中也有很多小故事，出于篇幅的原因，我在这里就不展开论述了，想要说的是在计算机辅助下极大地减少了访员的作弊行为，很多访问中的不规范行为可以通过计算机进行及时更正，从而达到对访员访问的远程培训、指导。但这里的目的不是表达对访员的不信任，而是为了调查数据的准确，减少数据的误差。能提供给各位的经验是，质控要做到"批注清晰，用语规范；多层求证，证据抓实；严打作弊，严控规范；以点带面，形成示范；良性互动，同行共进"，这是我们深刻的体会。我们也按照省份、PSU、SSU、样本编号、访员姓名、督导姓名、问卷状态、问卷上传日期、一审日期、二审日期、一审状态、二审状态、二审意见说明、访员修改情况、不规范行为 1、不规范行为 2、不规范行为 3、二审审核人、SSU 编码等进行质控汇总，方便地方督导和执行督导查阅，反馈现场。质控组和地方访员在不停的互动中，感受到彼此的辛苦和认真，也在那些"爱恨情仇"中实现合作共赢。

　　我想说的话有很多，想分享的故事也有很多，这里面有委屈也有感动，有虚幻也有真实，有气氛也有快乐，有原则也有感情。后台其实没有那么神秘，我们也不过是一群普通人在做着普通的事儿。我们一起乘坐早上 6 点的班车出发，挤上早高峰的地铁，有时饿着肚子，有时睡眼蒙胧，我们一起乘坐晚上最晚的一班房山线到达学校宿舍，我们在接电话中坐过站，在委屈中哭泣，我们一起淋过雨，一起迎接每一天的曙光……CSS 一直在努力认真地做着自己的事，因为它坚持着自己"做中国好调查"的目标，天南海北的 CSSer 也在一场又一场的考验中完成自己的"成长礼"。感恩夏天里这群可爱的小伙伴，在北京一起共奋斗、同努力；感恩可爱的 CSSer 们，一起让 CSS 成为一项既科学又"有温度"的调查。

图 3　后台部分成员合影

后　记

林　红　中国社会科学院社会学研究所

2020 似乎是一个集各种转折点于一年的时间记号，从个人的人生转折到社会组织方式变革，再到国家发展道路和全球化进程，一切与新冠肺炎疫情相关，又似乎与之无关。当一切被冠以时代变革和社会变迁的解释视角时，个体作为一种仪式的存在就显得不那么重要了。但这一年，对我的学术生涯发展而言，却并非轻若鸿毛。因学科调整，"社会人类学研究室"从社会学研究所撤销了，而我于 2019 年 7 月提交的《中国作为田野：中国社会人类学七十年研究综述（1949~2019）》一文似乎成为一种影片播放结束后的预言式致谢。于是，2020 年成为我学术生涯的另一个新的起点，我加入了"发展社会学研究室"，开始迎接个人研究方法的新挑战，即从单一定性研究转向定性和定量相结合的混合式研究，并接手了《仗卷走天涯：全国大型社会调查督导反思（第二辑）》的稿件编辑工作，以此作为这一新旅程起点的最好脚注。

　　《论语·颜渊》篇中，颜渊问仁，子曰："克己复礼为仁。一日克己复礼，天下归仁焉。为仁由己，而由人乎哉？"颜渊曰："请问其目。"子曰："非礼勿视，非礼勿听，非礼勿言，非礼勿动。"孔子认为，个人通过践行勿视、勿听、勿言、勿动，可"复礼为仁"，从而构建和谐的社会公德秩序。相较于个体慎独自省式的参与社会公共秩序建构的过程，社会科学工作者往往需要以己身为器，介入现实社会已有的秩序结构之中，去发现各种"地方社会"的多元样态，并以科学、严谨的方式收集数据和资料，为研究提供认知和解释基础。从建构一种社会秩序到认识一种社会形态，是两种相反的个体作用力。所以，社会科学研究方法的前提是，个体需以视、听、言、动为行动基础，才能有所成，进而实现社会科学视角下的"仁"，即社会科学研究的共识性规范和学术公共秩序，于是就有了《仗卷走天涯：全国大型社会调查督导反思（第二辑）》五部分的名称：有视、有听、有言、有动、有成。

　　纵览全书，这些参与了 CSS 2019 的督导们，用极具个人风格的文字记录了 2019 年大调查的过程，汇聚而成一幅全国性大型社会调查的行动画卷。其中，我们可以读到他们在调查不同阶段、不同地点的见闻，是为一种过程叙事的"有视"；可以追随这些文字，去遇见调查过程中出现在他们个人视野中形形色色的人，以及人与人互动产生的感悟，是为一种遇见他者的"有听"；可以通过一个一个的方块字，去倾听他们因参与此次大调查而获得的各种感悟，可能是关于专业，可能是关于社会，也可能是关于自我，都是经历实践后的一种体悟，是为"有言"；也可以透过他们或喜、或怒、或郁、或怠的叙述，看到一个一个逐渐丰满而成熟的人物画像，他们因为真心实意、身体力行地参与了这场社会调查实践而对自己、对社会、对国家产生了新的认知，并影响到之后的个体选择和行动，是为"有动"；还可以从那些已积累了丰富经验的调查老手或极具观察力的调查新手的分析中，获得他们对 CSS 的反思。这不仅是对 CSS 的贡献，也是他们个人成长的体现，是为"有成"。从有视、有听、有言、有动到有成，看似是一条线性的行动脉络；其实，对所有参与者来说，CSS 无疑是一场大型的人生仪式。在这个仪式过程中，"五感""六欲""七情"在"八荒"中延展和挥洒，成就了"仗卷走天涯"的壮志豪情，个体也在不同程度上完成了生理、心理、行为、认知层面的升华和转变。

我的专业背景是社会人类学，以"民族志"这一典型的定性研究方法见长，而 CSS 是以典型的定量研究方法论作为基础的。但是这两种视角的差异在阅读《仗卷走天涯：全国大型社会调查督导反思（第二辑）》书稿过程中逐渐达成了一种统一性，就好像建立在概率论和统计学基础上的定量研究和根植于逻辑学和集合论的定性研究，最终以数学工具和数理逻辑的方式归于"数学传统"之下一样。社会科学安身立命的基础是社会调查，这是学科使命，也是其方法路径，不论定性还是定量的方法，都正如书中一位督导的引语，"你必须投入广大的世界里，不管你是喜欢它或是不喜欢它"，而 CSS 2019 督导们的文字，让我更加坚定了这一信念。在此，我要向他们身体力行的行动致敬！感谢他们真心实意的分享！

图书在版编目（CIP）数据

仗卷走天涯：全国大型社会调查之督导笔记.第二
辑/邹宇春，崔岩，任莉颖主编.-- 北京：社会科学
文献出版社，2020.12
　　ISBN 978-7-5201-6163-3

　　Ⅰ.①仗…　Ⅱ.①邹…②崔…③任…　Ⅲ.①社会调
查-中国-文集　Ⅳ.① D668-53

　　中国版本图书馆 CIP 数据核字（2020）第 229399 号

仗卷走天涯：全国大型社会调查之督导笔记（第二辑）

主　　编 / 邹宇春　崔　岩　任莉颖

出 版 人 / 王利民
责任编辑 / 谢蕊芬

出　　版 / 社会科学文献出版社·群学出版分社（010）59366453
　　　　　　地址：北京市北三环中路甲 29 号院华龙大厦　邮编：100029
　　　　　　网址：www.ssap.com.cn
发　　行 / 市场营销中心（010）59367081　59367083
印　　装 / 三河市尚艺印装有限公司

规　　格 / 开　本：787mm×1092mm　1/16
　　　　　　印　张：20　字　数：301 千字
版　　次 / 2020 年 12 月第 1 版　2020 年 12 月第 1 次印刷
书　　号 / ISBN 978-7-5201-6163-3
定　　价 / 89.00 元

本书如有印装质量问题，请与读者服务中心（010-59367028）联系